供应链协同度评价

The Study on Supply Chain Collaboration Degree Evaluation

张令荣 著

科学出版社

北 京

内 容 简 介

本书基于协同理论，从供应链节点企业子系统和商流、物流、信息流、资金流和知识流"五流"子系统双重视角，对供应链协同进行深入研究，通过对供应链系统结构和协同机理进行剖析，构建供应链协同机理模型，进而构建供应链协同度评价模型及评价指标体系，进行实例研究。

本书对经济、管理领域的学术研究和企业实践具有参考和借鉴价值。本书可作为从事相关领域研究的科研人员的参考书，也可以作为企业实践的指导书。

图书在版编目(CIP)数据

供应链协同度评价 / 张令荣著 . —北京：科学出版社，2018.3
ISBN 978-7-03-056592-1

Ⅰ. ①供… Ⅱ. ①张… Ⅲ. ①供应链管理 Ⅳ. ①F252.1

中国版本图书馆 CIP 数据核字（2018）第 034515 号

责任编辑：李晓娟 / 责任校对：彭 涛
责任印制：张 伟 / 封面设计：铭轩堂

科 学 出 版 社 出版
北京东黄城根北街 16 号
邮政编码：100717
http://www.sciencep.com

北京建宏印刷有限公司 印刷
科学出版社发行 各地新华书店经销

*

2018 年 3 月第 一 版 开本：720×1000 B5
2018 年 9 月第二次印刷 印张：13 1/2
字数：300 000

定价：**138.00** 元
（如有印装质量问题，我社负责调换）

前　言

步入 21 世纪以来，信息化技术和互联网技术发展迅猛，国际上率先提出以"智能生产"和"智慧工厂"为主题的"工业 4.0"战略，国内也提出要"制定'互联网+'行动计划，推动移动互联网、云计算、大数据、物联网等与现代制造业结合"。在这一背景下，供应链的动态性将凸显出来，进而成为其重要的特征。而这一特征必然对供应链协同运作提出更高的要求，以实现供应链资源的有效配置，降低运行成本，快速响应市场多变化和个性化的需求，供应链的竞争能力也将直接表现为供应链的协同水平。而供应链的协同能够促使链上各节点企业通过整合各自的优势资源，进行有效的相互配合与协作，实现快速响应市场需求、降低成本、提高效率等供应链协同效应，进而提升供应链的整体竞争能力。节点企业所在供应链协同水平的高低对节点企业有着重要的影响，供应链的协同机理、协同度及其评价就成为具有非常重要意义的课题。

目前，供应链协同已经成为学术界和企业界研究的热点问题，国内外学者对供应链协同的成因、影响因素、机制等问题进行了研究，为新形势下研究动态供应链协同或供应链的动态协同奠定了坚实的基础。在企业实践中，供应链节点企业，尤其是核心企业比较重视本身及合作者的实力、运作水平及节点企业间的对接是否流畅与协同。但是，对如何实现协同及其协同水平是否具有竞争力，还缺少有效的理论指导。因此，在新形势下对供应链协同机理、协同度及其评价进行研究具有重要的理论意义和现实意义。

本书是在前人的研究基础上综合运用了文献研究、理论研究、实证研究和案例研究等规范的管理研究方法，对供应链协同的评价模型这一核心问题展开了论述。将构成供应链节点的企业子系统与"五流"子系统等价起来，并从节点企业子系统和"五流"子系统双重角度研究供应链协同机理，进而构建供应链协同机理模型，从"五流"子系统有序的视角研究供应链协同度评价模型及评价指标体系。

在本书编撰过程中，得到了大连理工大学汪克夷教授、刘晓冰教授、侯铁珊教授的无私帮助；在调研阶段，得到了某机床集团相关领导、大连某柴油机有限公司一汽高级专家、大连某电子公司董事长及相关企业的鼎力帮助，保证了本书中所涉及数据的真实、准确、完整、有效，在此一并表示感谢。同时，研究中还参考和引用了许多专家学者的观点和思想，在此也向他们表示感谢。

限于作者的学术研究水平，书中难免存在疏漏和不当之处，恳请读者批评指正。

作　者

2016 年 11 月

目　录

第一章 | 绪 论

第一节 研究背景

一、供应链管理的新形势

20 世纪涌现出的许多重要的管理思想，对现代企业的形成与发展至关重要。20 世纪初，以泰勒科学管理思想为基础的科学管理运动，使管理从经验上升为科学，促进了企业流水线作业和标准化生产，提升了工人的生产效率和企业的生产能力；60 年代初，费根鲍姆提出全面质量管理的思想，引起了全面质量管理运动，改善了产品的性能和质量，降低了产品的生产成本，进一步提高了企业的生产率；到 70 年代末，供应链管理的思想则引导了以企业信息化和柔性制造为基础的数字制造运动，有效地降低了生产多样化产品的成本和时间。

从 20 世纪 70 年代开始，随着科学技术的进一步发展，经济全球化、制造全球化和市场全球化进程加快，市场竞争异常激烈，产品生命周期更短，质量要求更高，成本要求更低，供应链集成生产模式被越来越多的现代企业接受，成为国内外企业最受欢迎的现代管理理念，在现代企业管理中得到普遍应用。特别是近十几年来，随着高科技的飞速发展，市场需求变化越来越快，为了敏捷快速地响应市场需求，许多企业不得不剥离自身的非核心业务，把这些业务外包给其他企业。而供应链的相互合作理念恰好迎合了这种需要，可以有效地利用企业的外部资源，彼此形成一种水平的相互合作关系，共同应对市场的挑战，满足顾客的需求。正如美国的供应链管理专家克里斯多夫所说："在新的世纪，企业之间的竞争将会逐渐转化为供应链之间的竞争（Martin, 1999）。"供应链之间的竞争就是指以供应链整体收益最大化为目标，通过各个节点企业之间的相互配合和相互协调，形成供应链整体竞争力，而节点企业之间的相互配合协调的过程就是供应链协同的过程。

步入 21 世纪以来，信息化技术和互联网技术发展迅猛，大数据和云计算的出现不仅引发了互联网产业的变革，同时也对制造业的制造方式产生了巨大影

响。德国政府在 2013 年 4 月的汉诺威工业博览会上正式推出以"智能生产"和
"智慧工厂"为主题的"工业 4.0"战略，并提出引入了信息物理系统（cyber-
physical system，CPS）、物联网、大数据和云计算技术的制造业革命将会是继
"蒸汽革命""电力革命""信息革命"后的第四次工业革命。紧随其后，2015
年 3 月 5 日，李克强总理在十二届全国人大三次会议的政府工作报告中提出"中
国制造 2025"战略：坚持创新驱动、智能转型、强化基础、绿色发展，推动我
国产业结构迈向中高端，力争到 2025 年从制造大国迈入制造强国行列。在此背
景之下，供应链将不再是静态的、稳定的形态，而会是一个将生产原料、智能工
厂、物流配送、消费者全部编织在一起的大网，一切围绕需求展开，对价值链和
产业链进行全方位整合，使供应链能够根据市场需求进行随机变化，即动态供应
链。动态供应链在具有优势互补、资源共享、分散风险、合作开发、快速响应等
优势的同时，对节点企业间的协同发展也提出了更高的要求，参与动态供应链构
建的企业必须战略目标一致，共同追求供应链整体利益最大化，避免节点企业发
生不理智行为导致供应链在合作中途破裂。所以，未来在动态供应链的背景之
下，供应链协同管理将变得异常重要。大数据、云计算等新技术的出现也为供应
链协同管理中最重要的环节之一——信息沟通提供了全新的技术手段。

目前，供应链协同管理的思想已经在很多企业中应用，并取得了成功。美国
DELL 股份有限公司的业务平台中，客户成为供应链的核心，公司在接到订单的
同时，运用现代信息技术把客户信息传递到供应链中的其他合作企业，大大降低
了公司的库存，减少了生产成本，形成了巨大的竞争优势（廖艳华和蔡根女，
2004）。通过整体布局优化，日本丰田汽车公司总装厂与零部件厂平均距离为
95.3km，而其他日产汽车公司总装厂与其零部件厂平均距离为 183.3km，至于欧
美国家的一些知名企业如福特为 818.8km，通用汽车公司为 687.2km，克莱斯勒
公司为 875.3km。而丰田汽车公司就充分发挥这平均距离的优势，转化为管理的
优势：公司的零部件厂家平均每周向总装厂配送零部件 42 次，而人员之间的交
流平均为 7236 人/d。这种精细化的供应链管理为丰田汽车公司降低了产品库存，
提高了产品质量，加快了新产品的研发速度，并降低了经营成本，创造了丰田汽
车公司在汽车行业全球称霸的神话。

在竞争日益激烈的市场环境中，企业要在市场中生存发展，不但要努力提高
产品的质量，还必须采取更加先进和更有效率的管理运作模式来经营管理其市场
活动，供应链协同管理正是在这种情况下出现的。它是以客户和市场为导向的，
在核心企业的协调下，运用各种现代技术，对整个供应链进行综合全面的管理和
控制，将供应商、制造商、销售商、服务商和客户等链接成一个完整的网状结
构，形成一个具有竞争力的战略联盟。而这个战略联盟的市场竞争能力很大程度

上取决于联盟内各节点企业的相互配合与协作，只有各节点企业都围绕供应链的战略目标而调整战略，相互配合，即达到供应链协同，才能提高供应链的竞争优势。

二、供应链管理热点问题

供应链管理的研究是一个多学科的综合领域，最近的研究更是把环境问题等引入了供应链管理的研究中。总体来说，供应链管理理论的发展方兴未艾，大量的问题有待深入研究，下面列举一些关于供应链管理研究的热点问题。

1）电子供应链和机制设计仍然是近年来供应链管理研究的主流。供应链的"电子化"改变了传统的供应链关系，对原来的供应链关系形成了很大的冲击，而且会有新的模式出现。激励问题和制度设计问题仍将是一个广阔的研究领域。

2）供应链协同研究越来越受到企业和学者的重视。供应链协同管理理论是现代企业管理理论发展到一定阶段的必然产物，随着企业管理理论的不断发展和成熟，人们逐渐认识到仅依靠节点企业的发展无法完全实现供应链的强大功能，供应链各节点企业必须实现协同才能实现供应链整体价值增值。供应链的协同程度很大程度上决定了供应链资源能否优化配置，从而影响一个供应链运作的好坏。对供应链如何实现协同、协同度评价等问题已成为学界研究的热点。

3）随着环境与资源问题受到越来越多的关注，绿色供应链与闭环供应链已成为研究的一个重要领域。仅仅从单个企业考虑环境治理问题是不够的，研究整个供应链上的环境问题将会有更大的意义。另外，有很多学者在对闭环供应链进行研究，通过闭环供应链研究，可以对一些产品的原材料进行再利用，或者通过更合理的退货管理来节省成本、提高最终客户的满意度，同时有利于企业感知市场反馈。

4）供应链成本度量和绩效考核需要有更合理的考核体系。在进行供应链管理时，需要一些可操作的成本控制和绩效衡量指标，对供应链管理的成本和收益进行有效的数量化衡量。指标体系的明确过程本身就是确定供应链管理改进目标的过程。

5）供应链中的知识管理问题。随着知识资源对企业竞争力的贡献越来越大，供应链中的知识管理问题也越来越受到学者和企业管理者的重视，其中包括供应链成员协同创造知识、供应链知识共享等，甚至可以和技术创新、创新网络等研究议题相结合。

6）动态供应链方面的研究越来越受到重视。德国率先提出"工业4.0"概念，中国也提出了"中国制造2025"战略，信息技术和互联网技术发展迅猛，大数据和云计算技术对供应链的发展产生巨大影响，在这一背景下，供应链的动态化、智能化已经初步显现，针对动态供应链方面的研究也越来越多。

供应链管理领域已经有了比较成熟的学术积累，但是仍有很多新的课题有待我们去挖掘与研究。我们要更多地关注供应链管理与其他学科之间的交叉领域，不断推动供应链管理研究的发展。

第二节　研究意义

供应链协同管理理论是现代企业管理理论发展到一定阶段的必然产物，同时也是一个不断发展和不断完善的企业管理理论。简言之，供应链协同管理的目的就是实现供应链整体价值增值，而供应链整体价值增值的实现又依赖于供应链上各节点企业的相互协作。进入 21 世纪以来，人们逐渐认识到供应链协同运作的重要性，即使各节点企业的能力都十分出众，如果无法实现整条供应链的对接，或者个别节点企业出现了无序状态，则供应链的整体绩效就会受到严重影响。想要在激烈的市场竞争中处于不败之地，单单提高个别节点企业的竞争力已经不够，必须致力于提高整个供应链的竞争力，而提高供应链竞争力的关键则在于实现各节点企业的无缝对接，即供应链协同。而如何实现供应链各节点企业的无缝对接，即如何实现供应链协同已成为当今学术界专家学者和企业界研究机构进行深入研究的重点。

根据前人的研究成果，将构成供应链节点企业子系统与"五流"子系统等价起来，并从节点企业子系统和"五流"子系统双重角度研究供应链协同机理，进而构建供应链协同机理模型，从"五流"子系统有序的视角研究供应链协同度评价模型及评价指标体系，从而全面、系统、科学地研究供应链协同过程并评价协同结果，在理论和实践上具有十分重要的意义。

1）在理论上，对供应链协同理论进行补充和完善，丰富了供应链协同理论的研究内容，有一定的意义。

在以往对供应链协同的研究中，较少研究供应链的协同机理。本书从节点企业子系统和"五流"子系统双重角度，深入研究供应链协同机理，探讨供应链协同的动因及本质，由此构建供应链协同模型，在此基础上建立供应链协同度评价模型和评价体系。将供应链协同机理和供应链协同模型相结合，丰富了供应链协同理论的研究内容，具有较高的理论意义。

2）在实践上，能够指导供应链节点企业实施供应链协同，提升供应链竞争力。

①从供应链节点企业子系统和"五流"子系统双重角度来研究供应链协同，

把供应链协同看成由"五流"子系统有序构成的一个整体系统协同，能够更直观地描述供应链协同状况，为理解供应链协同提供了新的视角。②对供应链协同机理进行研究，有利于供应链节点企业掌握供应链协同的具体过程和本质，深入了解供应链的各个子系统之间协同运作的过程，为供应链节点企业间协同运作提供了理论支撑和引导。③通过供应链的协同度能够有效反映供应链节点企业间协同的程度，通过对供应链协同度的评价，找到影响供应链协同运作的具体原因，有利于节点企业有针对性地进行改进，从而改善供应链协同，对于供应链的实际运作有一定的指导意义，且供应链协同度评价体系易量化也具有较高的实用价值。

第三节　研究内容及结构

一、研究内容

1）从供应链节点企业子系统和"五流"子系统双重视角来对供应链协同进行深入研究。本书站在运营实体企业及跨企业的流程这两个角度，认为供应链的商流、信息流、物流、资金流和知识流这"五流"的协同运作是供应链协同成功的集中体现，基于此，本书从节点企业子系统和"五流"子系统的双重视角来对供应链协同进行深入研究。

2）对供应链协同机理进行研究，进而构建供应链协同模型。供应链是一个典型的复杂系统，具有复杂系统所应具备的复杂性和自组织等特征。本书从供应链节点企业子系统和"五流"子系统双重视角，深入研究供应链内部子系统相互作用的机理，从非线性相互作用、涨落及序参量这三个方面，探讨供应链协同的动因及本质，由此构建供应链协同模型。

3）在供应链状态参量识别的基础上，识别供应链序参量。供应链序参量能够描述复杂系统协同运作程度和宏观模式，而供应链状态参量不仅用于描述系统在功能和结构方面的变化，而且能刻画系统的运用程度和实现系统协同目标的能力，供应链序参量的识别从供应链状态参量的识别开始。本书在对供应链序参量动态差异分析及不同类型、不同生命周期供应链状态参量分析基础上，对供应链序参量进行识别。

4）构建供应链协同度评价模型及指标体系。在前人研究的基础上，结合供应链协同的实际运作特点，从"五流"子系统有序的视角，结合供应链"五流"有序的内容、特点及影响因素，对供应链协同度评价模型及评价指标体系进行了研究。

二、研究结构

本书主要根据变化多样的市场环境和多样化的客户需求，分析供应链的运作模式，研究供应链协同的影响因素，建立供应链协同模型，并在供应链协同模型的基础上，构建供应链协同评价指标体系，然后建立供应链协同度评价模型，根据供应链协同评价指标体系评价供应链的协同度，希望可以为供应链协同发展提供理论支持，具体内容如下。

全书由绪论、供应链协同相关理论概述、供应链协同模型、供应链序参量动态差异分析、供应链状态参量识别、供应链序参量识别、供应链协同度评价模型构建、供应链协同度评价实例研究和结论与展望共九章构成。

第一章，主要论述了研究的背景、研究意义，并介绍了主要研究内容，归纳了研究结构。

第二章，主要从供应链内涵、构成及流程的角度对供应链理论进行了简要的分析，然后从供应链协同理论、供应链协同内涵、供应链协同层次和供应链协同的作用等角度，对供应链协同的基本理论进行深度评价，并重点综述了国内外对供应链协同研究的现状。

第三章，在理论研究的基础上，对供应链协同最重要的组成部分供应链协同机理进行了深入的研究。在分析供应链协同机理的基础上，从节点企业子系统和"五流"子系统的双重视角研究了供应链协同的内涵，进而构建了供应链协同。

第四章，在对供应链序参量特征和序参量动态性概要分析后，对效率型、反应型、混合型三类供应链，以及不同供应链类型下各生命周期供应链序参量的差异进行了分析。

第五章，依据供应链状态参量选取原则和识别方法，对不同类型下的供应链状态参量进行了选取，对供应链状态参量体系进行了检验和修正。

第六章，首先对供应链序参量识别模型的构建机理进行了深入分析，在此基础上，构建供应链序参量识别模型。然后，以大连某电子公司为核心企业的电子制造业供应链作为研究对象，采取调查问卷和高层访谈的形式收集相应的数据，对这条供应链序参量进行识别的实例分析。

第七章，首先分析了供应链协同度的内涵，并根据供应链协同机理和供应链协同模型构建了供应链协同度评价模型。根据供应链协同评价模型，选取支配各子系统的序参量分量，然后根据供应链"五流"有序的内涵和影响要素，将这些分量转换为度量"五流"有序的若干指标，并以此构建了供应链协同度评价指标体系。

第八章，供应链协同度评价实例研究，以机床制造行业和汽车制造行业为实例研究对象，利用企业的真实数据验证书中的供应链协同度评价模型的可靠性。

第九章，总结了本书研究成果，归纳了本书的创新点，指出了需要进一步研究的问题。

研究结构如图 1-1 所示。

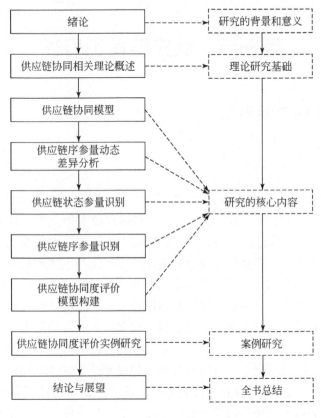

图 1-1　研究结构图

|第二章| 供应链协同相关理论概述

第一节 供应链理论概述

一、供应链的内涵界定

1. 供应链概念的来源

供应链的概念和物流管理有十分密切的关系，它是由物流管理衍生发展过来的概念。20 世纪 80 年代，由于经济全球化和信息技术的发展，特别是 JIT（just in time，准时生产）理念的流行，物流管理更为关注顾客的个性化需求。学术界认识到，仅仅在企业内部协调物流、资金流、信息流和工作流是不够的，为了最大限度地满足客户需求，必须在供应商、制造企业、批发商、零售商和最终客户所形成的整个链条上进行密切合作，必须通过某个产品市场的所有利益相关者的共同努力，才有可能提高生产流通全过程的效率。供应链的概念由此产生，但关于其具体的来源，学术界主要有三种观点。

最直接的来源是迈克尔·波特教授的价值链概念。20 世纪 80 年代初，波特在《竞争优势》中提出了价值链的概念，价值链把企业的经营分为许多相关的活动，包括内部物流、外部物流、生产作业、市场与销售、服务和辅助活动。其中，辅助活动又包括采购、人力资源管理、技术开发、企业基础设施、财务、会计、质量管理和政府服务等（迟晓英和宣国良，2000）。后来又有许多的专家学者对价值链进行补充和拓展。

第二种观点认为来源于精益生产和敏捷制造的管理方式。精益生产是美国麻省理工学院的专家对日本丰田汽车公司生产方式的赞誉称呼，其精髓是在生产的过程中不断地减少浪费，从而降低成本、提高效率及效益，最大限度地满足客户个性化和多元化的需求（叶飞帆和华尔天，1998）。敏捷制造就是在不断变化的市场竞争环境中，根据客户需求定制设计产品或服务，以及通过迅速有效的反应来适应环境的变化，从而使企业获得竞争优势，敏捷制造要求企业的经营活动以信息技术为基础，通过联合那些在动态变化环境中适应能力强的企业以结成联盟，然后发挥各自的核心优势，开发出适应市场需求的产品，从而实现共赢（赵伟等，1999）。精益生产基于生产环节的管理思想和敏捷制造基于联盟关系的竞争理念被物流管理吸收，构成供应链概念的重要内涵。

第三种观点认为来源于组织理论。在市场竞争日益剧烈和经济全球化的背景下，作为企业供需关系网络的物流成了第三利润源，这引起了学术界和企业界的重视。而为了获取更多的利润，必须对企业供需网络中的物流活动进行持续改进，必须把各企业独立运作的物流经过系统整合，转变为企业链上相互合作的一体化物流，把各企业松散和低效率的物流转变为合作紧密的物流。企业供需关系网络就通过物流转换为一个企业合作联盟，随着物流管理的发展，这个企业合作联盟就被称作供应链得以推广。而供应链，则可以当作企业供需关系网络中一种介于企业和市场的中间组织，它是纵向关联和横向合作的多个企业的集成（安进和李必强，2005）。

2. 供应链的概念

早在 20 世纪 80 年代就有人提出了供应链的概念，但直到目前依然没有统一的定义，国内外供应链领域的研究人员从不同的角度给出了不同的理解。

马士华等（2000）认为供应链是围绕一个核心企业，通过控制信息流、物流、资金流的运作，从产品原材料的采购开始，经过中间产品和最终产品，最后通过消费网络和渠道把产品送到最终客户手中的将供应商、制造商、分销商、零售商、最终客户连成一个整体的功能结构网络，这不仅是一条从原材供应商连接到最终客户的物流链、信息链和资金链，而且是一条价值增值链，材料在流经供应链中各节点企业的过程中，经过加工、包装和运输等经济活动增加其价值，同时也给相关企业带来收益。

董安邦和廖志英（2002）认为供应链是包括原材料采购、运输和加工制造直到送达客户手中的一系列价值增值活动构成的网链结构，在提供这些活动的供应商、生产商、销售商和运输商之间，物流、资金流和信息流贯穿始末。

蓝伯雄等（2000）认为供应链是由原材料供应商、零部件供应、生产商、分销商、零售商和运输商等一系列企业组成的价值增值链。

哈里森认为供应链是执行采购原材料，将它们转化为中间产品和成品，并且将成品销售到客户的功能网链（林玲玲等，2008）。这个概念强调的是供应链中企业间的战略伙伴关系。

Lee 和 Billington（1993）把供应链看作一个企业获取原材料，并生产出半成品或最终产品，进而通过销售网络和渠道把产品送达客户手中的网络。

Christopher（1998）认为供应链是一个涉及把产品或服务提供给最终客户的过程，以及与活动的上游和下游相互联系的组织网络。

本书采用国家标准《物流术语》中对供应链的定义，即在生产和流通过程中，包括将最终产品或服务提供给最终客户的上游和下游企业所形成的网链结构。

3. 供应链的特征

供应链是一个网链结构，是由围绕核心企业的供应商、供应商的供应商、用户和用户的用户构成的，每一个参与的企业都是一个网络节点，企业与企业间是相互分工协作的供需关系（丁旭等，2011）。主要具有以下特征。

1）复杂性。供应链是一个非常复杂的网链模式，覆盖了从原材料供应商、零部件供应商、产品制造商、分销商、零售商直至最终客户的整个过程。供应链的跨度大，层次多，并且一条供应链中往往包括很多种不同类型与不同地域的企业，甚至一条供应链中会出现很多个不同国家的企业，所以供应链的结构模式会比单个企业的结构模式复杂许多；并且作为供应链中的各厂商，其各自的经营水平、市场地位和产能规模等不尽相同，这均体现出供应链的复杂性。

2）动态性。由于客户需求呈现个性化和多样化，市场环境动态多变，加上企业自身的经营状况如无法适应市场变化等因素，这不可避免造成供应链中的部分企业出现优胜劣汰，节点企业会呈现出动态的更新；厂商之间的差异性也必然会引起各自经营策略的不同，相应的厂商之间的目标也会随着自身资源条件等因素缺乏一致性，这会在不同程度上打乱企业间的合作关系；另外，随着科学技术的发展和市场的需求，核心企业会出现技术革新，即核心企业对追随企业的要求会出现变化，也会使供应链具有明显的动态性。

3）面向客户需求。供应链之所以形成，并不断的重构和发展，都是因为市场环境发展变化，市场出现这种需求。并且在供应链运作的过程中，满足最终客户的需求是供应链生存和发展的立足点。同时，客户需求也是供应链中信息流、资金流、服务流和产品的驱动源。

4）交叉性。供应链的交叉性主要体现在链中节点企业上，在一条供应链中的节点企业，极有可能同时也是另外一条供应链的成员。由于供应链想提高竞争力，实现供应链同步运作和无缝对接，必然要透露相应的信息给所有的节点企业，由于供应链的交叉，这就造成供应链中节点企业的管理难度增加。

5）自组织性。供应链是由供应商、制造商、分销商及零售商等各个独立的节点企业组成的网络系统，并且不停地与外界环境发生能源、资金、原材料、劳动力、技术和信息交换，具有开放性。由于在供应链中的各个节点企业都是独立经济利益的行为实体，受利益的驱使，各节点企业之间存在着竞争，但同时供应链上各个节点企业的收益，又是以供应链的总体收益为基础的，于是各节点企业间也需要协同运作。由于政策调控、市场竞争、行业调整和客户变化等内外部环境是变化着的，因此供应链总是不可避免地会受到随机性因素的影响。同时，供应链节点企业间还存在非线性相互作用，由于非线性相互作用的存在，系统中随机性因素的影响会引起某个节点企业甚至整个供应链发生变化，如无法有效地实现信息的共享导致需求信息被放大的"牛鞭效应"。由此可以看出供应链具有自组织特征，是一个自组织系统。

二、供应链的结构分析

供应链一般存在着一个核心企业，若干追随企业如供应商、分销商、零售商和物流企业等围绕核心企业去经营运作。如果把供应链形象地比喻成一棵枝繁叶茂的大树，则核心企业就是树根，供应商就是根须，独家代理商就是树干，而那些分开的树枝就是分销商和零售商，树上的叶子或许果实就是最终客户，物流企业就是输送养分的脉络。

1. 供应商

在供应链中供应商指的是给核心企业提供原材料或零部件或相应服务的企业。一般在一条供应链中有多个供应商，这些供应商可能长期提供原材料与零部件，也可能只是在某个特定的阶段，核心企业才会要求某些供应商提供原材料与零部件。对供应商的要求是能提供合适质量的材料或零部件、较低的成本、送货及时和整体服务水平好。对于核心企业来说，材料或零部件的质量是第一选择标准，质量差、采购成本高、生产出来的产品或服务达不到客户要求，会无形中增加核心企业的总成本，但质量过高对核心企业来说也是一种浪费；价格是选择供应商的重要条件，但产品质量、交货时间和运输费用也是不可或缺的重要因素；供应商能否按规定的时间、地点和条件组织交货，会直接影响核心企业生产的连续性；整体服务水平不仅包括供应商的态度，也包括相应的培训和技术支持等服务。

2. 核心企业

在供应链中的主导企业叫作核心企业，核心企业在供应链中占据主导地位，有影响供应链中其他企业的能力，一般从事最终产品的开发、设计和售后服务，是供应链价值增值过程中附加价值最高业务环节的企业。核心企业处于供应链的管理者角色，负责对供应链其他节点企业的指挥和协调，对供应链的运行和发展及整体竞争力的提升具有决定性的影响。尽管核心企业主导供应链的发展，但也不能对其他追随合作企业太苛刻，如不能为了追求自己的零库存，就要求供应商短期内多次送货，这会造成运输成本过高从而影响供应商的收益，而应该和供应商协商，保持库存的协同周转。

3. 分销商

分销商指实现将产品的从制造企业转移到经营地理范围内而设置的产品流通代理企业。优秀的分销商应该熟悉产品的节点和该产品的营销要点，而不是简单地把产品运送到销售地点。诚信是判别分销商优劣的另一个比较重要的标准，只有做好诚信，才可能为产品营造比较好的口碑和外在形象。分销商的分销渠道和途径也是影响分销商实力和评价的一个重要因素，只有宽渠道和多途径的分销商才有可能帮助核心企业把产品转移到需要的经营地点。

4. 零售商

在供应链中零售商指的是向最终客户销售产品及提供附带服务的企业。在由产品向货币转换的过程中，分销商和零售商起到最重要的作用，而零售商作为直接面向最终客户的企业，更是重中之重。好的零售商应该对产品布置合理、提供高质量的服务、合理的营销策略和优秀的产品形象，以此获取最终客户的忠诚度。

5. 物流企业

物流企业指的是为供应链中其他节点企业提供物流服务的企业，按照这些节点企业的要求对产品进行运输、包装、流通加工、仓储、装卸和配送等。在物流业发展的早期，这些供应商、核心企业和分销商都有自己的物流部门，但随着物流业的发展、科学技术水平的进步和市场竞争的日益加剧，各个其他节点企业都专注于自己的核心业务，而把物流分包给专门的物流企业来运行，这样一方面有利于其他节点企业组织自己的资源进行主营业务，另一方面物流服务的需求加速了物流业的发展。在一条供应链中，一个集成的一体化的物流企业，可以更有效地对各其他节点企业的物流服务进行对接，实现物流的协同，同时也有利于物流信息的收集和处理。

根据上述分析，可以把供应链的结构表示为如图 2-1 所示。在图 2-1 中的供应链从供应商选择基础原材料如铁矿、石油、木材或粮食等开始，然后原材料供应商根据中间产品制造商的采购订单及产品的规格说明要求等，将基础原材料转换成可直接使用的材料如钢板、铝、铜、板材或经过检验的食品原料等。中间产品制造商再根据最终产品制造商的采购订单和产品的规格说明要求等，生产并向最终产品制造商提供中间产品如电线、测量用具、螺钉螺母、纺织品、成型的塑料组件和加工食品等。然后，最终产品制造商如国际商用机器公司（International Business Machines Corporation，IBM）、通用汽车公司或可口可乐公司等完成产品的最终组装，并将它们提供给批发商或分销商。批发商或分销商再根据自己公司收到的产品订单将这些产品提供给零售商。而零售商接下来将这些产品展示给消费者。消费者再根据产品的质量、价格、可维护性、实用性和声誉决定是否购买。企业及其供应链如果能满足消费者的这些需求将会取得成功。在此之后，消费者可能还需要退回产品或是需要保修或是废弃产品使之进入再循环，这种反方向物流的行为也包括在供应链的活动范围之内。在上述整个过程中，会伴随着运输与仓储等行为的发生。

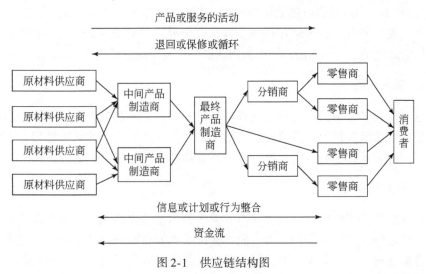

图 2-1　供应链结构图

供应链围绕核心企业，通过对商流、信息流、物流、资金流、知识流的控制，从采购原材料开始，制成中间产品及最终产品，最后由销售网络把产品送到客户手中。供应链连接了供应商、制造商、分销商、零售商、消费者，是一个范围更广的企业结构模式，包含了所有的加盟节点企业。任何产品都是通过某种供应链到达客户手中，可以很清楚地认识到，供应链中所有节点企业的唯一收入来源都是客户。当供应链中某一个节点企业的商业决策忽略了供应链中其他节点企业的利益，则这种局部最优化将会导致成本和额外的等候时间沿着供应链传递，最终导致成品价格的价格更高、供应链服务水平更低，从而相应地降低了满足客户的需求能力，进而降低整个供应链的收益。

一定数量的其他企业在将成品运送给客户的过程中扮演了重要的角色，也间接参与了供应链的运作，包括那些服务供应商如陆路运输与航空运输公司、信息系统提供商、公共仓储企业、货运代理、其他代理和咨询公司等（乔尔威斯纳等，2006）。这些服务供应商对于供应链中的企业来讲十分重要，只有通过它们，节点企业才可以在期望的时间内得到所需的产品或服务，买方和卖方才可以得到有效沟通，才可以服务于偏远的市场，才可以在国内和国际运输中节约资金。

三、供应链的流程分析

供应链流程分析一般包括信息流、资金流和物流三个比较重要的流程，但随着对供应链运作过程研究的不断深入，一些学者在做供应链流程分析时加入了商流（付丽茹，2008；郑凯，2009）和知识流（周勇士，2005；刘勇军，2006；冯长利，2011）。其中，商流是供应链运作的开始，信息流贯穿于整个供应链运作的全过程，为其他"流"的有序合理运作提供支撑，资金流是供应链健康运行的保障，而物流是供应链流畅运作的基础，知识流则在供应链组建的开始就在流动。

1. 商流流程

这个流程主要是商品交易的过程。在供需双方之间双向流动，可以说商流程贯穿整个供应链。目前，商流的形式趋于多元化：既有传统的店铺销售、上门销售、邮购等方式，也有基于互联网等新兴媒体技术进行的电子商务模式。

2. 信息流流程

该流程是供应链所有活动或状态所派生的信息传递的流程。方向也是在供货商与客户之间双向流动的。过去人们往往把重点放在看得到的实物上，因而信息流一直被忽视。甚至有人认为，国家的物流落后同它们把资金过分投入物质流程而延误对信息的把握不无关系。

3. 物流流程

物流主要是物资实体的流通过程。该流程的方向是经由供货商、制造商、分销商和零售商等指向最终客户。经过近几十年的研究和发展，物资流通被看作企业的第三利润源，许多的物流理论是关于在物资流通的过程中在短时间内如何以较低的成本满足客户的需求。

4. 资金流流程

资金流就是货币的流通。企业为了保障正常的运作，必须确保资金的及时回收。该流程的主要的流动方向是由客户经零售商、分销商和制造商等指向材料供货商。

5. 知识流流程

知识流是指供应链上各节点企业间的知识流通过程，是供应链节点企业运用集体智慧，通过获取、共享和运用存在于企业内部和外部的显性和隐性知识，使其产生协同价值，从而提高知识运用与创新的效率，增强供应链整体绩效的过程。

第二节　供应链协同基本理论概述

一、协同理论

1965 年美国战略管理学家安索夫在《公司战略》中把协同思想引进了管理学，他认为协同效应是一种系统的联合效应，目的就是企业通过各业务单元之间的合作，使企业经济活动的整体收益大于各业务单元独立活动收益的总和（Campbell and Luchs，2003）。到了 1971 年，联邦德国斯图加特大学教授哈肯提出了统一的系统协同学观点，他认为自然界的事物和人类世界的事物和活动都存在有序和无序的情况，而在某一特定的条件下，有序和无序可以相互转换，因此他就把无序看作混沌，而把有序看作协同（曾文涛，2005）。事实上协同现在存在于生活的各个角落，没有协同，人类无法生存，生产无法继续，社会也不能前进。在一个系统中，如果各子系统或系统要素之间无法协同，即处于一种无序的混乱状态，很显然这样的系统无法发挥整体性功能而走向瓦解。只有各子系统或系统要素之间相互配合协作，汇聚各种力量为最终目标服务，才能形成超越原各独立单元功能总和的新功能。

为方便研究，基于前人的研究成果，本书将协同定义为：两个或两个以上的不同单元或要素，通过相互配合协作，依靠集体的力量实现预定目的过程或能力。其本质就是打破各独立单元或要素之间的壁垒与边界，通过对各种资源的合理有效地配置、开发和增值，产生 1+1>2 的效果，协调一致地为系统目标服务。

哈肯关于协同学理论的基本思想是，一个开放性的系统中的子系统，无论是有生命的还是非生命的，会在一定的客观条件下，通过彼此之间的相互作用产生相应的协同作用和协调效应，并且这种协同作用或协同效应达到一定的临界点时，系统会通过自组织产生新的有序变化，即原有的系统发展成为在时间、空间及性质和功能等方面都发生根本性变化的具有新结构的系统。基于这种基本思想，哈肯解释了在开放复杂的系统中，各个子系统是如何通过相互作用产生协同作用和协同效应的，使系统从混沌转化为有序，或者从低级有序变成高级有序的（孙清华，2010）。简单来说，哈肯所研究的这种系统的有序结构是通过自组织的方式而形成的。

1. 序参量

在哈肯的协同学理论中，相变是系统从无序的状态转变到有序的状态或者从有序的状态退化成无序的状态的这种动态的过程，而决定系统相变的最关键因素就是序参量（Microsoft Company，2005）。在物理学中对序参量的解释是：如果把系统在相变点处的所有内部变量分为慢弛豫参量和快弛豫参量两种，最终决定系统相变进程的决定性变量就是慢弛豫参量，也就是系统的序参量（崔琳琳和柴跃挺，2007）。序参量的数量相对较少，而且衰减速度较慢。而快弛豫量虽然相对数目较多，衰减速度也较快，但对系统的结构和功能的变化不起主导作用，必须服从于序参量。系统从无序状态走向有序状态必须依靠这些序参量之间的相互作用，它们决定着系统相变的规律与特征。

哈肯认为系统外界环境只要发生很小的变化就有可能产生全新的序参量或全新的序参量系统。他认为当系统的动态变化达到一个临界点时，序参量也会相应地增长到最大，那么系统中就会出现一种全新的宏观有序的具有组织性的结构。这种系统可以自发地偏离某一种平衡点的现象叫作涨落（唐晓波和黄圆圆，2005）。在控制量的引导下，局域性的涨落在非线性反馈的作用下能产生放大效应，这个时候，涨落的态势就会支配原系统的部分行为或全部行为。基于这种特殊的作用，涨落被看作判别系统是否更新的依据。也就是说，系统所进行的创新转换，即系统通过涨落达到有序和高级有序（邹辉霞，2007）。

哈肯进一步指出有时不仅会存在一个序参量，而且还会存在许多序参量协同的系统。正如在供应链这一系统中，影响供应链协同的关键因素有很多，这些因素共同对供应链的协同起到决定和支配作用。哈肯也对序参量之间的关系做了描述，他认为在一定的时间段内，某一个特定的序参量会支配其他的序参量起到主要作用，其他的序参量只是配合这个主要序参量，在主序参量的规定下运动。但如果环境条件发生变化，以前的主序参量可能就失去了其主导地位，被其他的序参量取代。值得注意的是这种序参量主导地位的转变是随机的，完全没有规律，也就是混沌的（邹辉霞，2004）。这可以用一个例子来解释。

假定有一个系统由三个子系统组成，这三个子系统分别为：$F(1) = 60(e)^{(-6t)}$、$F(2) = 35(e)^{(-t)}$ 和 $F(3) = 7(e)^{(-60t)}$，其中，t 为时间；$F(1)$，$F(2)$，$F(3)$ 为子系统。系统的总体行为和功能及特征就是这三个子系统相互配合协作而表现出来的，可以直观地看出，这三个子系统是按指数而随时间慢慢衰减的。且衰减最快的是子系统 $F(3)$，衰减最慢的是子系统 $F(2)$，而子系统 $F(1)$ 衰减的速度居于两者之间。很明显，随着时间的慢慢延续，子系统 $F(1)$ 慢慢地失去了其主导地位，而由子系统 $F(2)$ 接替子系统 $F(1)$ 成为主导子系统，相应的子系统 $F(1)$ 和子系统 $F(3)$ 的行为也被主导子系统 $F(2)$ 所支配。而可以反映系统状态的子系统变量子系统 $F(1)$、子系统 $F(2)$ 和子系统 $F(3)$ 则称为系统序参量，同时也支配着系统的运行状态和运行规律。但这些序参量在系统竞争力的表现中处于什么地位，是受到一定环境条件限制的，而这些限制条件，就叫作控制参量。例如，前面的三个子系统中，参数 60、35 和 7，以及指数常数 -6、-1 和 -60 就是控制参量。很明显，这几个控制参量决定了各序参量的衰减速度和衰减量的数值。

在序参量之间会发生协同-竞争，一般可以有三种基本形式。假设只有两个序参量，那么第一种形式就是序参量之间各自运行，互不干扰；第二种形式是一个序参量去支配了另外一个序参量的运行；而第三种形式就是两个序参量相互协商，按照共同的约定去运行。在现实的经济生活中，第一种形式显然只是理想状态，现实情况下，很难发生；而第二种形式和第三种形式太极端，也很难发生，最常见的是第二种形式和第三种形式的互补，即所要研究的供应链协同，有一个核心企业在很大程度上支配其他节点企业的运行，但这种支配不是无条件的，而是在一定共同协商和约定的情况下进行的支配。必须一提的是在系统中，单一序参量主导地位的依次上演现象是存在的，但也不是绝对。另外一个就是在现实的经济活动中，如供应链协同系统中，序参量和控制参量想要得到比较精确的结果是很难的，即在一定的时间段内，仍会出现多个序参量。因此站在管理的角度上，应该寻找多个合理的序参量，然后有意识地主动从外界对这些序参量施加影响力，才能有效地减少供应链从混沌到有序状态及从低级有序状态到高级有序状态过程中的损耗，以自组织原理实现他组织的高级有序状态。当然更常见的是，在一个时间段内，系统中的多个序参量遵循依次上演的规律，轮流占据系统的序参量主导地位。还必须明白的是，很多时候，无法像高等数学中的微积分一样把时间划分为无数个时间点，所以很多时候无法很直观地分清系统中哪个序参量在起主导作用，因此在某一个特定的时间段，会出现两个或两个以上的序参量共同占据系统中主导地位的现象。在这种情况下，在管理上就必须对所有的序参量进行影响控制，才有可能实现供应链的协同运作。需要强调的是，系统结构的有序程度可以用序参量的值来描述。

2. 自组织

（1）自组织的概念

自组织理论是 20 世纪 60 年代末建立并发展起来的一种系统理论，其研究的是复杂的自组织系统的形成与发展机制问题，研究的是在一定的环境中，系统如何自发地从混沌走向有序，或者从低级有序成长为高级有序。从自组织的概念产生开始，就不断地有专家学者对其进行发展和完善。目前，人们对组织的名词性理解，是指事物内部各要素按照一定的功能和结构关系构成的具有一定规则的有序存在方式，这种组织是一个系统；而动词性的组织概念则指事物在空间、时间或功能上按照一定的规则和约束条件进行结构有序演化的过程，即组织化。组织化有两种方式：自组织和他组织。其中，哈肯给自组织给出的定义得到了学术界一致的认同，他认为如果一个体系在获得空间的、时间的或功能的结构的过程中，没有外界的特定干涉，便说该体系是自组织的（刘仙泽，2005）。

哈肯曾经用了一个很通俗的例子来解释自组织与他组织。例如，有一群工人，如果每个工人都按照工长的命令或者指示去行动，就可以称这群工人为组织，或者说成有组织的行为，但如果没有工长发出的外界指令，这些工人就自发地依靠某种理解和默契，相互配合协作，各尽其责地来进行生产，这种过程就可以称之为自组织。通过这个例子可以理解所谓的自组织就是系统在没有获得外界任何命令或者系统没有收到任何的外界干扰的情况下自发地按照一定的规则形成一定的结构和功能的过程和现象。自组织现象就是系统的演化现象，系统通过与外界交换物资、信息和能力而持续存在，而且能在一定的条件下不断地走向有序化、结构化和多功能化，同时系统的结构和功能也将随着外界环境条件的变化而自动发生变化。这两者之所以都向有序状态演化转变的根源是系统内部结构和外界影响力之间的持续的相互作用及系统内部子系统之间的相互影响和整体的协同效应，而这样的演化则可以看成是自发地进行。这种自组织包括三个过程，第一个过程是由非组织向组织的演化过程，第二个过程是由组织程度低向组织程度高的演化过程，第三个过程则是由简单到复杂的演化过程。

（2）自组织的特征

自组织产生的原因可以概括的分为系统的外部环境影响和内部环境影响。其中，外部环境中的各种自然力、能量和物质对系统的持续作用是系统自组织的外因，而使各种自然作用的过渡性、交互性和转换性得以积累储存的某种因子则是自组织的内因。而自组织的原核产生以后，可以通过内部与外部的相互作用继续进一步的演化，从而往更高有序的状态发展。自组织系统与他组织系统相比，其行为模式具有如下几个特征。

1）开放性。一个系统只有不断地通过与外界环境进行信息、物质和能量的交换，使外界环境导入的负熵流大于系统内部产生的正熵流，并导致整个系统的总熵逐渐地减少，才有可能形成组织程度比较高的有序结构。因此开放性是自组织的一个必然特征。

2）竞争与协同并存。竞争指的是各个子系统之间相互作用和相互排斥的关系，而协同则指的是各个子系统之间相互依存与相互支持的关系。各个子系统相互竞争的同时相互协同才产生自组织，竞争与协同并存也是自组织的基本原则之一。例如，在一个供应链中，各个节点企业都是独立经济利益的行为实体，在利益的驱动下，各节点企业之间天然存在着竞争，但同时供应链上各个节点企业的收益，又是以供应链的总体收益为基础的。因此，各个节点企业只有通过相互协同运作，才能有效实现整个供应链的价值增值，才能实现双赢或多赢。

3）层次性。任何复杂的系统都是有层次的，各个层次间既相互区别又相互联系。这种区别不单单是量上的区别，更重要的是关于质的区别；同样联系也不单单是简单的汇总求和或计算关系，而是一种动态的联系。各个层次的系统之间相互影响相互作用从而演化为高层次的系统，而这些高层次系统再相互影响相互作用，则可以形成更高层次的系统总体。

4）非线性。子系统之间的非线性相互作用是形成整体系统有序结构的内在根源，这种非线性作用在自组织中主要发挥正反馈效应和负反馈效应。其中，负反馈效应产生的是协同效应，它使各个子系统丧失自身的独立性，使它们之间相互制约与协调同步，同时又使系统与外部环境协调同步，表现出一种整体效应。而正反馈效应则产生振荡，放大某种效用，同样也一样可以放大某种涨落，使其涨落力大于系统保持稳态的惯性力，从而使系统发生结构的变化。由此可见，非线性是指子系统之间相互作用的非对等性、不均匀性和不对称性。对于子系统或序参量来说则表现为一方支配另一方，然后再进一步支配其他参量进而同化其他参量的循环反馈的过程。正是有了这种不断的循环反馈，系统才可以存在并有可能不断更新。

5）随机性。由于非线性相互作用具有反馈效应，因此系统中各个要素的相互作用可以使过程的结果反作用于过程的原因甚至过程本身，这就是所谓的反馈作用。非线性正反馈效应可以迅速地放大微弱的偏差或偶然的涨落，从而使系统具有多种形态，并使系统进化结果具有多样性和随机性。也就是说，系统自组织有可能退回无序即混沌状态，但更多的是走向自组织的高级有序阶段。

二、供应链协同内涵界定

1. 供应链协同的起源

1980 年，美国俄亥俄州辛辛那提市的一家超级市场向供应链上游的日用品制造商宝洁公司提出一个请求，该超级市场请求宝洁公司自动对市场货架上的 Pamper 牌尿布进行自动补货，只要货架上的尿布一卖完，宝洁公司就应该自动为其补充，这些尿布的货款可以每月做一次清算，而不是每次都需要经过一个订货的程序。宝洁公司的经理接到请求，认识到这将会是一个巨大的市场需求，就立即组织团队进行研究开发设计。经过筹划，宝洁公司做出了一个自动补充尿布的计算机系统，通过计算机把两家公司连接起来。结果系统运行的效果良好，超级市场再也不用为"尿布"而发愁了。从此之后，自动化的供应链管理就开始了。后来宝洁公司又继续对该系统进行了发展和完善，并向供应链下游的经销商和日用品销售商进行推广，以使双方都获利。供应链管理打破了企业的边界，将供应链上的各个信息孤岛连接在一起，形成完整的业务链，而供应链协同则加强了供应链节点企业间的合作关系，建立了一种双赢的业务联盟，以共同追求利润的最大化。

2. 供应链协同的概念

供应链协同是供应链管理的一种最新发展模式，是随着经济全球化和市场竞争的加剧逐渐形成发展起来的。建立供应链的目的是实现整个供应链中所有节点企业的价值增值，而供应链价值增值的实现又依赖于供应链中各节点企业之间的相互配合协作，供应链中任何一个节点企业的无序运作都会影响整个供应链的整体收益。如何实现整个供应链的同步运作和无缝对接，成为企业界和学术界研究的重点。进入 21 世纪以来，供应链协同管理的理念传播的更为广泛，而对供应链协同的研究更加深入。对于供应链协同的概念，目前没有统一的认识，不同的专家或学者从不同的角度给出了不同的定义。

美国微软公司把供应链协同定义为降低供应链库存，减少供应链成本，提升供应链竞争力，改进客户服务质量和提高客户忠诚度的一种途径（Microsoft Company，2005）。在微软公司的报告中，实施供应链协同管理可以提供协同预测、协同产品开发、协同销售与运作计划、减少订单与资金循环时间、协同物流和部分资产共享 6 种较为关键的机会。

崔琳琳和柴跃挺（2007）认为供需链协同就是指供需链系统在某种契约条件或合作机制下，在各个节点企业满意自身可以获得的收益的前提下达到供应链整体收益最大化的状态，重点分析了供应链中各个节点企业的自身收益和供应链的整体收益之间的关系。

唐晓波和黄圆圆（2005）认为供应链协同管理就是连接供应链中各个关键节点企业，与各个子系统保持沟通，并保持其长效性，创造总价值，使供应链的各个环节都能依照可以使供应链整体效益最大化的规律进行运作的和谐控制。

邹辉霞（2007）认为所谓供应链协同就是指为了实现供应链的整体目标，供应链上的各节点企业共同制订相关计划、实施策略和运作规则，并约定每个企业都必须承担相应的责任，从而实现供应链上各企业协调同步，各环节无缝对接。

综合以上研究，本书将供应链协同定义为：供应链各节点企业以供应链整体绩效最优为目标，通过共同决策、信息共享及合理的利益分配等一体化运行手段，使商流、物流、信息流、资金流、知识流有序，从而实现供应链各节点企业协调同步。

3. 供应链协同的原因

（1）追求企业与企业之间的关系

市场环境的迅速变化和市场竞争加剧使企业逐渐认识到企业之间合作的重要性，但企业的目标往往是追求自己收益的最大化，因此而进行的决策会破坏甚至撕毁企业之间的合作关系。为了稳固和强化企业彼此之间的合作关系，进而提高企业自身的竞争力，就有必要通过协议或联合组织等方式在供应链上结成战略同盟关系。

（2）追求协同效应

各个节点企业通过相互配合协作往往能创造比单个企业独立运作更多的效益，即产生 1+1>2 的供应链协同效应。节点企业可以通过对资源或业务行为的共享产生规模效益或降低经营和运作成本，可以通过联盟企业在市场营销和研究开发方面付出的努力中获得利益，即通过企业之间的交流获得扩散效益，如 GE 公司（General Electric Company）在涡轮发动机上的研究对供应链上的其他飞机制造企业有很大的帮助。由于企业性质的相似性，先进的知识和技能可以使其他企业在相关领域里获得直接的收益。如果供应链产品的外在形象较好，则供应链中所有的节点企业都可以从中获得企业形象的提升。

（3）规避规模扩大引起的问题

迈克尔·波特教授认为，如果一个企业能向客户提供超过竞争对手价值的产品，这个企业就获得了竞争优势，而所谓的价值，可以简单理解为客户愿意为企业提供的产品所支付的货币。较高的价值有两种表现形式，一种是在同等质量上比竞争对手价格低，另一种就是在同等价格上质量比竞争对手好，但企业想做到这一点，必须具备一定的规模。可是规模的扩大一方面需要足够的资金，另一方面规模扩大后会引起很多的问题，但如果企业参与供应链协同管理，不但能保证自身的独立性，从而避免因规模扩大可能产生的问题，同时又可以与通过和供应链中其他节点企业的协同获得规模效益。

供应链协同管理不再孤立地看待各个企业及部门，而是综合全面地考虑所有节点企业的内外联系，把供应链作为一个有机的整体来对待。各节点企业加强信息化建设，在信息技术的支持下实施信息共享，以提高供应链整体收益为目标，相互进行沟通后实施协同决策。这种共同参与的协同决策不但降低了各个节点企业以自身收益最大化为目标分散独立地进行决策造成的供应链整体利益不统一的弊端，同时也在一定程度上减少了传统供应链管理中由单一决策者制定的理想化决策所带来的管理上和运行上的障碍。另外，供应链上的节点企业在供应链协同管理的环境中树立了"共赢"的意识，建立了新型的紧密合作的关系。供应链协同管理不仅使各节点企业可以借助其他节点企业的核心竞争力来维护与支持甚至增强自己的核心竞争力，而且可以帮助其供应商和客户提高他们的客户满意度。总之，供应链协同管理可以使供应链的整体收益最大化。

4. 影响供应链协同的因素

(1) 冲突程度

一方面，供应链中各个节点企业都是独立的经济实体，都有自己的目标，而且在利益的追求上是以自身利益最大化为前提的，而企业各自利益的最大化往往又具有排他性，即加入某一节点企业得到了比较满意的利益，则其上游或下游的节点企业通常会受到利益损失，从而形成利益冲突。另一方面，供应链中各节点企业来自不同的组织，有着不同的文化背景，因而无法实施单一的文化管理。因此各节点企业在合作的过程中，会自觉或不自觉的产生习惯性的防卫心理与行为，这在一定程度上会形成心理冲突或行为冲突。冲突的程度越大，越会影响供应链的稳定，各节点企业越容易采取导致变动性增加和影响整体利润的行为，进而影响供应链的协同。

(2) 不确定性

供应链在运作的过程中存在很多的不确定性因素，主要表现为衔接不确定性和运作不确定性。衔接不确定性指的是供应链上下游企业合作上的不确定性，而运作不确定性则是指因缺乏有效的控制机制所导致的系统运行的不稳定性。衔接不确定性对供应链协同产生的影响主要表现在：①需求信息的不确定和订货与补货提前期的不确定会造成"牛鞭效应"的放大；②突发事件带来的运作的不确定性，以及突发事件引起的责任归咎造成的供应链失调；③各节点企业自身利益与供应链整体效益冲突带来的供应链失调。

(3) 信息传递障碍

信息传递障碍是指需求信息在供应链不同阶段之间传递的过程中发生扭曲，

从而导致供应链内订货量的变动性增加。一方面，随着订单沿着供应链上溯至制造商与供应商，按照接受订单进行预测，在"牛鞭效应"的作用下，会使顾客需求变动性扩大；另一方面，当供应链上各节点企业单方面的采取促销措施，而扩大特定订单的规模，但这些信息不能共享时，会导致供应链内订单规模的大幅度波动，造成供应链的进一步失调。

三、供应链协同层次分析

供应链是一个开放而且复杂的系统，对于供应链协同的层次，不同的专家学者从不同的角度可以给出不同的分类。为了研究的方便，本书从管理的角度把供应链协同分成战略层协同、战术层协同和技术层协同三个层次。

1. 战略层协同

战略层协同是供应链协同的最高层次，是站在战略的层次和角度上对供应链协同思想的明确与强化，并据此在以后的实践中持续地改进供应链协同策略和方法，解决供应链协同管理的过程中出现的各种问题，达到增强供应链整体竞争力的目的。简单来讲，战略层协同就是供应链上的节点企业在企业长期目标、未来的发展方向及资源配置等战略管理的过程中，各个节点企业所拥有的资源、技能和核心竞争力等在供应链中进行沟通、交流和共享，从而实现供应链整体竞争力的提升。战略层协同有两个相互联系的含义，一个是协同效应，也就是可以通过协同作用而取得比较满意的结果，另一个是可以通过能力与资源的整合，发现并取得协同效应而赢取竞争优势的过程。简言之，战略层协同追求的目标是在战略协同的作用下使有限的资源发挥最大的效用，为企业资源的合理有效配置提供战略方向，主要包括组织模式、组织规模、风险承担和收益分配等几个方面的内容。

1）在当前市场竞争异常激烈的情况下，企业间结成战略联盟是对白热化的市场竞争与变化多端的市场需求环境的一种战略上的反应。供应链节点企业结成战略联盟后，会更加积极主动地参与和坚持供应链协同管理，各节点企业的产品、人员、技术和管理等核心竞争力都可以通过交流协作实现资源优势互补，节点企业间也可以建立适当的供需关系，相应地节点企业间的合作关系也会得到加强和稳固。这种联盟关系可以保证节点企业在急剧变化的市场环境中，以较低的成本迅速有效地获取各种资源，从而提高节点企业的市场竞争力。因此战略联盟就应该根据供应链的业务活动特征，采取扁平化和横向发展的组织模式，实行节点企业间自我管理。

2）针对市场上出现的某种需求，如果有节点企业发现通过与其他的节点企业的协作配合可以形成规模效益，获取超额利润时，就会寻求供应链协同以追求供应链协同效应。随着供应链协同规模的扩大，这些供应链协同节点企业的收益也会相应地增加。但这种供应链协同规模超过一个临界点时，中间的供应链协同成本就会迅速增加。根据企业追求利润最大化的特点，此时的供应链协同联盟就不再牢固，而构成的供应链协同也会因此终结。

3）企业战略层协同所面临的风险来源于两个方面：首先，因为企业的收益是跟市场需求成正相关的变量，则市场需求的不确定性与供应链协同环境中的不确定因素会导致企业收益的不可知性，这就是风险期前风险；其次，因为企业资源的稀缺性和有限性形成企业经营活动的机会成本，只有当前的经营活动收益大于机会成本，才是真正的收益。因此当机会成本增大时，则企业形成真正收益的概率就在降低，这就是风险，叫作风险期后风险。最后，风险也可以理解为实际收益与预期收益相比较的结果，因此风险分配必须和收益分配联系起来。但企业的预期收益又跟投入的成本关系密切，这样风险分配就成为收益与投入成本之间相互博弈的结果。因此，只有将各节点企业的收益和成本结合，经过综合的对比分析，找出各节点企业的实际收益和预期收益之间的差距，预期收益和投入成本之间的关系，才能看出风险的大小，才能较为全面与公平的进行风险分配。

4）供应链要成功地进行协同运作，必须有一个非常公平合理的收益分配方案，因此，收益分配成为供应链协同成功与否最为关键的影响因素。在供应链协同收益分配上有三种模式：第一种是产出共享模式，这种模式的特点是风险共担但收益也共享；第二种是固定支付模式，一般由核心企业支付相应的固定成本，追随企业不需要承担太多的风险；第三种为前两种模式的混合体，也是最常见的一种模式，即各节点企业不但能获得固定的收益，而且能从供应链协同收益中获得一定比例的报酬，但同样也得承担相应的风险。在实际的操作过程中，供应链选择哪种收益分配模式是由市场机会成本、收益的可能性、各节点企业的规模、发展战略和各节点企业的风险态度等因素共同决定的。

2. 战术层协同

战术层协同是供应链协同研究的中心问题，是供应链协同运作成功与否的关键。所谓战术层协同就是各个节点企业在供应链协同理念的指导下，彼此信任，相互协作配合，使任务和活动在节点企业间统一协调和优化分配，合理解决在供应链协同运作过程中的客户服务最优化、总成本最低化、物流质量最优化、库存最小化和库存周转时间最短化之间的冲突，实现供应链整体收益的最大化。核心企业通常是供应链协同的组织者，这是因为其供应商一般较多，而且其供应商之间的竞争也较为激烈，相应的供应商与供应商之间，供应商与核心企业之间的合作关系就不太稳定，这样供应商就很难做到主动要求并支持供应链协同。而核心企业就应该主动承担推行供应链协同理念的责任，这对战术层协同的供应链协同有十分重要的影响。一般来讲，战术层协同的供应链协同包括以下几方面的内容。

（1）产品研发协同

产品研发指的是为满足客户的需求，根据外部环境条件和节点企业内部自身的条件，把节点企业所能调配的资源进行有效合理的整合与配置，研制出能满足客户某种需求的产品的全过程。在产品研发的过程中可以实施并行工程和同步工程，通过集成作业、平行作业和实行标准化的设计来处理产品研发任务，以缩短产品研发的周期。并行工程要求把产品研发的环节通过平行作业来实现，而同步工程则是强调通过分摊来实现产品研发任务。受益于信息技术的进步，节点企业可以通过互联网等信息技术来搜集相关信息并分解任务进行合作研发。节点企业也可以把产品某些局部设计任务交给其供应商，减少在垂直方向上的产品设计范围，这样不但减少了产品研发的范围，降低了产品研发的难度，避免了产品研发的重复工作，同时也加强和稳固了与其他节点企业的合作关系。

（2）采购协同

一般情况下，生产性企业用于采购原材料或零部件的费用应该会占其产品销售额的50%左右。同时，节点企业采购的速度、效率和订单的满足情况会直接影响供应链下游，节点企业的生产或经营，相应的采购成本会直接影响产品的最终定价情况，进而影响供应链的整体收益。为了减少，节点企业库存、最快速度的满足供应链下游节点企业的需求和提高供应链的整体收益，很有必要实施采购协同。采购协同要求各节点企业间形成牢固稳定的合作关系，然后进行充分的信息共享。节点企业应该把对最终产品的中长期预测和自身期望的服务水平传达给供应链中上游的供应商，而供应商则可以根据自身的能力对节点企业做出相应的承诺，使节点企业的采购部门对供应商有一个比较清晰的认识。节点企业的部分库存情况也应该和供应商共享，这样可以提高交货的速度和准确率。另外，就是将近期的采购计划共享，节点企业应尽早把采购计划下达给供应商，这样供应商就可以根据自身的实际情况对生产计划进行安排。

（3）生产协同

从价值链的角度来讲，产品从供应商的原材料采购到最终由零售商销售给客户是一个价值增值的过程，无疑产品的生产是整个流程中最重要的过程。实施生产协同能使供应链对环境的变化迅速有效地做出反应，有助于提高供应链的竞争力和增加供应链的整体收益。具体可以从生产计划、生产过程和质量控制三方面来讲：合理的生产计划由库存情况、采购计划和销售计划等联合决定，因此应该联合计划员、采购员和生产员工共同制定生产计划，增进计划精度，加强计划的稳定度，促进生产计划协同；推行精益生产，通过信息技术把供应链中的上游供应商和下游客户都扩展成生产中的工序，可实现生产过程的协同；质量是产品的生命力，直接影响产品的市场形象和供应链的整体收益，而质量是检查出来的，必须层层检验，段段控制，各节点企业实施全面质量管理，阻断错误流向下一个环节。

（4）回收协同

当产品的使用周期结束或者产品出现无法修补的损伤时，在消费者手中就没了使用价值，但对于供应链来讲，还有部分价值可以利用。根据可持续发展和绿色供应链的思想，可以进行产品回收，减少资源的浪费和价值的流失。实施产品报废回收不但客户可以得到部分补偿，对于供应链上的节点企业来讲也有十分重要的意义：首先，产品回收可以节约资源、保护环境和促进绿色设计；其次，通过对报废产品的拆卸还能查找并发现产品在设计或生产上的问题，从而能在以后的设计和生产中改正这种问题；再次，对产品的回收可以使供应链企业获得良好的社会形象；最后，产品的回收过程也是一个信息采集的过程，可以在回收的过程中得到最直接的产品在运行方面的数据，如产品实际寿命和质量信息等。但实施回收协同的前提是回收产品的残存价值有再利用的可能，这就要求企业在产品的设计上第一要使用可兼容的基本材料，即产品生产使用的材料可以彼此兼容，第二就是产品的零部件应该易于拆卸，还有一些措施如零件的标识、可丢弃材料的容量及耐腐蚀产品设计等，第三还应该尽量可以对产品进行直接操作，避免使用包装工具和包装材料。

3. 技术层协同

技术层协同主要是指通过协同技术的应用和推广，为供应链各个节点企业提供一个实时信息交互共享与沟通的平台，主要目的是帮助供应链上各节点企业实现同步运作与信息协同，同时增加端到端的透明度，提高决策的快速性及有效性（张翠华和任金玉，2005）。技术协同为战略层协同和战术层协同提供有力的支持，是实现整个供应链协同的基础和关键。技术层协同的内容主要涉及供应链信息协同和供应链上各节点企业的同步运作。

1）支持供应链信息协同的技术主要有：①电子数据交换技术，是为了提高经营的效率，通过计算机网络进行数据传送和接收的技术，其目的是实现数据加工和票据处理等作业的及时化、正确化和自动化，同时可以实现库存信息、生产信息和销售信息的共享；②条码技术，可以对产品进行快速的识别与描述，是一种快速而准确地采集信息的技术，可以与其他信息技术结合，帮助节点企业随时了解产品在供应链中的流动；③电子订货系统，可以帮助供应链上的节点企业通过增值网络（value added network，VAN）或互联网等通信技术和终端设备以在线联结的方式直接进行订货信息交换与订货作业；④全球定位系统，主要运用在产品物流的过程中，可以帮助节点企业随时了解产品的走向，也可以用来追踪物流车辆的定位并进行简单的调度及帮助运输船只选择最合理的航线；⑤地理信息系统，主要帮助节点企业解决三种问题，一个是解决在多终点的物流活动中，如何在保证服务质量的前提下，选择物流路线并降低物流成本，另一个是帮助解决最有效最方便的分配产品的路径问题，还有一个作用是确定一个或者多个设施的位置；⑥电子商务系统，关于节点企业信息门户的产品，可以帮助节点企业建立一个网站，方便信息的采集与发布，能够实现企业内外部信息的实时传递与反馈，建立基于电子商务的业务通道，从而在信息传输、在线交易和客户服务等方面帮助客户极大地提高效率，扩展竞争空间（曹伟，2003）。

2）支持供应链上各节点企业的同步运作的技术主要有：①多智能体技术，采用的是协商的决策技术，可以在相同环境中采用不同的解决办法，具有并行性、智能性和柔性的特点（秦苏涛和李承娟，2004）；②工作流管理技术，是实现节点企业业务过程建模、仿真优化分析、过程管理与集成，最终实现业务过程自动化的核心技术（李娟和黄培清，2007）；③其他可以帮助节点企业实现协同的软件技术有两种，一种是企业资源计划软件，是以系统化的管理思想，在资讯技术基础上建立的，是为节点企业领导层及员工进行决策提供决策运行手段的一个管理平台；另一种是供应商关系管理软件，是用来改善节点企业与供应链中上游供应商关系的软件，致力于实现与供应商建立和维持长久紧密伙伴关系的管理思想和软件技术，旨在改善节点企业与供应商之间关系的新型管理机制，实施于节点企业采购业务相关的领域，其目标是通过与供应商的长久稳固的业务关系，并通过对双方资源与竞争优势的整合共同开发市场，扩大市场需求和所占的市场份额，来降低产品前期的高额成本，最终实现双赢的企业管理模式的应用软件。

四、供应链协同作用研究

供应链协同是依靠现代信息通信技术把供应链上的各个节点企业紧密联系起来，然后通过核心企业的统一协调作用，根据共同的约定，在供应链上各节点企业之间实施风险共担利益共享，各个节点企业实行自我管理，彼此之间相互配合协作，为供应链的整体目标努力，是一种有序稳定的系统结构，其竞争力也必然远远大于松散的传统供应链。这种供应链协同的重要作用主要体现在以下几个方面。

1）随着市场竞争环境的日益激烈、客户需求的不断变化和消费者期望的不断提高，快速反应成为供应链与供应链之间竞争的焦点，时间优先取代成本优先成为供应链竞争的优先竞争模式的重心。缩短供应链反应的提前期是快速反应的核心思想，而供应链协同管理要求供应链中各节点企业高度共享相关信息，从而有效地缩短了供应链反应的提前期，降低了安全库存水平，加快了库存周转率，节约了库存投资成本，提高了服务客户的水平，很好地满足了供应链的竞争时间优先的要求。并且由于信息的高度共享而降低了供应链上的"牛鞭效应"，同时通过供应链上各节点企业的协同合作还可以及时地发现并解决供应链中存在的问题，及时地测评供应链的投资回报率，优化资源配置，进而提高供应链的整体竞争力。

2）客户是市场上各经济实体的获利源泉，一个企业能够生存发展的唯一原因就是能够满足市场上客户的某种需求，对于供应链来讲是一样适用的。能够快速高效的满足市场客户的需求，是供应链竞争力的体现。一个高效协同的供应链则可以更好地为客户服务，满足客户的个性化需求，使客户定制化成为可能；可以在现代信息通信技术和网络技术的支持下，更迅速可靠的对客户的需求做出反应，同时让客户随时查询订单或产品的状态；基于生产协同，可以迅速地发现识别并解决问题，对准时交付更有信心；增强交货能力，提高订单完成及时率；供应链上的各节点企业更加关注客户满意度（李娟和黄培清，2007）。

3）对于供应链管理来讲，需求不确定性是最为可怕的。需求的不确定性主要指的是需求的难以预测性，供应链上供应商与制造商缺乏平行互动，决定混沌是需求难以预测的主要原因，而需求难以预测会产生"牛鞭效应"，使供应链运营成本增加（王能民，2005）。"牛鞭效应"是供应链中一种差异放大的现象，信息传递的延迟和无法完全共享，这会导致信息在供应链传递的过程中信息扭曲会逐步增大（邵晓峰等，2001），从而出现预测错误、成本增加、交货延迟、订单取消、市场混乱及增大风险，尤其是震荡引起的库存持有成本和出货成本等（Disney et al.，2005）。但供应链通过协同管理，风险共担收益共享，各节点企业的信任度较高，信息共享程度相应的也比较高，各节点企业通过共享库存信息、销售数据和订单信息等可以有效降低"牛鞭效应"，提高各节点企业的预测准确率，降低各自的安全库存水平，减少由需求不确定性或预测不确定性带来的损失。

4）新技术或新技术在产品上的有效应用可以形成节点企业的竞争优势，提高节点企业的核心竞争力，给节点企业带来超额利润。但新技术或新产品的研发需要大量的人力、物力和资金，并且由于信息传递的速度较快，这种新技术或新产品的扩散速度很快，从而会降低节点企业的研发收益，给节点企业的经营带来风险。特别一些结构复杂、技术含量高的课题，涉及的学科较多，单个节点企业很难独立完成。而在供应链协同管理下，多个节点企业之间彼此配合协作，一方面可以提供多方向的技术人才，降低资金压力，加快研发速度，提高课题的成功率，另一方面还能加快新技术或新产品的信息流通，提高供应链上其他节点企业在新技术或新产品上的适应性。

5）供应链协同管理范围较广，不但涉及了供应链上游的供应商，还包括供应链下游的分销商、零售商和最终的客户，并且供应链协同是一个一损俱损、一荣俱荣的关系，因此供应链上各节点企业的领导者不但要重视本企业的发展，而且要关心供应链中其他节点企业的运营情况，需要注意和其他节点企业进行交流协作，以保证供应链朝着正确的方向健康发展。实现各节点企业间协同的供应链是集网络技术、信息技术、物流技术、库存技术及其他先进的管理技术与一体的，作为节点企业的领导者，在实施管理的过程中，不仅学习并掌握了这些先进的技术和理念，提高了自身的素质，还在以后的工作中能发挥出更大的作用。同时，供应链中节点企业的员工为了适应供应链协同管理，也必须加强自身的学习，以适应节点企业发展的需要。这样就引起了节点企业员工基本素质的提高。

6）由于系统的复杂性和需求的难于预测性，在供应链中往往会出现一些突发事件，如某订单错误或突然取消等。在协同较好的供应链中，企业可以启动默认的突然事件的处理程序，并通过先进的信息网络通信技术，通知所有与之相关的节点企业，以便采取进一步的应对措施，从而减少节点企业损失。

7）经济全球化时代，市场竞争异常激烈，创新作为企业甚至区域竞争力的重要支撑，可以直接为企业带来竞争力和竞争优势，从而赢得市场。在供应链协同管理的环境下，某节点企业的创新，必然要求其他节点企业做出相应的反应来迎合这种创新的需要，这就有可能引发另外的创新，同样，再次的创新也可能会带来新的创新。总之，供应链协同管理营造了一个鼓励创新、支持创新和以创新带动创新的良好的创新环境。

8）在工业4.0的背景之下，动态供应链将成为未来市场的主流发展方向，其动态性、敏捷性、高风险性等特点要求动态供应链在供应链组成的一刻起就要开始快速相互适应、实现协调。良好的供应链协同管理可以基于先进的信息技术和管理技术帮助处于动态环境中的供应链实现高效协同，使处于动态变化中的各节点企业快速响应市场，降低节点企业之间的合作风险。

因此，对供应链协同机理及协同度进行研究具有十分重要的理论意义和现实意义。

第三节　供应链协同文献综述

一、供应链协同成因及影响因素的研究

目前，国外学者主要基于供应链的有效管理对供应链协同的原因进行分析，而国内学者主要基于组织效应、价值、竞争力等方面分析供应链协同的原因。在对供应链协同影响因素的研究方面，国外学者主要通过调查法、实证分析法、文献研究法等研究方法，以及采用解释性结构方程模型来进行研究，而国内学者则倾向于通过建立研究框架或模型及实证研究法等来进行研究。

1. 国外研究现状

对于供应链协同运作过程中会受到哪些因素的影响，Akintoye 等（2000）通过对英国建筑行业供应链的调查分析，指出了实现行业供应链协同存在的问题及面临的障碍等。Simatupang 等（2004）研究供应链协同及其 3 个决定因素：相互依存的责任，不确定性，功能间的冲突，并且对供应链协同是如何由其决定因素所驱动的问题进行了概念界定。Silveira 和 Arkader（2007）通过对 13 个国家的243 家制造商的数据进行回归分析，首次研究了供应链协同供应商和客户专用性资产的投资与改进交货速度、交货可靠性、生产提前期之间的关系。研究结果显示，供应商协同投资、生产提前期、客户协同投资、交货速度、交货可靠性之间存在着直接关系。客户投资在供应商关系投资与交货可靠性的关系之间起着中介变量的作用，供应商投资在客户投资与生产提前期的关系之间起着中介作用。Ramesh 等（2010）通过解释性结构方程模型方法，展示了一个层次分析模型，以及众多阻碍供应链协同的因素之间的相互关系。研究结果表明，供应链中存在着一组拥有高驱动力量和低依存度的阻碍因素，这些因素具有战略重要性，并且另外一些低驱动力量和高依存度的阻碍因素会受到这些因素的影响。Singh（2011）基于文献研究确定了 32 种有助于实现供应链协同的因素，并将其分成高层管理人员的承诺、组织因素、相互理解、信息流动、关系和决策、响应性这 6个范畴。这些因素之间相互关联，并且在这些因素中，高层管理人员的承诺是改善供应链协同的主要驱动力。同时通过具体的案例研究，采用解释结构模型方法来评价供应链协同的指标。

2. 国内研究现状

唐建生和程国平（2005）从 4 个方面对供应链协同的内在原因进行了分析，

他们认为供应链协同的内在原因主要是谋求中间组织效应，追求价值链优势，构造竞争优势群及保持核心文化的竞争力。陈国华等（2010）从5个方面对供应链协同的原因进行了分析。这5个原因分别是充分发挥协同效应、强化供应链各成员之间战略协同关系、构造核心竞争力、追求利润最大化及应对全球市场竞争环境。

曾文杰和马士华（2010）运用结构方程模型对供应链协同的影响因素进行了实证研究，将信息共享、同步决策和激励联盟作为供应链协同绩效的评价指标，结果表明沟通、信任、承诺与合作对供应链协同会产生积极正面的影响。张翠华等（2005）建立了影响供应链协同的因素模型，并从联盟伙伴关系、协同策略及技术实施这3个方面对供应链协同的关键因素进行了具体分析。凌鸿等（2006）从组织、环境、技术三大角度，对影响供应链协同的有关因素进行了分析，并对供应链节点企业的客户–供应商关系进行了研究，在此基础上构建了供应链协同影响因素的初步研究框架。舒彤等（2010）探讨了影响因子在时间序列预测中的作用，并开发了相应的供应链协同预测方法。在经过实证研究后表明，影响因子对供应链销售预测具有重要作用，并且对影响因子适当地加以合理利用，能够在很大程度上提高分预测及总预测的精度。孔鹏举（2014）从价值共创的视角构建了包括控制方式、供应链协同、企业绩效和环境不确定性的研究模型，实证检验了控制方式在不同外部条件下对供应链协同的影响机理。

郑晶莹和李志刚（2015）通过演绎推理和归纳推理的方法，建立了供应链信任关系作用于供应链竞争力的理论框架模型，研究表明，供应链信任关系对于供应链协同的影响，不仅通过分别影响供应链协同的三个度量因素，还通过影响三者间的内在关系来实现，即信任首先影响信息共享，进而促进同步决策，最后建立激励联盟达到供应链的协同效应。

综合国内外学者的观点，供应链协同主要受其内部因素和外部环境这两个方面的影响。其中，供应链内部因素主要考虑联盟伙伴关系、承诺、信任、信息流动、响应性及功能间的冲突、沟通、决策等因素。

二、供应链协同框架、模型及评价的研究

目前，国内外有大量学者对供应链协同的框架、模型及评价进行了研究，这些学者均从不同的角度，构建了供应链协同的框架或模型，有的还对供应链协同进行了评价。

1. 国外研究现状

现有的供应链协同研究很少关注不同供应链协同模式的情况，Simatupang 等

（2002）通过研究供应链协同的重点和相关概念，建立了一个供应链协同模式的综合分类，确定了4种不同的供应链协同模式，即物流同步、信息共享、激励一致和集体学习。马其顿大学的Mauthou等（2004）通过对虚拟环境下供应链协同框架的研究，建立了供应链协同的虚拟电子链，对构成供应链协同关系的关键能力进行了详细分析，对于其协同进行了评估。2004年，Turkay和Oruc通过对化工行业的研究，对其节点企业间的供应链协同进行了定量分析和模型构建（Quinn，2001）。Simatupang和Sridharan（2005）分析了供应链协同的结构，研究发现供应链协同框架是由5个相互联系的协同特征构成的，包括供应链协同绩效体系、信息共享、同步决策、一致激励及供应链流程整合。该供应链协同的核心框架可以为节点企业识别供应链协同的关键特征提供参考。Piplani和Fu（2005）构建了一个供应链协同框架，称为ASCEND，研究分散供应链的库存决策问题。研究结果表明，通过构建供应链协同框架，能够有效降低供应链整体的库存持有成本，但在缺乏合适的一致激励机制的情况下，并非所有的供应链合作伙伴节点企业都能降低存货成本。只有通过成本分担和服务水平契约等途径，才能使供应链网络中的每一个合作伙伴创造协同价值。

Sheu等（2006）认为供应链上下游供应关系模型有5个具体的研究要点，分别是：①供应商和零售商的业务关系，包括相互依存、强度和信任度；②受双方协作影响的供应链结构；③供应链结构的长期定位；④供应商和零售商的业务关系的协作等级，包括信息共享、库存系统、信息开发技术能力和协调结构；⑤双方协作对供应链绩效的反作用。Matopoulos等（2007）从农业食品行业的实证角度出发，构建供应链协同的概念模型，研究发现供应链协同主要包括供应链活动设计与运作、供应链合作关系建立和维护。前者涉及信息和数据交换技术选择、协同的广度和深度设定，后者包括管理、信任、权力、依赖性及收益共享与风险分担等。Simatupang和Sridharan（2008）提出了一种基于供应链协同的构建方案，同时提出构建供应链协同框架的5个基本要素是协同绩效体系、同步决策、信息共享、激励一致性、供应链流程创新，并且通过一个案例研究说明了该框架的适用性。Co和Barro（2009）提出了一个框架并通过实证研究来分析在供应链协同中利益相关者管理的战略选择问题，采用因子分析识别出利益相关者的两类战略：进取战略和合作战略。模型给出了这两种利益相关者的管理对策。Leeuw和Fransoo（2009）第一次从实际案例分析和实证文献相结合的角度，开发了一个多变量的概念模型——探讨供应链紧密协同合作概念模型。

Singh和Power（2009）研究基于供应链上节点企业与其供应商及客户间良好合作关系的供应链协同模型。供应链节点企业与其合作伙伴间的协作关系是供应链协同的一个关键。从 418 家澳大利亚制造工厂收集数据测试模型，并开发了客户关系和供应商参与程度这两个概念来预测有效性，通过结构方程模型分析进一步支持了供应链协同模型。Ramanathan 等（2011）基于文献研究和实践提炼出供应链协同概念框架，并采用双案例研究方法验证框架的有效性，并针对供应链协同的初始阶段及高级阶段，提出了不同的协同绩效评价指标体系，用于为研究者和实践者——制造业公司来评估供应链协同绩效。Anbanandam 等（2011）基于图论的方法构建了衡量零售商和制造商协同程度的模型。模型考虑了如最高管理层的承诺、信息共享、供应链合作伙伴之间的信任、长期的合作关系、风险与报酬的共享 5 个关键变量，并采用图论的方法计算出供应链协同度的具体值，并指导供应链管理实践。实证研究结果验证了供应链协同度衡量模型的有效性，研究结果也显示经营业绩与供应链协同指数呈正相关关系。Kumar 和 Banerjee（2012）利用印度的数据采用偏最小二乘法来评估供应链协同的层次模型，研究结果表明，合作是一个三阶反射结构，供应链协同的性能取决于各种活动的执行，并提出了相关的各种活动。

Ramanathan（2014）使用实际行业数据和仿真模拟方法评价供应链协同绩效，并帮助管理者针对供应链协同伙伴数量、投资水平及供应链参与程度等做出正确的决策。

2. 国内研究现状

杨德礼和于江（2003）在给出一个量化模型的基础上，通过对比在非协同合作与协同合作两种情况下，供应链整体及供应链中的节点企业与第三方物流间的利润差异，结果表明节点企业与第三方物流之间的协同合作不仅可以使供应链整体利润最优，而且还会使双方形成双赢的局面。郝海和时洪浩（2009）提出供应链剩余的概念，并且认为供应链剩余的存在并合理地分配，是供应链节点企业之间协同的基础。而后在此基础上，开发了随机需求下两阶段供应链协同程度的度量方法，建立两阶段供应链的博弈模型，并就 3 个常见的供应链协同机制对其协同程度进行了分析。吕晖等（2010）构建了供应链伙伴间资源依赖、信任、关系承诺与跨组织信息系统协同之间关系的理论模型。利用结构方程模型并以珠江三角洲地区 141 家制造企业为调研对象进行了实证研究。

魏炜和申金升（2010）运用纳什均衡和贝叶斯更新模型，探讨了供应链联合预测均衡的存在条件。研究发现供应商和零售商都需要决定是否投资于预测和信息共享技术，双方的需求预测最终将由零售商汇总而成为一个统一预测。研究发现：当双方预测之间相关性较低、双方预测能力均处于中等水平、双方谈判实力较为接近时，联合预测实现可能性较大，这一结论为供应链节点企业是否参与协同式供应链管理（collaborative planning forecasting and replenishment，CPFR）及协同预测的伙伴选择问题提供了决策依据。陈婧和张树有（2010）为了减少供应链节点企业间需求信息不明确而造成的"牛鞭效应"，采用控制系统建模思想，构建了企业元模型及供应链协同模型，来描述供应链节点企业间的供需状况。为有效解决零部件产能不确定性所造成的制造商库存成本过高的问题，李毅鹏和马士华（2011）建立了多个供应商之间的两种横向协同模型：减量模型和增量模型，并对模型进行仿真试验，结果显示，与非协同模型相比，减量模型和增量模型能够明显地降低制造商的缺货成本和购买成本，同时消除了多余未成套零部件的库存持有成本，最终有效地降低了制造商的总库存期望成本。陆杉（2012）运用协同学理论，从定性和定量角度分析供应链协同状况，提出了基于关系资本和互动学习的供应链协同性评价模型，并实证分析了供应链的协同性。

何永贵（2014）从信息协同、业务协同、财务指标、客户服务和协同抵御风险能力5个维度对供应链协同绩效进行分析研究，并构建了供应链协同绩效综合评价指标体系，在对梯形模糊数相似度法改进的基础上，选取以YT客车公司为核心企业的制造型供应链作为案例进行实证研究，最终提出了改进供应链协同绩效的对策建议。

综合来看，供应链协同的框架或模型主要包含信息共享、同步决策、一致激励、承诺、信任、收益共享与风险分担等要素。值得注意的是，国内外学者均有从较新的视角来衡量供应链的协同程度，国外学者Anbanandam采用图论的方法衡量了供应链零售商和制造商的协同程度，国内学者郝海、时洪浩从供应链剩余的角度对两阶段供应链协同程度进行了度量。这些都为本书研究供应链协同度研究奠定了基础。

三、供应链协同机制和实践的研究

1. 供应链协同机制研究

目前，国外学者主要侧重于研究供应链协同的决策机制、收益共享机制及激励机制。国内学者对收益分配机制的研究的相对较多，其次是激励机制，而对信息共享机制和信任机制的研究相对较少。

（1）国外研究现状

Danese（2006）分析了以CPFR机制为基础的供应链企业内部协同的信息沟通技术及其协调机制。2007年，Arshinder等（2007）通过构建一个动态的

SAP-LAP模型，对印度领先汽车零配件制造供应链 XYZ 协同问题展开深入研究，研究结果表明，对制造商与供应商和客户的关系，供应链节点企业的协同努力程度，各种机制如信息共享、信息技术、信息系统、共同决策及柔性需要给予重视。SAP-LAP 模型可以从包含供应链协同、协同机制、协同柔性、协同对绩效的影响等多个角度在单个模型中进行定量和定性研究的一个新方法。Arshinder 等（2008）基于两级供应链的各种类型的契约，提出一种基于供应链协调契约的决策支持工具（decision support tool for supply Chain coordination using contracts, DSTSCCC），该决策支持工具由一个扩展的经典报童问题分析模块和一个仿真模块组成的。DSTSCCC 为不同情景的契约决定决策变量以帮助供应链所有成员甚至整个供应链实现最佳利益。DSTSCCC 是一个简单灵活、易于实施决策工具，帮助在供应链实际活动开始之前的决策制定，事先决定可以有效防范未来的意外。供应链成员可以共同选择最有利的契约来共担风险、共享收益。

韩国科学技术院的 Kim B 和 Kim J（2008）通过对供应链间的平衡决策的价值进行研究发现，在供应链中占主导地位的企业做出的决定会比供应链成员各自做出的决定更有价值。为了应对供应链的不确定性，美国斯坦福大学的 Johnson（2010）认为目前有两种有效的办法，一是针对个别企业或者职能的优化管理，二是提出企业之间有效的协同机制。结果证明多方嵌入式的有效实物期权对供应链信息传递和其激励机制是必要的，这样供应链风险分配和合理的战略才能够满足最终的需求。Yahya 等（2013）考察了信任机制对供应链协同机制的促进作用，且能够有效地提升供应链效益。

（2）国内研究现状

利益共享是促使供应链协同的一种重要机制。王勇和裴勇（2005）建立了具有价格敏感性的最终客户需求的利益共享合约模型，分析在利益共享合约中供应商和销售商的决策行为，并给出供应链及销售商最优决策的数学公式与合约参数的取值范围，最后采用实例验证了在利益共享合约下的供应链能达到协作状态。蔡淑琴和梁静（2007）分析在不同条件下信息共享存在的价值差异，探讨了供应链协同与信息共享的内在关联。研究结果表明，信息共享是供应链协同实现的必要不充分条件。王玲（2007）运用演化博弈论的单种群博弈和双种群博弈理论进行研究，研究结果表明提升合作收益，降低合作成本，建立公平的利益分配机制、利益补偿机制及良好的信任机制，将有助于合作机制的建立。

为解决集中库存优化对供需之间的合作程度及协调机制要求很高的难题，叶飞和李怡娜（2008）建立了包含服务水平约束的可控提前期的供应链库存 Stackelberg 模型及集中决策情形下可控提前期供应链库存模型，通过数值分析发现集中决策模式下的优化效果明显优于 Stackelberg 主从对策模式下的优化效果。

但是在缺乏合理的激励机制情形下供应链各参与方接受集中决策模式的积极性不够，而合理的库存成本分担机制能够激励供应链各参与方接受集中决策模式。

肖玉明（2009）基于回购契约建立了供应商对销售商的激励模型，模型以供应商的利润最大化为目标函数，约束条件包括销售商的参与约束和激励相容、供应链利润分配的公平性等。从供应链的角度来看，该激励模型较好地体现出了供应链节点企业之间的合作关系。研究结果表明，随着供应链利润分配公平程度的提高，供应链的效率也逐步提高，此时供应链的利润与供应链协调时的利润几乎相同。供应链利润分配的公平性与供应链的效率具有高度的一致性。

殷茗和赵嵩正（2009）以信任动态理论为理论基础，从供应链协作关系层面出发，构建了描述动态供应链协作信任的阶段理论模型，研究不同阶段制度信任与供应链协作信任、合作意图之间动态差异性的作用关系。董绍辉等（2010）运用博弈论，对协同需求预测的利益分配机制进行了分析，并且提出除了协同需求预测收益分配机制、激励机制外，供应链节点企业间还需建立信息共享、信任等机制。丁旭等（2011）通过构建基于投资溢出的供应链纵向合作研发博弈模型，研究了供应链研发联盟成员在平均分配和比例分配方式下的研发投资策略，分析了利益分配方式和投资溢出对成员投资策略的影响。Ai 等（2012）分析了在全额退款条件下两条供应链间的竞争，并得出了制造商和零售商是否会选择回购契约的条件。Cao 等（2013）则是在一个制造商和 n 个零售商的供应链模型中建立了收益共享契约，并根据供应链中需求变动和产品成本变动的影响给出了不同的最优销售策略。张旭梅等（2011）在研究供应链环境下制造商与零售商协同来获取客户知识的契约设计的问题，运用委托代理理论建立了合作契约模型，研究结果表明，客户知识协同获取的最优收益分享比例与制造商和零售商的努力及其成本系数无关，但与两者的努力弹性系数及成本函数的指数相关。

叶飞和林强（2012）探讨了供应商和零售商均为风险规避者的供应链协作问题，分别通过 Stackelberg 主从对策模型、垂直一体化模型及收益共享契约机制深入分析了风险规避系数对产品的批发价格、零售价格、参与方企业的期望效用及收益共享系数的影响。

从以上对供应链协同机制的研究来看，供应链协同机制主要有共同决策机制、收益共享或分配机制、激励机制、信息共享及信任机制。国外学者主要通过构建模型或开发决策支持工具等进行定量和定性研究，而国内学者主要通过建立理论模型或运用博弈论来对供应链的协同机制进行定量研究。

2. 供应链协同实践研究

整体上看，国外供应链协同实践运作管理多为宏观角度，从具体的供应链协同实际出发开展案例研究与实证研究，成果较为显著。而国内学者的研究多从某个具体的问题出发，深入研究供应链协同的某个具体的方面，也取得了丰富的研究成果。

（1）国外研究现状

Taylor（2002）研究供应链协同中销售渠道销售返点对零售商努力程度的影响，研究表明只有当客户需求受促销努力程度的影响时，确定合适的返点标准才能使制造商和分销商之间实现渠道协同，并获得双赢的结果。Simatupang 等（2004）通过运用约束理论来揭示供应链协同的内在矛盾与困难，并提出如何运用约束理论，建立供应链补充策略与协同绩效指标指导供应链成员协同运作，共同提高供应链的绩效。Min 等（2005）从行为、文化和关系等与供应链协同成功密切相关的因素出发，构建一个概念模型，采用小样本对一些世界顶级公司的供应链协同管理实践进行调研，得出虽然大部分的被试者认为受益分配不是平等均衡的，但也承认自己从供应链协同运作中获得了足够益处的结论。同时供应链协同的绩效包括使节点企业获得更高效率和更多效益以确保节点企业在市场中的领先地位。

Cassivi（2006）主要研究了某大型通信设备制造商及其上层几个战略合作供应商构成的供应链是如何通过 CFPR 活动来实现协同预测，并根据协同预测类型与水平的不同将该供应链环境下的节点企业分成三个层次。Kampstra 等（2006）对一些供应链协同实际运用成功的例子进行分析，提出了供应链协同过程的前期准备及什么时候开始协同，什么时候结束协同，清晰描述了供应链协同的三个循环，为供应链协同的研究提供了一种新的角度。Whipple 和 Russell（2007）对来自 10 个不同的制造商和零售商的 20 多位经理开展探索性调研，研究多种协作关系的特点、要求、收益及障碍，在此基础上提出一个协作方法的类型体系，将协作方法分成三种：协作交易管理、协作事件管理和协作流程管理，并对三种协作方式进行了对比分析。

Hadaya 和 Cassivi（2007）通过构建路径模型，进行探索性实证研究，证明联合协同计划行动在很大程度上对供需关系强度会产生积极的影响，同时联合协同计划行动及关系强度不对企业柔性直接产生影响，但是会通过影响跨组织之间信息系统的使用间接影响企业柔性。在需求驱动的供应链中，联合协同计划行动对供应链协同管理起着关键性的先导作用。Soosay 等（2008）通过多案例定性研究的方法，与 23 位经理开展半结构化访谈，了解供应链企业合作关系对企业成功创新的影响。研究结果表明，供应链成员之间不同的企业合作关系会影响企业的运营及创新能力。合作伙伴协同一致的能力可以实现业务流的一体化整合和无缝链接，企业逐步开始突破性和渐进性创新。Pawlak 和 Malyszek（2008）研究了如何通过本土供应链协同来实现多产品和多节点供应链的库存成本降低。

宾夕法尼亚大学沃顿商学院的 Cachon 和 Gürhan（2010）研究了多个制造商通过同一个零售商进行销售的情形下的供应链协同问题。制造商采用三种类型的契约模式与零售商建立联系：一个批发价格的契约，一个数量折扣契约还有一个双重收费契约。虽然数量折扣契约和双重收费契约对零售商要求更高，但是零售商将获得更大的收益因此他们更愿意选择后两者契约模式。Gomes 和 Dahab（2010）采用单案例研究一家塑料包装国际供应商（Logoplaste）公司，深入调研该公司的供应链整合活动与过程。研究结果表明，在一个业务过程依存度高的公司，培育供应链协同能力已经成为一个发展的关键因素。Rose- Anderssen 等（2010）探索了融入式的互动对航天航空领域供应链集成与协调的影响。研究发现，通过选择建立风险共担的伙伴关系实现供应链的整合，可以培养协同发展的专长和创新能力。

（2）国内研究现状

杨文胜和李莉（2006）研究了分布式的供应链中，供应链节点企业通过何种契约方式进行协同合作可以实现系统整体最优。基于不确定响应时间和时间敏感需求，构建了普通合作契约决策模型和收益共享契约决策模型，并通过对比两者决策模型下的供应链总体收益，讨论了两种契约对供应链协同的影响。何勇等（2007）通过研究发现：创新需要大量资金投入，而创新的投入完全由销售商承担会降低销售商的创新热情。通过引入供应商和销售商共同分担创新成本的供应链协同创新模式，在需求不确定的条件下建立相关退货政策模型，并证明在此情形下可使供应链恢复到协作状态。最后，通过数值例子对各种模式进行比较分析，为供应链的决策者进行科学决策提供了依据。采用供应商分担一部分创新成本的模式可以较好地激发销售商的创新动力，促进整个供应链向最优的方向发展。

张萍等（2007）根据供应链的业务流程，设计了智能情报代理、产品开发代理、生产代理、资源代理、运输代理及绩效评估代理这 6 个决策代理来进行供应链的决策，同时还设计了决策代理的体系结构。陈树桢等（2009）研究了电子商务环境下，传统零售与网上直销并存的双渠道供应链模式协调的合同设计问题，分析了集中决策与分散决策两种情况下供应链的最佳促销投入、促销补偿投资及定价策略，研究发现采用两部定价合同与促销水平补偿合同的组合能够实现供应链协调和渠道成员双赢。香港理工大学的 Chung，Lau 和香港大学的 Chan 针对协同供应链中如何对大量供应商进行管理的协作系统进行了研究，提出了一种新的供应商管理方法，即通过信息共享的合作，建立一个信息数据库，帮助客户更加经济的管理供应链中的上游企业（Chung et al.，2010）。

乔志强（2009）对供应链的信息、知识、协同问题进行了深入研究，并首次提出从信息流与知识传递探究供应链协同运行。盛方正等（2009）基于极值理论和自组织临界特性研究了供应商生产中断突发事件的发生概率及突发事件发生后供应商的恢复策略优化问题，研究表明零售商可以通过转移支付使供应链在应对突发事件时达到协调有序，避免整个供应链产生更大的损失。刘涛等（2010）研究了商务信用环境下供应链协调策略问题，研究结果表明商业信用对供应商和零售商双方都会产生激励作用，商务信用合同条款合理设置及交易参数灵活运用会促使交易各方按照系统最优化的策略进行决策，实现交易双方的共赢、供应链的帕累托改善，从而实现供应链协调。Xiao 和 Li（2007）构建了一个层级模型来实现电子供应链的协同和通过分散式排程方法来优化供应链运作。

王丽杰和王雪平（2013）研究了汽车制造业的绿色供应链协同管理，在供应链协同管理中融入绿色理念，解决汽车制造业面临的资源和环境问题，最终提高我国汽车行业的竞争力。朱荣艳（2014）通过分析航运物流服务供应链协同的内外部动力因素，以及它们相互间的影响机制，明确了供应链协同是内外部动力交互作用的结果。在此基础上，构建航运物流服务供应链的多 Agent 模型，通过仿真结果分析研究运营中供应链协同的形成机理。金贵林（2014）研究了运用物流服务供应链（logistics service supply chain，LSSC）模式钢铁物流的供应链协同，了解到供应链上节点企业间需要通过战略合作、信息共享、供应链金融建设和协同决策等方法建立供应链协同机制，在文章最后通过使用层次分析法（analytic hierarchy process，AHP）改进 Sharply 值算法研究了钢铁供应链上节点企业间的收益分配问题，并进行了案例验证。

国外学者通过采用案例研究、数学模型等方法研究了供应链协同的具体运作方式及实现路径，包括契约模型、协作方式、协同预测、协同能力培育、库存成本降低的问题、协同伙伴关系等问题。国内学者主要是针对供应链协同运作的具体决策及策略问题进行研究，通过构建决策模型，研究如何实现供应链协调和交易双方的共赢。

四、供应链协同对绩效的影响研究

目前，国内外有大量学者采用实证分析的方法对供应链协同与绩效的关系进行了研究。

1. 国外研究现状

Simatupang 和 Sridharan（2005）开发了一个可靠而有效的供应链协同程度

测量工具，从 3 个维度即信息共享、同步决策、一致激励来进行测量。研究表明，供应链协同度与运作绩效之间存在着显著的关系，3 个维度对顾客满足率、库存绩效有显著影响，信息共享对反应速度有适度影响。Vereecke 和Muylle（2006）对供应链协同和绩效改进的研究超越了一般的案例研究与建模分析，基于具体行业通过对国际制造战略调查项目（International Manufacturing Strategy Survey）2001 年数据中 374 家公司的数据运行因素分析、线性相关统计模型和方差分析测试，并结合相关理论，探索了供应链协同与绩效改善之间的关系。实证研究结果部分支持了供应链协同关系和绩效改进的某些方面之间的正相关关系，值得关注的是节点企业之间的供应链协同层次越高将会越有助于节点企业绩效的提升。

美国杜克大学的 Pranab Majumder 和美国南加利福尼亚大学的 Ashok Srinivasan 认为在考虑供应链成员间连续合作的情况下，低效率的供应链会自然倾向于通过供应链之间非领导成员的合作来提高效率（Majumder and Srinivasan，2006）。Attaran 和 Attaran（2007）认为 CPFR 体系能引人注目地提高供应链管理效能，能强制供应商提高其创新能力，但需要在事务处理中建立与制造商的一对一关系。Nyaga 等（2010）探讨供应链协同关系所带来的收益是否能够补偿供应链协同关系维系成本，研究结果表明供应链协同活动如信息共享、共同努力的关系、专用性资产投资将增进节点企业间的信任和承诺，而信任和承诺会增加节点企业间之间协同的满意度与协同绩效。

2. 国内研究现状

张翠华等（2006）考虑供应链管理中的信息流、业务流、资金流，并结合客户服务和系统适应性，选择了 23 个供应链协同评价指标，建立了供应链协同绩效评价指标体系，并进行了实证分析，结果表明，企业在信息流、业务流、资金流、客户服务和系统适应性方面协同运作，能够提高供应链整体的运作绩效。陆杉和高阳（2007）运用生态学思维去规划供应链发展进程，以及它与其栖息的商业生态系统的互动关系。研究结果表明：供应链的高效运作必须密切关注、深入了解其相关的经济环境，通过不断的创造、积累和对能力和资源的运用，快速协同响应环境的变化和市场需求，在商业生态系统的各个发展阶段实现供应链合作企业之间相互作用方式和相互作用结果的高度整合，并最终形成一种完整的商业生态系统。

张欣和马士华（2007）采用数学的方法分析了信息共享与协同合作在供应商与制造商的不同策略组合下对供应链收益的影响。研究结果显示：供应链从传统模式转向完全信息共享与协同合作模式，制造商的订货次数、供应商的调整准备次数及运输次数都大大减少，供应链总成本降低了 22.76%。虽然信息共享与联合订货及协同生产都为供应链带来了利益，但协同合作所创造的收益要远远超过信息共享所创造的收益。此外研究还发现信息共享与协同合作为供应链带来的收益并不是在供应链各节点企业均匀分配的，而是随节点企业不同的企业策略组合而变化。

叶飞和徐学军（2009）考察了供应链信息共享对节点企业运营绩效的直接影响，得出供应链信息共享水平与企业运营绩效直接存在显著正相关的关系，提高供应链节点企业间的信息共享水平，是企业提升运营绩效的重要途径。曾文杰和马士华（2010）根据制造行业供应链的特点，建立了供应链合作关系对协同运作，以及合作关系和协同对供应链运作绩效的影响假设模型，运用结构方程模型的研究方法，对 163 例国内制造企业供应链进行数据收集、分析和处理，结果表明，供应链合作关系对协同运作有很强的正向性影响作用，同时，供应链合作关系、协同对供应链运作绩效也有明显正向性影响。

谢磊等（2012）通过供应商与制造商协同、供应商之间协同、物流服务能力三个维度设计供应物流协同量表，建立供应链物流协同、供应链敏捷性、供应链企业绩效之间的关系模型，并实证分析了供应物流协同对供应链敏捷性、供应链企业绩效的直接和间接效应。曹永辉（2013）运用实证方法研究供应链协同与供应链运营绩效的维度构成，以及供应链协同对供应链运营绩效的影响，研究结果表明，供应链协同中的信息共享、同步决策仅对供应链运营绩效中的部分维度具有正向作用，只有激励联盟对供应链运营绩效的全部维度具有正向作用，因此，要特别注重激励联盟为供应链运营带来的绩效。

2010 年，Cao 和 Zhang 将供应链协同优势划分为 5 个领域：过程效率、服务柔性灵活、业务协同、质量、创新。通过严谨的实证分析证明供应链协同优势与公司绩效之间存在着一种强烈的正相关关系（Cao and Zhang, 2010）。2011 年，Cao 和 Zhang 通过对美国不同行业的制造公司进行调研，并运用验证性因子分析及结构方程模型的方法得出，对于小企业来说，协同优势是其实现卓越绩效的完全中间变量；而对于大企业来说，协同优势是实现卓越绩效的部分中间变量（Cao and Zhang, 2011）。

综合来看，研究结果均表明供应链协同与供应链运作绩效之间存在着显著的正相关关系。其中，有国内学者从较为新的视角研究了供应链的协同或运作，如张翠华等将供应链的流程（如信息流、业务流、资金流）纳入到供应链协同评价体系中，以及陆杉、高阳提出运用生态学的思维来研究供应链的运作，均为我们研究供应链协同运作提供了很好的借鉴。

五、供应链协同研究现状评述

1. 供应链协同研究成果

目前，国内外很多的专家学者对供应链协同从不同的角度进行了研究，取得了十分重大的研究成果，主要表现在以下几个方面。

（1）供应链协同成因和影响因素的研究

如前文所述，供应链协同主要受其内部和外部环境这两个方面的影响。其中，供应链内部因素主要考虑联盟伙伴关系、承诺、信任、信息流动、响应性、功能间的冲突、沟通、决策等因素。

（2）供应链协同框架、模型及评价的研究

目前，国内外学者从不同的角度，构建了供应链协同的框架或模型，有的还对供应链协同进行了评价。综合来看，供应链协同的框架或模型主要包含信息共享、同步决策、一致激励、承诺、信任、收益共享与风险分担等要素。

（3）供应链协同机制的研究

从国内外学者对供应链协同机制的研究来看，供应链协同机制主要有共同决策机制、收益共享或分配机制、激励机制、信息共享及信任机制。

（4）供应链协同实践的研究

国外学者侧重于对供应链协同的具体过程及方法等进行研究，而国内学者侧重于对供应链协同的具体决策及策略进行研究。值得注意的是，国内学者乔志强首次提出从信息流与知识传递探究供应链协同运行，这为从供应链运作流程出发研究供应链协同提供了很好的参考价值。

（5）供应链协同对绩效的影响研究

目前，国内外学者主要通过实证分析的方法来研究供应链协同与绩效的关系，研究结果均表明供应链协同与绩效之间存在着一种强烈的正相关关系。国内学者张翠华等将供应链的流程纳入到协同评价体系中，为研究供应链协同运作提供了很好的参考价值。

2. 现有研究局限

从目前查到的文献来看，关于供应链协同理论的研究也还存在一些局限，主要表现在以下几个方面：

（1）有待从供应链节点企业子系统和"五流"子系统双重视角来对供应链协同进行深入研究

在对供应链协同实践研究方面，虽有不同学者从不同角度对供应链的协同运作进行了研究，但是目前还未发现有学者从节点企业子系统和"五流"子系统双重视角来对供应链协同运作的具体过程进行研究。从运营实体企业的角度来看，供应链是由供应商、制造商、分销商、零售商、客户等多个节点企业构成的复杂系统。每一个节点企业子系统都涵盖着商流、信息流、物流、资金流、知识流等资源要素。节点企业子系统之间的相互作用最终通过"五流"表现出来。从跨企业的流程来看，供应链是一条连接供应商到客户的商流链、物流链、信息链、资金链、知识链。供应链在市场上的基本经济活动可以归结为商流、信息流、物流、资金流、知识流的活动。于是可以认为供应链的商流、信息流、物流、资金流、知识流这"五流"的协同运作对供应链协同成功与否起着极其关键的作用。因此，从节点企业子系统和"五流"子系统双重视角来对供应链协同运作的具体过程进行研究有着极其重要的意义。

（2）对供应链协同机理的研究有待深入

目前，国内外均有不少学者从不同角度对供应链进行研究，并构建了供应链协同框架或模型。国外学者主要基于实证的角度来对供应链协同进行研究并建立框架或模型，而后进行验证。国内学者主要基于协同与非协同、结构方程模型、纳什均衡和贝叶斯更新模型、控制系统建模思想等来对供应链协同进行研究，从而构建供应链协同模型。但是目前还未发现有学者从供应链节点企业子系统和"五流"子系统双重视角来研究供应链内部子系统相互作用的机理。供应链是一个典型的复杂系统，具有复杂系统所应具备的复杂性和自组织等特征，供应链协同的过程是供应链从无序走向有序，从低级有序走向高级有序的过程。因此从供应链节点企业子系统和"五流"子系统双重视角，深入研究供应链协同机理，探讨供应链协同的动因及本质，由此所构建的协同模型能更有说服力。

（3）有待对供应链协同程度评价指标体系及评价模型的深入研究

对于整个供应链来说，供应链协同程度的评价有着极其重要的意义。对供应链协同程度及时进行评价，可以对比同一供应链在不同时期的实际协同水平，并通过建立的协同度评价指标体系，及时查找供应链协同存在的不足之处并加以改进，从而使供应链协同运作的更好。目前，已经有一些学者提出了测量的模型，如国外学者 Anbanandam 等基于图论的方法构建了衡量零售商和制造商协同程度的模型。Simatupang 和 Sridharan 开发了一个可靠而有效的供应链协同程度测量工具，从3个维度即信息共享、同步决策、一致激励来进行测量。但这些测量方法基本上都是定性的，大部分指标主观性较强。国内学者郝海、时洪浩利用两阶段供应链的博弈模型，开发了随机需求下两阶段供应链的协同程度的度量方法。但该定量方法约束条件过多，可操作性不够强。因此，有必要构建一套可操作性强的供应链协同程度评价指标体系及评价模型来对供应链协同程度进行评价。

综上所述，本书突破以往研究的范畴，把供应链各节点企业之间的关联要素归纳为商流、信息流、物流、资金流和知识流，并从节点企业子系统和"五流"子系统两个角度，对供应链协同机理进行深入研究，进而通过"五流"子系统有序度及其匹配程度对供应链协同度进行度量。

|第三章| 供应链协同模型

第一节 供应链分析

　　任何一个复杂的系统均是由若干个子系统构成，并且可以从不同的角度进行划分。供应链是一个复杂的系统，它由一系列子系统构成，鉴于划分角度不同，供应链的子系统构成也不同。现实中，供应链可以从运营实体企业流程（包括上游节点企业子系统、核心节点企业子系统和下游节点企业子系统）和跨企业流程（包含商流子系统、物流子系统、信息流子系统、资金流子系统和知识流子系统）两个维度划分子系统。具体关系如图3-1所示。

　　从运营实体企业的角度来看，供应链是由供应商、制造商、分销商、零售商、客户等多个节点企业构成的复杂系统。每一个节点企业子系统都涵盖商流、信息流、物流、资金流、知识流等资源要素。节点企业子系统之间的相互作用是通过相互配置不同"流"的资源来进行，最终通过商流、信息流、物流、资金流、知识流（以下简称"五流"）表现出来。节点企业子系统对各个"流"进行优化、改善，更好地满足客户需求，进而提高供应链整体竞争力（Verticalnet，2002）。

　　从跨企业的流程角度来看，供应链是一条连接从供应商到客户的商流链、物流链、信息链、资金链、知识链。供应链在市场上的基本经济活动是通过人、财、物和资金等资源开展的，如信息收集、市场预测、原材料采购、运输、生产加工、仓储、销售、资金回收、知识流动和各项逆向物流等活动，这些经济活动可以归结为商流、信息流、物流、资金流、知识流的活动，而这些"流"活动的主体正是各个节点企业。

　　两个不同维度划分的子系统之间是相互覆盖、紧密联系的，都完整地表达着整个供应链。供应链中的"五流"是在供应链上各节点企业之间发生，并把各节点企业连接起来，构成了有一定功能和结构的、具有流动性和传递特性的客体（王建和张文杰，2003）。供应链节点企业通过这些"流"来相互作用进而完成供应链的运作过程（韩伯棠等，2004）。

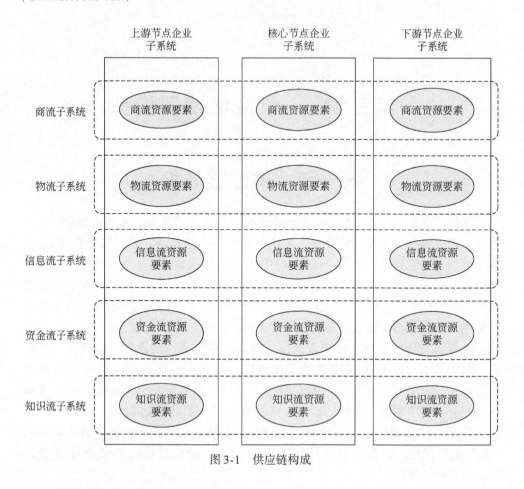

图 3-1 供应链构成

一、供应链"五流"内涵分析

1. 商流

商流是商品流通领域里一个比较重要的概念，介于生产和消费之间，是社会经济三大支柱之一，对社会经济的发展和人民生活的稳定起着十分重要的作用。所谓商品流通指的是以货币为媒介的商品或服务交换，也就是商品或服务从生产领域向消费领域的社会经济移动（姜振华，2001）。在商品流通的过程中，不断地发生从货币到商品和从商品到货币的变化，在这种变化中存在着商品所有权的转移和商品实体位置的移动。这种通过买卖交易活动而发生的商品实体转移或转移过程中的停滞，就是物流活动的范畴。而经过交易活动发生的商品价值形态的变化和所有权的转移就是商流。但商流究竟是什么，如何对商流进行定义，目前还没有比较统一的观点。

北京物资学院的王之泰（1997）认为，商流就是商业性交易，是商品价值的运动和商品所有权的转让，流动的是商品所有权的证书，通过货币实现；东北财经大学的夏春玉（1996）认为，商流是商品价值流通的一个简称，是商品所有权转让的过程，具体的商流活动包括商品的购销等交易活动；而北京物资学院的崔介何（1997）则认为，商品买卖、运输和储存等功能综合构成商品流通，从这个角度，把商流定义为以商品所有权转移为前提，通过买卖活动而发生价值形式的变化，也可以称作商业流通，具体的商流活动可以分为商流情报活动和商业交易活动两个方面。

综合以上观点，充分考虑商流在供应链中的地位和作用，本书把商流定义为：从原材料到产品最终销售给消费者的过程中，在供应链上各节点企业间发生的所有权转移活动。其主要内容包括：①交易前进行市场调查，收集商品信息；②按照市场调查的结果，对商品生产计划、数量、质量、销售渠道等因素进行调整；③买卖双方通过谈判达成交易；④交易的履行过程。

在供应链运作的过程中，商流是最先开始的活动，只有商流活动开始运作，才有其他诸如信息流、资金流、物流和知识流等活动的运行。也正是商流活动，才把供应链上各节点企业联系起来。因为只有商流活动，才能实现供应链产品的价值，把产品从物质形态转化为货币，所以可以说商流是供应链获取收益的主要途径。因此，供应链各节点企业为了生存和发展，必须不断地进行商流活动，一方面从上游节点企业采购所需要的原材料或零部件，另一方面通过与下游企业的商流活动把自己的产品销售出去，转变为货币。此外，商流的顺畅与否还可以向生产者和消费者提供市场信息，促使他们根据市场信息做出相应的决策，合理配置资源。

2. 信息流

在供应链中，节点企业间信息的流动形成信息流，包括信源、信道和信宿三个部分。在供应链中，信源和信宿指的是各个节点企业，一个节点企业，既是信源，也可能是信宿；而信道指的是信息从一个节点企业到另一个节点企业的流动过程中的通道。从流的角度来讲，供应链存在商流、信息流、物流、资金流和知识流，这"五流"相互作用，相互影响，形成一个有机的整体。信息流包括供应链节点企业间信息的交换和共享，是连接供应链节点企业的桥梁和纽带，是其他四个流共同支撑的力量，其他四个流都要以信息流为基础展开。同时，信息流在供应链中流动最大、变动最频繁。因此，信息流在供应链中居于基础地位，是供应链管理中的核心要素。

信息流对供应链和供应链管理起重要作用：信息流是供应链管理的基本要

素，可以为商流、资金流和物流决策提供依据。例如，库存水平、运输计划、资金投入往往需要依靠来自最终客户的信息作为决策的依据；信息流有利于消除供应链中信息的不对称。由于供应链终端客户的需求信息起伏不定，加之供应链的固有属性，信息在沿着供应链传递过程中，产生了逐级放大的效应，即"牛鞭效应"，而信息流的形式之一的信息共享集中了需求信息，使供应链的各个节点企业可以直接获得需求信息，不必沿供应链逐级向上传递，从而减少了"牛鞭效应"；信息流动能够提升节点企业的决策能力，提高节点企业的竞争力；有利于减少供应链的运行时间，对消费者的需求做出快速反应，从而提升整个供应链的竞争力。总之，信息流在供应链中发挥重要的作用。

3. 物流

国家标准《物流术语》（GB/T 18354—2006）将物流定义为"物品从供应地向接收地的实体流动过程。根据实际需要，将运输、储存、装卸、搬运、包装、流通加工、配送、回收、信息处理等基本功能实施有机结合"。

供应链物流贯穿整个供应链，是供应链上节点企业间相互合作的纽带。它涉及供应链这个大系统上的各个节点企业，如原材料供应商、制造商、零售商等，既包括节点企业之间的物流，也包括节点企业内部的物流。本书认为，整个供应链物流是由原材料供应物流、生产物流、销售物流和回收物流组成的。一个完整的供应链物流应该包括正向物流和逆向物流。正向物流是指产品或服务从制造商到分销商，再从分销商到零售商，最后再送达客户手中这一过程的物流，主要由供应物流、生产物流及销售物流构成。通常情况下，本书所指的物流是正向物流。逆向物流的方向则与正向物流的方向相反，是从客户手中回收用过的、过时的或者损坏的产品，从包装开始直至最终处理环节的过程。

物流在供应链中的表现形式有三种：第一，物质表现形式。这种表现形式体现在供应链节点企业间物品的转移上，在链上物品由一个节点企业转移到另外一个节点企业的过程中，物品会发生时间、空间及形态的变化。第二，价值表现形式。这种表现形式体现在供应链物流运作过程是一个价值增值过程。供应链物流系统是价值增值的主要载体，供应链价值增值能力的大小主要是由供应链物流能力来决定的。在由链上节点企业获得原材料，加工成产品，然后包装，到将产品送达客户的过程中，物资在供应链上因加工、运输、储存等功能过程而增加其时间价值和空间价值。第三，信息表现形式。这种表现形式体现在供应链物流过程是一个信息采集、传递与处理的过程。供应链上物品由一个节点企业转移到另外一个企业的过程中，产生了与物流有关的信息，通过对相应的信息进行加工处理，从而为整个供应链的运作提供决策参考（Collier and Evans，2010）。

物流对整个供应链运作的影响很大，供应链中物流运作水平的高低直接关系到整个供应链的竞争力。在供应链的实际运作中，商流、信息流、资金流、知识流这"四流"都能够借助信息网络和技术，在不改变节点企业的地理空间位置的情况下，完成信息、知识的交换及商流、资金流的流动。而物流由于需要实现物品在时间和空间上的移动，必须要有物品在物理空间上的移动才能完成运作。因此，物流成为影响供应链快速、有效运行的主要因素。对于整个供应链来说，从供应商到制造商，再到零售商、分销商，最后到客户，这其中的每一个环节都涉及物流运作的过程，供应链物流运行得不好，就会导致物流过程消耗的时间增多，从而增加供应链的成本，降低供应链竞争力。

4. 资金流

资金流是指供应链上供应商、制造商、分销商、零售商和客户之间的资金往来。供应链中有众多上下游关系的节点企业，下游节点企业购买上游节点企业的产品或服务并支付资金，即在供应链的每一环节都有产品和资金的交换发生，从而伴随着交易的进行就会产生资金流。供应链上下游节点企业间存在着大量的资金流动，假如存在赊购、赊销、回款不及时等情况，资金链就可能因为各环节上的债务关系变得更加紧张，到达一定程度时，资金链上的某个环节便会发生断裂，造成连锁反应，对供应链中其他节点企业造成损失，从而威胁整条供应链。资金是节点企业的血液，自然也是整条供应链的血液，因此必须保证供应链中资金流和商流、物流、信息流一样的通畅。保持资金流通畅不是某一节点企业就能够决定的，需要各节点企业共同应对。资金流是节点企业运营效果和效率的衡量和体现，高效的资金流是供应链运行良好的重要保障。

在供应链中，对资金流的管理主要是对整个供应链运营资金进行有效监控与管理，实现节点企业之间资金的顺畅流动与高效运作。运营资金分为经营活动运营资金和理财活动运营资金，经营活动运营资金按照其与经营渠道的关系可以进一步分为营销渠道的运营资金、生产渠道运营资金和采购渠道的运营资金。考察运营资金在整个供应链的采购、生产、营销渠道上的分布状况，实时监控整个供应链资金的流动过程将有助于供应链整体价值的提升。资金流对供应链的价值增长主要从财务角度体现，具体体现在以下三个方面。

1）有效降低整个供应链的经营成本。供应链良好的资金流管理有助于促进商流的高效运作，促使整个供应链经营成本的降低，节点企业间的资金结算更加高效、便捷，高效运转的资金流保障供应链的高效运作。

2）资金停滞减少，资金流周转加快。良好的资金流动可以防止资金的闲置沉淀，又能满足供应链上节点企业不断变化的资金需求，降低资金成本，提高资金使用效率，保证资金的合理流动。

3）提升供应链财务竞争力。高效的资金流可以促进整个供应链资金周转周期的缩短，周转速度的增快，在减少资金占用的同时，加快资金的流动；应收账款及时回收，资金占用减少，商品流通速度加快，资金回笼周期缩短。更短的现金周转周期，使供应链赢得财务上的竞争优势。

总之，供应链的节点企业通过对供应链资金流的有效管理和监控，提升供应链资金流运作绩效，资金周转迅速、资本成本节约、经济效益增加，从而使供应链获得竞争优势。

5. 知识流

对于供应链企业而言，知识是供应链及其节点企业内部不同知识主体所拥有的一种有组织的经验、价值观、相关信息及洞察力的动态组合（乔湫娟，2010）。知识流是指由于不同知识主体之间拥有知识的差异性而产生的知识从某个主体通过某种媒介和途径向另一个主体的扩散与转移的过程（魏恒和辛安娜，2010）。供应链内的知识流主要包括节点企业内部的知识流动和节点企业间的知识流动两个层次。本书研究的供应链协同的知识流主要是节点企业间的知识流。

随着信息技术的迅速发展及全球一体化进程的加快，节点企业间的竞争已演变成供应链间的竞争。在这种环境下，如何增强供应链网络的整体竞争优势是节点企业关注的一个核心问题。知识作为一种关键竞争资源，对于节点企业赢得竞争优势有着重要作用。知识流已越来越成为影响供应链整体效率和高度集成的重要因素，其重要性主要表现在如下三点：

1）知识流可以借助知识传播的平台，实现知识在节点企业间的共享，确保供应链的有效运行和发展；

2）知识流是供应链节点企业间知识创新的前提，同时知识流的存在也为供应链持续成长与发展奠定了基础；

3）知识流在供应链节点企业之间进行有效的扩散和转移，可以提高节点企业供应链的敏捷性和柔性，从而使供应链节点企业在激烈的市场竞争中获得持续的竞争优势。

二、供应链"五流"关系分析

在供应链的运作过程中，商流、物流、信息流、资金流和知识流，都有其存在的意义，并各有自身的运行规律。"五流"是一个互相联系、互相伴随并共同支撑供应链运作的整体（图3-2）。在整个供应链中，由商流、物流、信息流和资金流这"四流"完成供应链物资的流通过程,知识流并不直接参与流通过程,但通过对供应链中商流、物流、信息流和资金流的运作起到辅助与支持,进而对整个供应链的成长性和持久竞争力的提升具有重要作用。

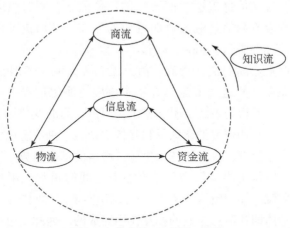

图 3-2 供应链"五流"关系

在一个完整的供应链流通过程中,从供应链的某个节点企业决定购买其上游节点企业的原材料或产品或服务,开始商流活动。这时该节点企业需要向其上游节点企业传达购买信息,供应链上下游节点企业进行沟通交流,签订买卖协议,确定原材料或者产品的价格、品种、数量、供货时间等,在这个过程中有信息的传递,即发生信息流动形成信息流。然后进入物流和资金流的过程,通过付款和结算完成资金流的过程及运输、装卸等物流过程将原材料或产品送达目的地,完成商品的流通过程(靳伟,2002)。知识流通过影响节点企业间的关系来影响供应链的流通过程,对供应链的运作起到辅助作用。这"五流"动态并行于整个供应链中,相互影响、相互制约。供应链节点企业间以商流为引导,以信息流为主导,受知识流的影响,最终通过供应链的资金流和物流的运作来完成供应链上物资资源使用价值和价值的转移,使供应链实现价值增值(陈科等,2009)。

商流是供应链信息流、物流和资金流运作的动因,是流通过程产生的动机和目的,如果供应链上下游节点企业之间不产生商流,也就不会有其他各流的产生;而信息流则是整个流通过程的基础,在商流、物流和资金流的运作过程中,总是离不开信息的传递和交换,在供应链的运作过程中,倘若信息传递的不及时,就会影响到商流、物流和资金流的运作(乔志强,2009);资金流能够保障整条供应链的顺利进行,如果没有资金流的运作过程,整条供应链的流通过程就很难继续进行下去;在整个流通过程中,还要依托物流运作的过程,将物品及时准确地送达最终客户手中,否则整个供应链的商流、资金流和信息流运作都没有价值（Rose-Anderssen et al.，2010）。作为提升供应链整体运作效率与竞争力的另一个关键，各节点企业间相容性与互补性知识的高效流动，可以提高节点企业的基本素质，满足供应链高效运作对各个节点企业的知识要求，相应地也会提高商流、物流、资金流和信息流这"四流"的运作效率，同时供应链上节点企业间商流、物流、资金流和信息流这"四流"的运作，又加快了供应链上节点企业之间知识的流动（乔志强，2009；陆杉等，2010）。

供应链上节点企业间商流、物流、信息流、资金流、知识流这"五流"之间存在着紧密的关系，使这"五流"在整个供应链演化过程中相互联系、彼此放大，从而形成一定的行为模式，引起整个供应链行为的变化和波动。商流、物流、资金流、信息流、知识流的流动及相互作用使整个供应链由无序向有序、从低级有序向高级有序转变，决定了整个供应链涨落的基本趋势。

综上所述，可以认为供应链中各节点企业之间的相互作用是通过商流、物流、信息流、资金流、知识流这"五流"的运作实现的。同样，"五流"运作是通过供应链行为主体即各节点企业的相互作用完成的。因此，可以从两个维度来研究供应链的运作过程。

第二节　供应链协同机理

哈肯将协同定义为系统各部分之间相互协作使整个系统形成微观个体层次所不具备的新质的结构和特质。所谓协同，就是系统进行自组织演化从无序状态走向有序状态或者从低级有序走向高级有序的过程。值得注意的是，并不是所有的系统都可以自组织演化。在耗散结构学中，只有远离平衡的开放系统，当系统与外界的能量和物质交换达到某种临界值时，系统才会通过自组织使各子系统协同作用，从而使系统演化为具有一定有序程度的耗散结构（湛垦华和沈小峰，1982）；另外，协同学理论提出，只有当外界控制变量达到某个临界值（或阈值）时，系统中才有可能出现自组织（廖艳华和蔡根女，2004）。

供应链是由供应商、制造商、分销商及零售商等各个独立的节点企业组成的网络系统，其受政策调控、市场竞争、行业调整和客户变化等外界环境的影响，并不停地与外界环境发生能源、资金、原材料、劳动力、技术和信息交换，而且资源分布和企业发展等方面的情况都不平衡，此外，供应链的组建、运行与解体说明供应链内有控制变量达到临界值，因此可以得出供应链是一个远离平衡的开放系统。而由前文对供应链特征的分析可以看出，供应链具备自组织的特征，满足自组织的条件，可以进行自组织演化。

供应链可以从各节点企业子系统和"五流"子系统两个维度来划分子系统，

二者是等价的。由于"五流"能够更直观地描述供应链协同过程状态和协同结果状态,因此,在充分考虑节点企业在供应链自组织演化过程中发挥行为主体作用的基础上,从节点企业子系统的角度对整个供应链自组织过程进行研究,从"五流"子系统的角度对供应链自组织的状态或结果进行研究。

为了更好地研究和阐述供应链自组织演化实现供应链协同的运行原理,本书以问卷调查和高层访谈的方式对机床制造业、汽车制造业、电子产品、工程机械、装备制造业等37家企业进行调研,并选定最具一般特征的机床制造业供应链作为实例来描述供应链自组织演化的一般过程。

为了数据收集的便利性和研究的顺利进行,本书选择了一个简单的供应链。该供应链由三个节点企业构成,其中供应商为沈阳某液压机电有限公司,向核心企业提供液压站。制造企业是沈阳某机床厂,生产 SUC8216 型号的数控机床;客户为某曲轴股份有限公司,向该机床厂采购数控机床(图3-3)。

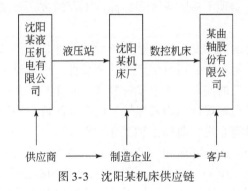

图3-3 沈阳某机床供应链

(1)沈阳某液压机电有限公司简介

该公司成立于2001年,是一家集开发、加工和制造为一体的高新技术股份制公司。主要承揽各类液压系统的设计、制造、安装及调试,公司拥有雄厚的技术力量和丰富的管理经验。公司设有生产技术部、经营部、综合财务部、售后服务部等部门。现有厂房面积为 $1000m^2$,摇臂钻、卷板机、液压折弯机、车床、液压综合实验台等液压系统生产的通用设备。目前主要为机床配套批量系列液压系统,年产液压成套系列产品达1000台之多。

(2)沈阳某机床厂简介

该机床厂是我国目前规模最大的综合性车床制造厂。近年来,公司的产品结构调整已经完成,数控机床产品销售量占到总产品的70%,超越了普通机床产品。由此,公司的竞争力得到了极大的提升,在国内同行业中处于领军地位,2011年已发展成为我国机床行业最大的上市公司,拥有总资产近102亿元,跻身世界机床行业前三位。

（3）某曲轴股份有限公司简介

该公司是以生产"天"牌发动机曲轴为主导产品的我国规模最大的曲轴专业生产企业，是国家520户重点企业之一。公司现有员工为2000人，各类专业技术人才为350多人，厂区占地面积为36.6万 m^2 ，总资产达到14.7亿元，公司的营业收入近年来一直维持在10亿元左右，各项经济技术指标名列同行业前茅。

（4）供应链管理现状介绍

三个企业建立了合作伙伴关系，在充分信息共享的基础上，沈阳某机床厂随时将收到的订单共享给沈阳某液压机电公司，并提供长期的供货合同以及免费的仓库和厂房，而沈阳某液压机电有限公司将液压站直接配送到沈阳某机床厂的机床生产线。由此，沈阳某液压机电有限公司得到了长期稳定的生产订单，并可以按照订单进行采购、备货、生产和配送，降低了原材料和零部件的库存水平，并且可以免费使用沈阳某机床厂提供的仓库和厂房；而沈阳某机床厂则拥有了一个稳定的战略供应商，实现了采购成本和零部件库存的进一步减少，并节省了零部件的部分物流费用。

目前，国内主要的汽车发动机曲轴生产线的几种基本类型企业很少能够满足该供应链中某曲轴股份有限公司对生产线的多品种、小批量生产、保证整线的高柔性、快速交货及较低的前期投入等多种要求。而沈阳某机床厂经实地研究，结合某曲轴股份有限公司客观情况为其提供了拥有全部自主知识产权的数控铣端面钻中心孔机床、质量定心机、曲轴主轴颈车-车-拉机床、曲轴连杆颈车-车-拉机床、应用MQL（minimum quantity lubrication）技术的曲轴单双头油孔钻加工中心、曲轴两端面孔加工中心、曲轴轴承孔加工机床和曲轴全自动动平衡机等20余个品种产品，进而对连线设备如机械手及物流系统开发研制，最后进行自动化生产线的组线，实现了曲轴加工自动化技术的应用，满足了其多种需要。

由于该供应链三个企业间的业务上的紧密合作与友好往来，该供应链经过几年的摩擦与协调发展，已在行业内占据了较高地位，且正通过进一步协调合作不断提升自身及整个链条的竞争能力。

机床是制造业的母机，产品应用范围广泛，是国民经济发展的重要基础。但机床的制造工艺和产品结构非常复杂，单个企业无法满足机床产品多样化生产的需要，因此从上游的供应商到下游的客户构成一条很长的供应链，其商流、信息流、物流、资金和知识流活动都非常活跃。从研究的内容考虑，选取机床制造业作为供应链自组织演化的研究对象，具有较强的代表性。

一、非线性相互作用是供应链自组织的根本依据

哈肯提出，在开放的复杂系统中，子系统之间存在着非线性相互作用，表现

为子系统之间的竞争与合作。同时哈肯指出，非线性相互作用具有相干性、不均衡性及非对称性的特点。相干性是指作用在同一个子系统上的非线性相互作用之间不是独立的而是相互联系的，表现为作用结果不是简单的线性相加，而是在空间上的非均匀分布；不均衡性是指不同的时空特征下，同一非线性相互作用的结果表现是不同的；非对称性是指进行相互作用的两个子系统或者变量所受到的影响是不相等的，最终出现一方支配另一方的现象。

当系统处于某种稳定无序状态时，子系统的独立运动较强，而关联运动较弱，独立运动占据主要地位。在系统状态转变到临界点时，关联运动加强，最后超过独立运动占据主要地位，子系统间非线性相互作用开始影响系统。系统中始终存在着各种各样的涨落，即子系统对系统原有稳定状态的微小偏离。由于非线性相互作用的非对称性、不均衡性及相干特性，在子系统相互合作过程中会放大这种涨落使系统瞬间失去稳定结构，破坏原有的平衡，促使系统宏观结构的形成。同时哈肯指出，系统宏观结构出现的标志就是序参量，即支配系统自组织演化的变量。因此，序参量来源于子系统之间的非线性相互作用，并反过来进行支配系统自组织演化，达到系统稳定有序状态。在系统按照"无序—有序—新的有序"这种逻辑关系循环发展的过程中，非线性相互作用一直贯穿此发展过程推动系统的发展。因此，非线性相互作用是系统自组织演化的根本依据。

供应链充分开放、远离平衡，为其发生自组织演化创造了必要条件。供应链中，非线性相互作用主要表现为节点企业间的协调与合作。同样，供应链节点企业的合作也具有一般系统非线性相互作用的特点。由于存在着资源不平衡、信息不对称、组织结构不一致、发展模式不同等内部因素及竞争压力、外部环境变化等外部因素影响，各节点企业的合作与协调对资源少的节点企业往往更具有好的影响；节点企业的协调与合作除了各自所获得的收益，往往能够产生协同收益；节点企业的协调与合作对供应链的其他节点企业也能够产生不同的影响。总之，供应链节点企业的协调与合作表现出显著的非线性。例如，在调研的机床制造供应链中，2006 年前后三家节点企业合作还处于不太紧密的情况下，交货延迟现象时有发生。在调查中发现交货延迟会对资金流的周转有一定影响，但当交货延长时间超过一定的范围以后，如资金周转等的影响就不是简单的线性增加而是成倍地剧增。

在供应链产生初期，供应链节点企业间的协调与合作非常薄弱。为了应对市场的激烈竞争和需求的迅速变化及满足自身发展的需要，供应链上节点企业开始加强协调与合作以合理配置供应链资源。在节点企业协调与合作占据主导地位时，供应链中的技术、市场需求等因素的变化，会通过节点企业间的协调与合作进行放大其对供应链的影响，破坏供应链现有的稳定结构，在资源的分配、企业规模等因素影响下，供应链会确定以一个核心企业为主导的宏观结构。例如，上述机床制造供应链中，基于市场竞争的压力及客户需求，2005 年该机床厂急需提升数控机床的诸多性能指标，其中，对液压系统的稳定性和使用寿命提出了更高的要求。出于两者密切的利益关系和维护两者长期合作关系的考虑，机床厂一方面向供应商沈阳某液压机电有限公司提出技术指标要求，另一方面积极研究国外同类产品，并与供应商共享出部分技术成果，从而使技术问题得以较快解决。由此，该企业与供应商之间的合作更加紧密。由此可以看出，竞争与合作是使供应链保持和具有整体性、维护供应链结构稳定性的因素（沈小峰等，1993）。

同时，根据本章第一节中的分析可知，供应链节点企业子系统和"五流"子系统具有等价关系，两者能够完全相互覆盖并相互描述，而且节点企业子系统的关联性是通过"五流"子系统表现出来的。因此，供应链节点企业之间的协调与合作是通过"五流"子系统的运作来实现的。对于供应链这一复杂系统来说，供应链节点企业间的商流、物流、信息流、资金流、知识流子系统的运作不能用线性关系表述出来，它们所引起的供应链状态的变化不是各因素变化值的简单线性累加，而是复杂的非线性积累。这种非线性累积使节点企业的协调与合作被放大，产生整体性行为，并且进一步与其他各节点企业间的非线性相互作用构成"作用循环链"（林琳，2008），促使系统向有序方向进行自组织演化。因此，供应链节点企业间协调与合作即非线性相互作用是供应链自组织演化的根本依据。

二、涨落是供应链自组织演化的随机动力

1. 供应链涨落

系统是由大量的相互作用的子系统所构成的体系，经常会受到来自系统内部和外部环境的扰动，使系统在某个时刻、某个局部的范围内产生对宏观状态的微小偏离，这种微小的偏离就称为涨落（陈其荣，2005）。一般来说，涨落是随机的，它是系统演化的契机，是系统自组织过程的诱因。

供应链的涨落有两种，即系统的内部涨落和外部涨落。由于内部和外部因素的作用，涨落是必然普遍存在的。通常我们认为由供应链内部因素产生的涨落是内部涨落，系统的外部涨落是由供应链外部环境所产生的，并且通过多种渠道作用于供应链。

一般来说，供应链中的内部涨落是由供应链节点企业的产品、员工、资金、技术水平等企业内部因素变化，或者其供应商或客户因素等引起的偏差。例如，企业的高技术人才因个人发展或其他原因离职而带来的核心技术外泄、供应链节点企业的供应商因质量问题导致持续供货意外中断，影响整个供应链物流运作的

顺利运行等。

供应链的外部涨落一般是由国家宏观政策、行业竞争环境变化、经济发展变化、市场需求变化、自然灾害等因素引起的。例如，政府针对某个行业出台的规范或政策，会导致该行业所在供应链的战略战术发生变化。2008年的金融危机，对整个供应链节点企业的物流、资金流等都产生了巨大影响，受到该危机影响的很多节点企业纷纷调整了策略来应对变化。

不管是哪种涨落，都有可能会通过供应链节点企业间的非线性相互作用而迅速放大、传递，形成客观上的"巨涨落"。由于外部环境变化具有一定随机性和不可控性，因此，本书研究供应链协同机理时假定外部环境是稳定的，即不考虑外部涨落对系统的影响。

2. 涨落对整个供应链的自组织演化过程有重要的作用

（1）涨落是供应链走向新有序的诱因

涨落普遍存在于供应链中，对于一个处于稳定状态的供应链，也存在不同程度的涨落。如果没有涨落存在，供应链的稳定状态处于恒定值，就不可能通过自组织破坏原有的结构，这个供应链就不可能认识到其他可能的稳定状态的存在。正是涨落的存在，使一些偏离系统既有状态的节点企业，发现可以到达更加有序的状态。随后这种涨落得到其他节点企业的响应并在整个系统内放大，从而推动整个供应链进入一个全新的、稳定的、有序的状态（沈小峰等，1993）。

（2）涨落影响供应链演化的方向

供应链在自组织演化之前往往存在多种演化的可能。在自组织过程中，供应链节点企业间非线性相互作用只是推动着供应链自组织的演化过程，而无法确定供应链自组织将进行何种演化，即不能或不足以决定供应链自组织将进入到哪一分支。这是由于供应链处于动态演变过程中，不可避免地会受到"随机性"涨落的影响。每个"涨落"都可以代表一种结构或组织的"胚芽状态"，代表供应链多种可能发展前途。涨落的出现是偶然的，但只有适应系统动力学性质的涨落才能得到供应链中绝大部分节点企业的响应，而且这种响应将波及整个供应链并把供应链推进到一种新的结构状态。因此，供应链究竟进入哪一分支及怎样进入自组织分支，是由"涨落"来决定的（沈小峰等，1993）。例如，当市场需求发生波动时，一方面，通过信息的"牛鞭效应"会逐级放大最初的需求信息；另一方面，需求的变动会促使供应链上的制造商相应地改变其生产策略和营销策略，原材料的采购模式等，而且，根据市场特征，制造商还有可能会重新设定产品的出厂价格，而制造商相关策略的变动又促使分销商改变自身的订货策略，而供应商会相应改变自身的供货模式或者合同条件等。这些相应市场需求变化而产生的改变会在一定程度上改变各节点企业的原有状态。当市场波动频繁发生时，可能会促使供应链朝更加有序的方向发展，也有可能使各节点企业之间的关系产生破裂，甚至可能会使原有供应链解散。在该例子中，由于市场需求变动这个供应链偏离应通过信息的"牛鞭效应"被放大，在供应商相应策略的改动下，其上下游节点企业也相应地改变原有状态进行策略的改变，这都说明了供应链的涨落在节点企业间相互作用的影响下通过被放大使整个供应链的原有状态发生变化最终决定了供应链的发展方向。

从理论和实践的分析可知，在供应链中内外部涨落是诱发供应链发展的因素，也是决定供应链以何种方式演化的决定因素。而且通过涨落诱发的供应链演化，也有两种可能，一种是涨落使供应链达到有序，供应链得以发展进化；另一种是涨落使供应链消解，甚至崩溃。本书主要研究的是使供应链达到更加有序发展的涨落。

三、非线性相互作用放大涨落形成供应链序参量

在哈肯的协同学理论中，序参量用来度量系统宏观结构的有序度，其变化表示系统从无序到有序。在不同的系统中，序参量的物理意义也不同，但总体来说，序参量实际上是指子系统非线性相互作用形成的各种运动模式的简化。在系统自组织演化过程中，总存在子系统的独立运动和它们之间各种可能产生的局部耦合及因环境条件发生的随机波动即涨落。当子系统的独立运动或它们之间的局部耦合活动占主导地位时，系统处于稳定状态。这个时候涨落的幅度与系统的宏观量相比很小，并且衰减得很快，因此常常可以忽略。但当子系统的独立运动与它们之间的耦合活动达到均势阶段，也即系统进入相变的临界点时，这些局部耦合所形成的涨落不断冲击系统。很多涨落得不到其他子系统的响应便表现为阻尼大，这种涨落就很快衰减，即快变量。但也有涨落得到了大多数子系统的响应，并在子系统之间的相互作用下得到了放大，很快波及整个系统，成为推动系统进入新的有序状态的巨涨落，这种涨落的内容就是出现在临界无阻尼的慢变量，也即序参量。

在供应链中也是如此。作为独立的经济个体，节点企业间总是存在各种各样的独立运动，但为了满足市场的需求，各节点企业又不得不彼此合作以完成最终产品的生产和销售。当供应链节点企业间的独立运动与节点企业间的合作处于均衡状态时，随机出现的涨落可以给节点企业带来更多收益时，如一种新型信息集成系统的出现，便会得到大多节点企业的响应。这种涨落在节点企业合作与协调下被迅速放大，打破供应链原有的均衡状态，使供应链倾向于更加合作状态即更加有序的状态。而涨落的内容，在供应链状态变化过程中受到的阻尼小，衰减

慢，即作为供应链的序参量。

供应链序参量虽然一般只有一个或几个，但却决定和支配其他快弛豫参量运动（杨曼丽和武志刚，2004），控制供应链演化的整个过程，并决定系统演化的最终结构。同时还代表供应链的"序"或状态。简而言之，序参量是表征供应链有序程度的慢变量。

在供应链自组织演化过程中，序参量对供应链的演化非常重要，主要通过对节点企业子系统的支配或役使作用来控制供应链整体自组织演化的进程（李柏洲和刘建波，2005）。序参量既作为描述供应链有序演化的机制，又作为描述供应链有序演化过程的一个参量。通过要素的相互作用而产生，同时也支配要素的行为。

1. 供应链序参量特点

对于供应链来说，其序参量具有一般系统序参量的基本特点，但同时也有供应链的独特性，其特点如下。

1）供应链序参量是能够体现供应链的整体行为的宏观参量。序参量是供应链从无序到有序的宏观表现，序参量的大小可以用来衡量整个供应链协同的协同度水平高低。

2）供应链序参量是由供应链上各节点企业相互作用产生的，是节点企业合作效应的表征与度量。供应链序参量的形成不是外部作用强加于供应链的，而是来源于供应链的内部，并在一定程度上受到外界环境的影响。只有当供应链远离平衡状态，且系统演化到某一临界点附近时，在涨落的诱发下，通过系统内节点企业间商流、物流、信息流、资金流、知识流的非线性相互作用，供应链才会形成序参量。

3）供应链序参量是自组织系统有序演化的机制，即供应链序参量支配各节点企业的行为，主宰供应链的整体演化进程。供应链序参量产生之后，就支配供应链上所有节点企业按照序参量的"命令"行动，它将会直接影响供应链节点企业间商流、物流、信息流、资金流、知识流的运作过程，从而影响整个供应链自组织演化进程。

2. 供应链节点企业协调与合作放大供应链中的涨落形成序参量

具体来说，表现在以下两个方面。

1）涨落诱发序参量的形成。涨落是供应链各节点企业间非线性相互作用过程中产生序参量这一支配性力量的重要因子。在供应链这个复杂系统中，总存在着子系统的独立运动和它们间各种可能产生的局部耦合加上环境条件的随机波动等，这些会促使供应链出现随机涨落。

当系统处于稳定状态时，涨落的幅度与宏观量相比很小，并且衰减很快，因此常常被忽略。然而当系统进入临界点，即子系统自发地独立运动与它们之间管理所形成的协同运动也进入均势阶段时，子系统间的内部耦合相当活跃，而且这些局部耦合所形成的涨落不断冲击系统，由于系统的无序及混乱使涨落相对放大。很多涨落得不到其他大部分子系统的响应便表现为阻尼大而很快衰减下去，这种涨落的内容就是快弛豫参量。只有那个得到了大多数子系统很快响应的涨落，便由局部波及系统，得到了放大，成为推动系统进入新的有序状态的巨涨落，这种涨落的内容就是出现在临界无阻尼的慢弛豫参量——序参量。序参量形成后，其值的大小标志着系统有序程度。而这种涨落是在各个节点企业间的非线性相互作用的影响下被放大，从而形成的序参量。

2）供应链非线性相互作用机制促使序参量形成（赵凯荣，2001）。当供应链处于平衡状态或者平衡状态附近的某个稳定状态时，供应链抗干扰的能力会使涨落造成的偏离不断衰减直至消失，供应链的随机涨落由于未能被放大，对供应链状态的影响非常小，此时供应链的组织结构不会产生变化。要使供应链的组织结构发生变化，仅仅有涨落的发生是不够的，还需要有涨落的放大。供应链的涨落能够得以放大的前提是供应链处于非平衡状态，且供应链节点企业间存在适当的非线性相互作用机制。非线性的正反馈作用可以把微小的"涨落"或"起伏"迅速放大，使供应链的稳定状态失稳而形成新的结构。

当供应链处于非平衡状态，且该系统演化到某个临界点附近时，由于供应链节点企业间的非线性相互作用，使供应链产生了整体性行为。供应链各个节点企业通过商流、物流、信息流、资金流、知识流的运作相互关联，此时发生在供应链中的微小的、局部的涨落也可以通过这样的整体关联而成为供应链整体的性质，牵一发而动全身。例如，供应链信息技术水平的高低变化能够通过节点企业间商流的运作被放大，交通运输能力的高低变化能够通过节点企业间物流的运作被放大，从而演变成为影响供应链整体行为的巨涨落，使供应链整体发生质的变化，推动供应链进入有序状态。

在供应链演化发展不同阶段，非线性相互作用和涨落对序参量的作用也有所差异。在供应链刚开始形成时，供应链处于混沌无序的状态，这时非线性相互作用和涨落会诱发序参量的形成；当供应链发展到一定稳定状态的时候，供应链的序参量往往已经形成，且具有一定的稳定性，这时非线性相互作用和涨落对已有的序参量具有影响阈值而改变其支配作用的影响；当供应链达到临界值状态时，非线性相互作用和涨落又会诱发新的序参量形成，从而使供应链将形成新的结构，所以在生命周期不同阶段中序参量存在差异。正是非线性相互作用和涨落在不同阶段的不同作用，在不断地推动供应链从低级有序向高级有序循序渐进的发展。

总之，供应链的序参量是供应链节点企业间的非线性相互作用，在放大供应链涨落状态，破坏原有平衡的基础上形成的。

四、序参量主宰供应链自组织演化

序参量产生后便开始支配自组织演化的进程。作用在各个子系统上的序参量分量对子系统的行为及子系统之间的合作与协调进行约束或者控制，从而支配子系统间的非线性相互作用。在序参量支配下，子系统的合作与协调水平不断上升，又促使处于支配地位的序参量值不断提高。在这一循环上升的过程中，序参量一直贯穿其中并支配该演化过程。其最终结果是促使各个子系统逐步达到有序。

供应链起初处于无序的稳定状态，节点企业之间联系比较薄弱。供应链中随机涨落经节点企业间的协调与合作作用放大，破坏了供应链的稳定结构，供应链中的序参量共同决策、信息共享、利益分配在此过程中产生。这三个序参量在供应链有序过程中，其重要作用（即数值）随着其他序参量的衰落不断增大，支配着节点企业之间的协调与合作，主宰着自组织的演化过程。实际上，这种支配作用是通过三个序参量作用在子系统上的分量来实现的。由前文供应链结构分析中可知，供应链可以从节点企业子系统和"五流"子系统这两个维度来将其划分成两类不同并且完全等价的子系统。由于节点企业子系统的实体性，三个序参量的分量直接作用于节点企业子系统，使节点企业子系统逐步达到有序。由于两个维度子系统的等价性及节点企业是通过"五流"子系统来关联的，各节点企业子系统在序参量分量直接作用下的有序过程和"五流"各子系统在序参量分量间接作用下的有序过程完全同步，并且两者有序最终达到的效果完全一致，因此，共同决策、信息共享、利益分配对节点企业的支配作用实际上表现在这三个序参量对"五流"子系统的影响或制约作用。

具体来说，供应链的这三个序参量主要通过以下两个方面支配供应链自组织的过程。

1）序参量在形成之后，反过来支配各节点企业间商流、物流、信息流、资金流、知识流间的运作过程，决定供应链自组织从无序到有序的演化过程（沈小峰等，1993）。

供应链节点企业通过共同决策、信息共享、利益分配，共同努力实现共有的计划和解决共同的问题，相互之间信任与合作，形成在一定时期内共享信息、共同决策、共同获利的双赢关系，来引导和支配各节点企业的行为，从而主宰供应链整体的演化过程。①为了快速响应市场的需求，供应链节点企业之间往往需要进行共同决策，供应链节点企业间通过共同决策达成一致的发展目标，支配节点企业的行为，控制节点企业间商流、物流、信息流、资金流的运作。供应链管理战略层的决策问题包括供应链战略决策、供应链合作关系决策、供应链风险控制与决策、供应链利益风险决策及供应链绩效评价与决策等战略层决策过程，这些问题的同步决策将会为供应链运营提供了战略决策框架和行动指南（王华，2005）。供应链节点企业通过共同决策将各个节点企业商流、物流、信息流、资金流的优势资源进行最合理的配置，使商流、物流、信息流、资金流的运作能够有序运作，共同决策的一致结果也是供应链上所有资源分配的规范依据，它是整个供应链资源系统协同运作的规则框架。最终，共同决策的结果还影响和改变了节点企业之间的合作形式。②供应链节点企业之间的合作往往需要信息的共享作为支持，因此信息共享水平决定了节点企业之间的合作程度。供应链节点企业决策需要及时、准确的信息作为支撑，节点企业间信息共享能为节点企业商流、物流和资金流提供正确的决策依据，使整个供应链的商流、物流、信息流和资金流能根据客户的需求而保持步调一致，从而使供应链获得同步化来响应市场需求的变化。同时，信息共享通过加强节点企业间的合作关系，也影响着供应链节点企业间知识流的运作。可以说，信息共享将使供应链上的节点企业更好地安排生产作业及库存配送计划，在降低成本的同时提高最终客户的满意度；信息共享将促进供应链中各节点企业的相互信任，有利于结成更为紧密的联盟来对快速变化的市场需求做出敏捷的反应（沈才良，2008）。③供应链上的利益分配合理度支配着节点企业间商流、资金流、知识流的运作，如节点企业间的交易价格就是一种显在的供应链利益分配，支配商流的运作。当某个节点企业遇到困难时，其上游或下游节点企业能主动提供有关解决信息技术应用问题、生产技术问题的知识等，利益分配通过这种潜在的利益分配支配节点企业间知识流的运作。

可见，共同决策、信息共享、利益分配支配节点企业间商流、物流、信息流、资金流、知识流的运作。同时各节点企业的相互作用，也将反作用于共同决策、信息共享、利益分配这三个序参量，从而使这三个序参量的值也得到相应提高。

这三个序参量通过节点企业间的合作关系，来影响和制约供应链的各节点企业间商流、物流、信息流、资金流、知识流间的运作，从而影响和决定供应链自组织的程度和方向，使供应链从原来有序度低的组织结构非线性的螺旋上升到有序度高的组织结构。

2）供应链这三个序参量之间的合作与竞争决定整个系统从无序到有序的演化过程。

供应链共同决策、信息共享、利益分配这三个序参量之间既竞争又合作，进而带来供应链的自组织演化。这三个序参量中，每个序参量都包含一组微观组态，都对应一定的宏观结构。最后整个供应链会演化成何种结构，则是由供应链的这三个序参量之间的合作与竞争来决定的。

当供应链的这三个序参量相互之间处于均势时，它们之间会相互妥协，互相合作，协同一致地控制系统，此时，供应链会演化成何种宏观结构，便由这三个序参量共同决策、信息共享、利益分配来共同决定；而在当供应链的外界控制参量发生改变时，处于合作状态的这三个序参量的地位和作用也会相应地发生变化。这时，三个序参量之间会相互竞争，一旦当外界控制参量达到某个新的临界值时，共同决策、信息共享、利益分配这三个序参量中，就可能会产生只有一个序参量单独控制供应链的现象，与此同时其他序参量转变为快弛豫参量（王菡，2009）。在某个时期，其中的一个序参量起主导作用，从而支配其他序参量。另一个时期，这个序参量的主导地位可能会被另外一个序参量替代，并且依此进行下去，不断重演。例如，在某个时间段内，利益分配是主导序参量，那么，它会在一段时间内支配供应链各方面的发展。随着时间的推移，或许这个序参量失去了主导地位，即利益分配问题已经解决，那么就会由其他的序参量占据主导地位，也许信息共享会成为另外一个占主导地位的序参量。

这种通过序参量的竞争和合作而产生的自组织演化过程实际上是一种更高层次的协同演化过程。

在该机床供应链中，三个企业在产品研发、应对危机等方面采取共同决策策略。在共同决策中，三个企业进行资金、物流、技术、人员等资源的协调配置，并根据环境的变化采取不同的决策形式，促使三个企业的共同决策操作层向管理层甚至战略层发展。共同决策的发展反过来又促进了企业之间的合作；三个企业对市场信息、部分技术性知识、产品信息等进行共享，信息共享影响三个企业之间的合作形式，由松散合作逐步走向紧密合作，合作的紧密性又给三个企业进行更高程度的信息共享提供了保证；在供应链发展过程中，三个企业一直致力于合理的利益分配，消除因价格、库存而带来的利益损害。利益分配机制逐渐成熟，企业合作的基础更加牢固、合作更加稳定。从调研中可知，共同决策、信息共享、利益分配一直影响三个企业合作，支配该机床供应链稳定有序的发展。

五、系统自组织演化实现供应链协同

由协同学理论可知，系统自组织演化使子系统达到有序后实现整个系统的协同。系统的自组织演化过程，就是系统实现有序和达到稳定的过程。系统的结构实际是指系统内部各要素之间相对稳定的主要关联。结构的有序性与系统结构的演化进程之间有一定联系。系统内部子系统有序既是系统演化的产物，又是系统演化的标志（颜泽贤，1993）。序参量支配子系统的行为，主宰系统自组织的整体演化过程（沈小峰等，1993）。在相变过程中，只要找到了序参量的变化，就抓住了演化过程的本质。当一个系统存在几个序参量时，它们支配一组微观组态，这一组态对应一个宏观结构。

供应链节点企业之间的共同决策、信息共享、利益分配是实现协同的必要手段，贯穿供应链协同的始终，对供应链协同有不可替代的支配作用。节点企业在共同决策、信息共享、利益分配这三个序参量的支配作用下，围绕商流、物流、信息流、资金流、知识流进行紧密合作，使每个节点企业子系统实现运作高效，管理有序，进而使供应链走向协同。也就是供应链在三个序参量的支配作用下的自组织演化使各个节点企业达到有序。而节点企业子系统与供应链"五流"子系统虽然是供应链构成的不同划分，但从供应链的本质来看，供应链的自组织演化过程对两者具有等价效应，其最终目标是实现整个供应链协同。因此，节点企业子系统有序等价于供应链"五流"子系统有序，也可以说节点企业子系统有序是通过"五流"子系统有序实现的和体现的。

在"五流"子系统各自有序的过程中，由于"五流"之间是相互关联的，每个"流"实现有序需要其他"流"有序作为条件，同时每个"流"的有序又影响其他"流"的有序。即供应链各"流"的有序化是相互依托、相互影响与制约的。其实现有序化的过程基本同步，实现有序化的程度基本均衡，各个"流"有序之间的差异并不会呈现出扩大的趋势。例如，在"五流"有序过程中商流的有序程度和信息流的有序程度之间差距不太大，如果商流有序好而信息流有序很差，那么商流的有序会给信息流的有序提供较好条件，信息流有序则会制约商流有序发展，从而两者相互影响，共同走向基本均衡的状态。因此，"五流"有序隐含两层含义，一方面是指五个"流"各自达到有序，另一方面是指五个"流"要在有序化过程中保持一致性的关联关系，即要保持节点企业间的协调合作关系。因此，供应链自组织演化的最终结果表现为供应链"五流"各自有序及"五流"之间的匹配，最终使供应链达到协同。

由上述第二节的分析可知，供应链在自组织演化的过程中，节点企业之间通过"五流"关联起来并产生相互作用，并与系统涨落及放大效应一起共同产生序参量，而序参量在产生后反过来支配着节点企业间的相互作用，如此循环往复，使供应链处于不断的自组织演化过程，进而使各个子系统达到有序，最终实现整个供应链协同。

对该机床供应链而言，为了提高市场响应速度和供应链整体竞争力，该机床供应链在2007~2011年的合作过程中，共同应对内外部环境变化，不断加强彼此间的协调与合作。例如，当内外部环境发生变化时，三个企业共同商讨并制定应对方案，同时他们也一直在积极地共同研发或引进新技术，不断地提升整体竞争力；在信息交流方面，通过不断提高信息共享实现交易的顺畅进行、订单的快速响应和库存成本的减少，为企业间的进一步合作建立了很大的信心；在利益分配方面，三个企业不断在调整分配方式，尽量使业务资金链得到保障的同时努力使各个企业最大限度地发挥自身的优势，实现整个供应链的快速发展。该供应链近年的协调发展过程体现了供应链实现协同发展的过程。

综上所述，供应链协同机理是在供应链节点企业间协调与合作的非线性相互作用下，通过涨落及其关联放大促使供应链序参量的形成，反过来再由序参量（共同决策、信息共享、利益分配）支配供应链节点企业间商流、信息流、物流、资金流、知识流运作，使这"五流"子系统的运作达到有序，同时还要保持"五流"子系统之间的相互匹配关系，进而使整个供应链实现从无序到有序，或者从低级有序向高级有序进化的过程。而供应链又是在不断的经过多循环的自组织过程实现供应链整体协同程度的跃升，从而在不断地提高供应链的综合竞争能力。

第三节　供应链协同模型建立

供应链自组织演化的本质是在供应链序参量支配下的节点企业间商流、物流、信息流、资金流、知识流的有序流动。通过节点企业间商流、物流、信息流、资金流、知识流的有序流动，使整个供应链上各个节点企业之间形成某种协同效应，使整个供应链能够在某个特定时间、空间下达到特定有序结构。

从供应链的五个"流"出发，结合供应链协同机理，构建供应链协同模型（图 3-4）。在该模型中，供应链节点企业间的非线性相互作用是通过商流、信息流、物流、资金流、知识流的运作来实现的。而节点企业间"流"的运作可看作是两个节点企业内部与该"流"有关的资源要素通过相互作用来完成的。在供应链节点企业间，商流、信息流、物流、资金流这四个"流"的资源要素直接相互作用，而供应链上某个节点企业的知识流资源要素是通过作用于相邻节点企业来间接作用于其他"四流"资源要素的。

在供应链内部各节点企业间的非线性相互作用下，通过随机的涨落及其关联放大产生供应链的序参量（共同决策、信息共享、利益分配），反过来，再由序参量支配供应链节点企业间商流、信息流、物流、资金流、知识流的运作，使供应链上节点企业间商流、信息流、物流、资金流、知识流的运作达到有序，进而使整个供应链自组织系统实现由无序到有序，或者由低级有序向高级有序进化的过程。

由此可以认为，供应链上节点企业间通过相互作用，实现商流、物流、信息

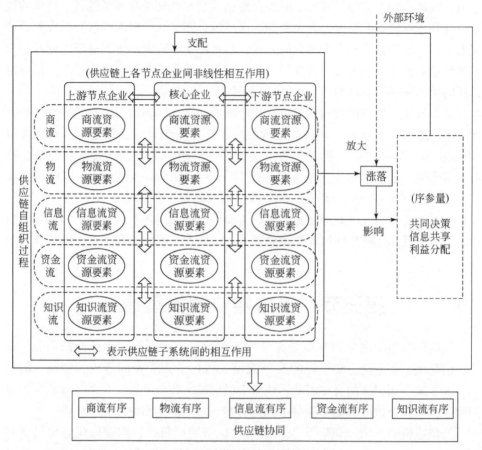

图 3-4　供应链协同模型

流、资金流、知识流在整个链条上的有序流动，就能够实现整个供应链的协同。供应链协同过程即供应链上节点企业间商流、信息流、物流、资金流、知识流这"五流"分别达到有序的过程。供应链节点企业间任何一个"流"的有序度的高低都决定了整个供应链协同程度的高低。如果其中一个"流"的有序度低，即使其他"流"的有序度很高，则整个供应链的协同程度也会随之降低。

　　本书建立的供应链协同模型与以往的相比，首先，从供应链实体结构和流程结构两个维度来进行了描述，即节点企业子系统和"五流"子系统。在供应链协同过程中子系统间的非线性相互作用是各节点企业间进行相互作用的动力，且支配整个供应链演化发展的涨落又是直接作用于节点企业上的，而各个节点企业间的相互作用和序参量的支配作用都是表现在节点企业间的商流、信息流、物流、资金流、知识流这五个"流"的关联活动中的。其次，该模型能更直观地揭示供应链协同的机理和本质，并更能反映供应链的实际运作情况。

总之，本书构建的供应链协同模型，突破了以往的研究范围和研究视角，从两个维度划分了子系统，使供应链自组织演化达到协同过程的研究更科学、直观和全面。该模型中所体现的自组织演化的作用因素和流与流之间的相互协调的关系，不仅为建立协同度评价模型奠定了基础，也为供应链协同度评价指标选取提供了理论依据。

|第四章| 供应链序参量动态差异分析

协同学理论论证了复杂系统从无序到子系统协同运作再到有序状态的过程是遵循一定规律的，而序参量是描述这一过程的很重要的参量，它能够描述复杂系统的协同运作程度和宏观模式。通俗地说，序参量能够描述系统随着时间的推移会处于何种有序状态，伴随着何种有序结构和性能，运行在何种模式中及可能发生何种变化等。在整个系统的运行中，系统内部和外部相互影响，序参量就在其间扮演主导角色，对系统内部和外部相互影响的结果有决定性作用。序参量通过竞争的非线性作用产生，而非线性相互作用能够使系统的整体性与矛盾性内在地联系起来，形成具有整体性的矛盾系统。不同的系统其结构和功能是完全不同的，表明其内部和外部的关系也有差异。因此，不同系统在其发展的不同时期其序参量必然是存在差异的，并且随着时间的不断推移呈现动态性。

第一节　序参量特征

序参量原理反映在系统演化过程中各参量发生作用的基本规律，这是协同系统的最一般原理。掌握序参量的特征不但能帮助我们准确地确定供应链协同管理系统中的序参量，而且有助于我们深刻了解系统的演化过程。

序参量是由相变势力学中序参量的概念转化而来。物理学家朗道为描述连续相变而最早引入了这一个概念，即序参量是"指示新结构的出现、判别连续相变及某些相变有序结构的类型和有序程度的工具"。后来，哈肯把序参量概念引入协同学理论，成为协同学理论的基本概念。在协同学和自组织理论中，序参量是指在系统演化过程中从无到有地产生和变化并能够指示或显示新结构的形成、反映新结构的有序程度的参量。从广义上理解，序参量有多种形态，既可以是具体的物质形式，也可以是一种文化、言语或一种现象、心理和氛围。通过分析序参量的概念和产生原理发现，序参量主要有以下特征：

1）序参量是宏观参量。协同学理论研究的是由大量子系统构成的系统的宏观整体行为和特性，而仅从微观层次的参量是无法了解这些宏观行为的。哈肯在协同学理论中引入序参量，用来描述大量子系统集体运动的宏观整体行为。因此，序参量是大量子系统集体运动的宏观整体模式有序程度的参量，是为描述系统宏观整体而引入的，是描述系统的客观参量。

2）序参量来自于系统内部。序参量是大量微观子系统集体运动的产物，是在子系统之间相互竞争、相互协同基础上涌现出来的一种整体特性，是合作效应的表征和度量。因此，序参量来自于系统内部，不是系统外部作用强加于系统的。

3）序参量是命令参量。序参量支配子系统的行为，主宰系统整体演化过程。序参量一旦形成，就支配一切子系统按序参量的"命令"行动，子系统的合作产生序参量，序参量命令子系统合作行动，相互成为对方存在的条件。

4）序参量是慢变量。协同学理论认为，一个系统的稳定性总是要受到两类变量的影响。一类是快弛豫参量，也叫快变量，主要作用是阻止系统变化，总是企图使系统重新回到稳定状态，并且衰减得很快；另外一类变量是慢弛豫参量，也叫慢变量，在系统受到干扰产生不稳定性时，总是使系统离开稳定状态走向非稳定状态，这种变量在系统处于稳定状态与非稳定状态的临界区时，表现出一种无阻力现象，并且衰减得很慢。序参量就是这种变量，它们的行为特性稳定持久，能够对各种快变量进行综合集成，最终发展壮大为系统的支配模式。

5）一个协同系统可以有一个或多个序参量。如果系统出现扰动，几种序参量斗争的结果是只有一种序参量保留下来、主宰整个系统，其他子系统则随着该序参量所规定的模式而变化并达成协同一致的宏观局面，这时序参量就只有一个。在几个序参量同时存在、势均力敌的情况下，彼此之间相互妥协，并达到某种合作的势态，共同控制整个系统的有序化程度和结构的形成，使整个系统形成协同一致的局面，这时一个协同系统就有多个序参量。

序参量的这些特性决定了它是系统演化的推动力，它不仅主宰系统演化的整个进程，而且决定系统演化的结果。

第二节　序参量动态性分析

本书序参量是指对供应链协同管理系统演化发展起支配作用或主导作用的参量。如果能确定在供应链协同管理系统中起支配作用和决定作用的序参量，就可以通过控制外部参量的方式创造一种有利于系统向有序化方向演化的条件或机会，从而促进供应链各子系统的协调发展，增强供应链的竞争能力。

序参量具有明显的时间特性和空间特性，不仅不同领域、不同复杂系统的序参量各有不同，而且对于同一个系统中不同的发展周期，其序参量也不同。这是因为在不同时间段，内、外部环境条件影响和决定系统的空间结构、状态与功能的关键要素是不同的，它们之间非线性相互作用存在差异，这也导致系统是一个动态的矛盾体。

目前，供应链序参量识别的研究还比较少，且现有研究还主要集中在对一般性供应链序参量的分析方面，对不同类型供应链及特定类型供应链在不同生命周期的序参量差异的分析还比较少。本章将运用协同学自组织理论、耗散结构理论等对不同类型供应链及不同生命周期的供应链序参量的差异进行分析，为特定供应链序参量识别模型的建立提供依据。

第三节　不同类型的供应链序参量的差异

不同的供应链对外部环境有不同的适应能力，从而决定了即使在相同的大环境下，不同的供应链具有不同的序参量、控制参量及自组织程度。因此，对供应链序参量进行分析首先应对不同类型供应链的特点进行分析。

一、供应链类型界定

不同学者对供应链的分类给出了多种不同的标准，包括按产品特性进行划分、按行业类别进行划分、按照区域类别进行划分及按照需求驱动方式进行划分。本书采用费雪①提出的基于产品特性的供应链分类方式。

1. 产品分类

费雪根据产品需求的不确定性，将一般产品划分为功能型产品和创新型产品。但是，随着时代和技术的发展，功能型产品与创新型产品并不是固定不变的。它们之间也彼此渗透，互相取长补短，以应对激烈的市场竞争。例如，原本的功能型产品运用新的设计理念和技术可以转化为创新型产品，以获得更高的边际利润；而原本的创新型产品则可以通过标准化制造转化为功能型产品。因此，本书在费雪对产品进行的分类的基础上，进一步将产品分为功能型产品、混合型产品及创新型产品。三类产品的特点见表4-1。

表4-1　不同类型产品的特点

项目	功能型产品	混合型产品	创新型产品
需求稳定性	较稳定且可预测	较不稳定	需求不稳定，且难预测
产品种类	种类少	由订单决定	种类多

---

① 即 Marshall Fisher。

项目	功能型产品	混合型产品	创新型产品
产品寿命周期	寿命周期长	寿命周期较长	寿命周期短
制胜关键	成本和质量是关键	产品的更新或改进	速度和设计能力
生产方式	规模化采购和生产	通过设计改良而实行大规模定制的生产方式	定制化小批量生产

2. 供应链类型

从供应链生产和经营理念的角度出发，根据产品的特性，基于功能型、混合型和创新型的分类，将供应链划分为效率型供应链、混合型供应链和反应型供应链。

效率型供应链运作节奏持续、平稳、紧凑、有序，研发能力居于次位，采用批量采购（获得批量折扣），实行规模化生产，保留安全库存以迅速满足市场需要，属于质量–成本导向，适合于功能型产品。混合型供应链要求供应链在前部保持平稳有序，后部灵活机动，实现规模化采购、定制化生产和销售相结合，属于成本–顾客导向，适合于混合型产品。反应型供应链运作灵活、富于柔性、节奏快而有序，拥有高效能的研发团队，与供应链上下游节点企业和客户合作关系紧密，往往要预留充裕的缓冲库存以备变化之需，属于服务–速度导向，其适合于创新型产品。

3. 不同类型供应链运作方式

三种供应链所追求的目标并不相同，效率型供应链追求降低成本，响应客户需求；反应型供应链追求市场响应速度最大化，混合型供应链则希望能够在成本及响应速度二者中找到权衡。这种追求目标的不同也就产生三种不同类型供应链运作方式及策略不同。

（1）效率型供应链运作方式

效率型供应链是一个单一中心的集权式信息–动力传导系统，其信息流全部指向制定主生产计划的部门，并由其发回指令，该计划部门起到一个信息搜集–发散的中枢作用，同时也是动力源头。由此决定与反应型供应链者在动力机制和运作方式上的关键区别为链网运作围绕的核心不同。效率型供应链的信息流源头来自于核心企业（即主导性制造商），在这种供应链运作模式中核心制造商搜集需求信息，上游供应商和配套节点企业根据需求信息设计并生产产品，然后向下游分销商和零售商逐级推进到最终客户。这种供应链通常利用库存来缓冲需求变动，整个供应链的集成度较低，驱动力多来自核心制造商，因此，其对市场环境变动的响应能力较差。效率型供应链运作模式图如图 4-1 所示。

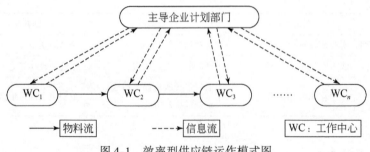

图 4-1　效率型供应链运作模式图

（2）反应型供应链运作方式

反应型供应链是一个双向并行的信息–动力传导系统，它的信息流和物料流是反向平行运作的，驱动力和信息指令的源头都是最终客户。反应型供应链的集成程度较高，信息交换迅速，对需求响应能力较强，故不需保持高的缓冲库存。反应型供应链运作模式图如图 4-2 所示。

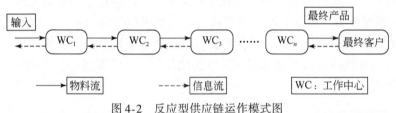

图 4-2　反应型供应链运作模式图

（3）混合型供应链运作方式

混合型供应链运用延迟差异的思想，使用标准化、组件化、模块化生产方式，延缓产品差异产生的临界点，在产品差异化出现前采用推动型供应链，即效率型供应链，在产品出现差异化之后采取拉动型供应链（即个性化组装、生产和加工）。我们将产品差异产生的临界点称为解耦点。在解耦点的上游，生产是由预测驱动（driven by forecast）的，这就要求需求平稳，产品品种少；而在解耦点的下游，生产是由需求驱动（driven by demand）的，产品的品种和需求可以是高度变化的。

根据解耦点的位置不同，混合型供应链的运作方式又分为订货采购、订货生产、订货装配及现场生产。订货采购的解耦点始于原材料的采购，即产品的差异化从原材料开始就不同；订货生产的制造商可以从预先定义的产品目录中生产具体产品，所以部分供应链可以在需求产生前得到定义，其余部分则在需求产生后定义；订货装配指制造商在需求预测时已经生产了产品零部件，而只需装配这些零部件至最终产品，其解耦点在制造商和供应商内部；现货生产则是在需求预测出来以后才开始进行生产。混合型供应链运作模式图如图4-3所示。

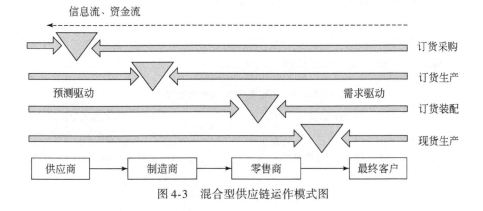

图4-3　混合型供应链运作模式图

二、供应链类型对序参量的影响

协同学理论之父哈肯曾指出序参量由单个部分的协作而产生，反过来，序参量又支配各部分的行为（赫尔曼·哈肯，2013）。在供应链中也是如此，供应链各节点企业通过相互协作产生序参量，同时，序参量又支配供应链各节点企业的行为，以确保这种序参量能够持续下去。因此，供应链序参量的产生与供应链各节点企业之间的相互协作关系密切。

供应链各节点企业协作关系的确定由各组成节点企业的行为决定，个体的行为是由其集体行为决定，个体在集体环境下一方面通过竞争，另一方面通过协作而间接地决定自身的命运，他们往往是被集体行为推动而不是自行推动的。供应链各节点企业协作关系的确定受到其所在集体行为的影响。这种集体行为主要是通过向供应链节点企业传达某种信息来决定各组成节点企业的行为（赫尔曼·哈肯，2013）。供应链节点企业在面对某一行为决策时总会面临着做与不做的抉择问题。正如哈肯在其著作《协同学：大自然构成的奥秘》中指出的那样，对于同一个问题，我们往往会有两个完全等价的答案。哈肯称其为感觉对称性。感觉对称性的打破需要有额外的外部信息（赫尔曼·哈肯，2013）。也就是说，供应链在运作过程中各成员在行为选择时为了打破感觉对称性，供应链各节点企业需要根据额外信息来帮助自己做出决策，这个额外信息对处于相同环境下的供应链来说是由其所处集体也就是其所在供应链的运作特点来决定的。而一般情况下，不同类型供应链其特点是不同的。这也就决定了不同类型供应链其序参量必然是不同的。

三、不同类型供应链序参量差异分析

不同类型供应链的不同特点决定了不同类型供应链的序参量必然存在差异。表 4-2 显示了三种不同类型供应链的特点。

表 4-2　三种类型供应链的比较

比较项目	效率型供应链 （精益、推动）	混合型供应链	反应型供应链 （敏捷、拉动）
目标导向	成本，持续改善，准确预测需求	成本与速度相协调	服务，速度，时间，对无法预测的需求实现快速响应
产品生命周期	长（>2 年）	较长，多处于成熟期阶段	短（3 个月~1 年）
制造核心	保持高的平均利用率，大规模生产	大规模生产与小批量生产方式相结合	保持生产柔性，小批量生产或大批量定制
客户购买驱动因素	成本	成本及产品可得性	产品可得性
信息技术	一般配置	中等配置	较高配置
产品设计策略	物理成本最小化，绩效最大化	组件化、模块化设计，尽量能延迟差异	灵活设计产品，满足多样化需求
供应提前期	在不增加成本的前提下缩短提前期	组建层次与效益型供应链相似，产成品层次与反应型供应链相似	大力投资于缩短提前期
需求预测	准确度高，偏差小于 10%	成品需求易于预测，零部件需求预测较难	难以准确预测，误差大于 50%
库存策略	高周转率，最小化库存	延迟产品差异，最小化功能组建库存	部署好原料、中间件和成品的缓冲库存
供应商选择方法	以成本和质量为核心	根据供应商所在供应链中的位置不同，其要求也不同	以速度、柔性、质量为核心

通过表 4-2 可知，效率型供应链以质量和成本为目标，适合于需求明确、产品种类较少、设计变动小且产量较高的环境。效率型供应链强调物理成本最小化，其关键是消除浪费，实现精益化运作。效率型供应链需要消除的浪费是多方面的，不只是热量和能源的浪费，还包括人力资源潜力浪费，环境污染浪费，不必要的管理浪费及不恰当的产品设计浪费等。在整个物流管理过程中，应该尽量消除这些浪费，从而使供应链达到精细化。效率型供应链序参量更加侧重于实现成本的降低及对需求的预测等。

反应型供应链与效率型供应链相比，是一个非常复杂的过程。它既需要整个供应链保持一定的敏捷性，又需要供应链运作过程具有一定的柔性。反应型供应链要求供应链各节点企业能动态而持续、快速地响应市场多变的要求，从而减少市场调节成本，是客户驱动的供应链。反应型供应链所面临的产品需求不确定性较高，它采用先进的管理、制造和通信技术，与主要的供应商、分销商、零售商和目标客户密切协作并维持良好的合作关系，共同完成产品设计、采购、销售和技术革新等经营管理活动，以确保顾客满意，并不断改善供应链绩效。反应型供应链以时间、速度和服务为目标导向，强调对市场需求的响应速度。如何有效地压缩整个供应链运作的时间，对反应型供应链运作至关重要。对于反应型供应链来说，供应链柔性、供应链的产品创新能力等将会成为主宰供应链运作的关键因素。

混合型供应链是指为生产一种产品而在设计、采购、制造或销售过程中的效率型供应链与反应型供应链并存的现象。混合型供应链的功能和性质介于效率型供应链和反应型供应链之间，因而它拥有两方面的优势。混合型供应链的生产方式是按订单生产，通过延迟产品差异，实现大规模定制。混合型供应链的具体做法是：在接到订单之前，根据历史数据存储必要的原材料并进行初步加工，以形成组件化半成品，从而实现规模效应；在接到准确订单之后，再根据客户的具体要求进行最后的加工和组装，从而实现个性化定制服务和生产，提高客户满意度。混合型供应链有效地协调了成本与个性化服务的关系，适合于产品种类组合确定、需求订单较稳定、个性化需求较明显、产品形式（款式）多变的环境。因此，混合型供应链运作更加注重供应链的重构等。

第四节　不同供应链类型下各生命周期供应链序参量差异

随着供应链管理与企业创新、客户生命周期、项目生命周期等日渐成为新兴热点，众多学者越来越重视生命周期理论在管理应用界的探索性研究。虽然已有学者开始尝试将生命周期理论应用在供应链管理中，但是由于我国供应链发展还处于初级阶段，学者们的研究相对较晚。所以针对供应链生命周期的研究较少，并且已有的研究主要集中在阶段的划分和各阶段的特征上。很少有学者对供应链生命周期是如何演进的，其演进的机理是什么及供应链生命周期对供应链序参量有何影响、不同阶段序参量具有怎样的差异等进行研究。良好的供应链管理能促进整个供应链及供应链上节点企业的健康发展，其演进过程的研究对供应链的管理具有重要的参考作用（赵盼红，2012）。本节将结合供应链生命周期理论研究特定类型供应链在不同生命周期的序参量的差异。

一、供应链生命周期的界定和特征

系统论的观点认为，无论是自然系统还是社会系统，都会经历形成、成长、成熟和衰退的过程。从组织形态的角度来看，供应链作为一种组织形式，它会长期存在，但对于某一个具体的供应链而言，它会经历发生、发展和消亡的过程，即供应链具有生命周期。借鉴产品生命周期和企业生命周期的研究范式，供应链的生命周期可划分为形成期、成长期、成熟期和衰落期四个阶段，如图4-4所示。供应链生命周期本身不是对它存在时间长短的描述，而是对它的灵活性、成长性及其给节点企业带来竞争性的本质的揭示。

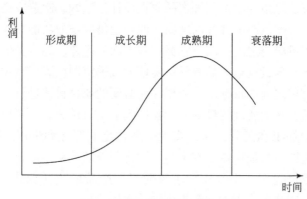

图 4-4　供应链生命周期曲线

（1）形成期

在这个阶段，由于供应链所处的行业处于新生阶段，市场增长率较高，需求增长较快，技术变动较大，行业中的客户主要致力于开辟新客户、占领市场，但此时技术上有很大的不确定性，在产品、市场、服务等策略上有很大的余地，对行业特点、行业竞争状况、客户特点等方面的信息掌握不多，企业进入壁垒较低。在这种情况下，各企业为有效整合资源，会依据企业所面临的经营环境，主动寻求合作伙伴，明确分工，确定核心企业，形成供应链。

（2）成长期

在这个阶段，市场需求进一步扩大，更多的企业进入，技术渐趋稳定，分工逐渐细化，供应链内企业由起源孕育期的企业内部分工转向企业间分工，行业特点、行业竞争状况及客户特点已比较明朗，专业化程度进一步提高，产品品种及竞争者数量增多，逐渐形成环环相扣、联系紧密、纵横交错的网链结构，企业进入壁垒提高。

供应链的节点企业之间存在产品供需关系，且各个节点企业实力相当，因此供应链一旦形成，就会快速发展，各个节点企业间的合作关系不断深入，彼此之间的信任机制不断加深，合作范围不断扩大，利益分配和风险分担机制也不断走向完善。在供应链的成长期，供应链的整体优势得到充分体现，各节点企业的成本都会显著下降，客户的满意度明显提高，整体收益快速增加。

（3）成熟期

在这一时期，市场增长率不高，需求增长率不高，技术上已经成熟，行业特点、行业竞争状况及客户特点非常清楚和稳定，买方市场形成，行业盈利能力下降，新产品和产品的新用途开发更为困难，行业进入壁垒很高。

伴随着供应链的不断发展，在成熟期各个节点企业间的关系趋于完善，供应链的成本趋于稳定，整体收益维持在较高的稳定水平，各节点企业间的利益分配和风险分担基本完善解决。

（4）衰落期

在这一阶段，市场增长率下降，需求下降，产品品种及竞争者数目减少。本书研究的供应链是以节点企业为主体，围绕核心企业的核心产品形成供需网络。因此，当核心产品的生命周期走向衰落的时候，以该产品形成的供应链最终会走向衰亡。

当然，供应链生命周期在运用上有一定的局限性，因为生命周期曲线是一条经过抽象的典型曲线，各行业按照实际销售量绘制出来的曲线远不是这样光滑规则，因此，有时要确定行业发展处于哪一阶段是困难的，识别不当，容易导致战略上的失误。而影响供应链演化的因素很多，关系复杂，整个经济中的周期性变化与某个行业的供应链生命周期变化也不易区分开来，因此，应将供应链生命周期分析法与其他方法结合起来使用，才不至于陷入片面性的分析。

每个类型的供应链必然含以上四个生命周期阶段，同一种类型的供应链处在不同的生命周期阶段其序参量是有差异的，同时不同类型的供应链处在同一个生命周期阶段其序参量也是不同的，某种程度上来说，只是某个阶段和某个类型下的不同供应链，所以其发展和进行转变所需的支配力量必然会不同，还有就是在不同载体上面孕育出来的序参量也必然是不同的。因此，下文对不同类型供应链下各生命周期阶段的供应链的序参量的差异进行分析。

二、供应链生命周期对序参量的影响

根据哈肯教授的协同学理论，系统表现无序性，归根结底是因为其中存在着使系统表现不同状态的多种因素，这些因素相互竞争，没有哪一种能取得压倒性的优势。但若客观条件达到某个关节点，也叫临界点，则往往只剩下两种（甚至多种）因素势均力敌，难分上下，这时再加上某种偶然因素的作用，就可以使天平倒向一边，压倒所有对手，掌握全局，而使相应的状态脱颖而出，这就是自组织过程，是在一定客观条件下自发产生的，掌握全局的因素则是序参量。

序参量是系统中少数的状态参量，它们处于系统的上层，变化缓慢却控制着整个宏观系统的演进，使系统从无序向新的有序演进。供应链作为一个宏观系统，在其演进过程中，经历形成期、成长期、成熟期和衰落期四个阶段。在这个过程中，会受到少数序参量的控制，影响自身的发展方向和程度，也就是会影响供应链演进的速度和模式。总体来说，序参量支配子系统，子系统服务于序参量。供应链生命周期对序参量的影响体现在以下几点。

（1）供应链生命周期是序参量的"临界涨落"条件的直接体现

只有系统达到"临界涨落"时，序参量才会适时抓住这个机会，控制系统的演进，使系统从一种状态向另一种状态转换。供应链作为一个系统，具有复杂性、动态性、面向客户需求和交叉性的特点，在不同的生命周期阶段中，其这些特点表现不同，给序参量造就的临界环境也就不同，体现比较明显的就是供应链生命周期阶段。在不同的生命周期阶段，供应链会形成不同的系统涨落条件，而序参量需要在一定的环境下才会脱颖而出，这样使状态参量间的竞争会因为条件的不同而不同，不同的条件下，从状态参量脱颖而出的序参量是不同的。总体来说，就是序参量的形成并发挥主导作用是有条件的，而这个条件的直接参与者就是供应链的生命周期这个大环境。因为和产品生命周期相似，在供应链生命周期的不同阶段，序参量之间的特征是明显不同的，其产生条件必然也存在差异（毛雨，2007）。

（2）供应链是外界对序参量施加影响的直接载体和依据

系统发展需要对环境有利的因素，也就是说，系统从低级有序向高级有序演进的过程中，是需要有利的外界环境因素的。虽然说系统的自组织过程是自发地产生的，但也是在一定客观条件下产生的（赫尔曼·哈肯，2013）。根据普利高津的耗散结构理论，自组织过程通常需要与外界有能量交换或物质交换，或二者兼而有之。本书认为，通过对所选择的序参量施加管理，可以影响供应链向组织期望的方向发展，并且要把握以下两点：一是在供应链处于临界点附近时要创造好条件，有意识地促使供应链向组织所期望的某一方向发生涨落；二是在供应链处于临界点附近要注意控制，及时控制状态参量的变化。在实现低级有序向高级有序跃进后，要做好后续工作，继续强化序参量使其产生自组织效应，进而使供应链达到新的稳定有序（黄晓伟，2010）。

（3）供应链各要素的改善反作用于序参量（刘建波和李柏洲，2005）

根据马士华对供应链的定义，供应链是一个网链结构，由围绕核心企业的供应商、供应商的供应商和客户、客户的客户组成。每一个企业都是供应链网链上的一个节点，相当于组成供应链的各要素，这些要素的改善能够反作用于供应链的序参量，从而促进供应链的有序演化。信息是系统自组织程度（有序度）的度量。开放的系统从环境中引入负熵，也就是以供应链上的各要素为载体引入信息，打破平衡，产生了"分支"和"突变"，使供应链从一个稳定状态转变到另一个稳定状态，从某一个稳定分支进入到另一个稳定分支（伍硕，1999）。这个原理用到供应链同样合适，说明信息的引入使供应链的序参量产生了变化，而供应链序参量的变化使供应链原有的平衡状态产生了变化。

三、不同生命周期供应链序参量差异分析

在系统内部，各个变量对系统的影响不同，当系统从无序走向有序或者从低级有序走向高级有序时，就会出现少数变量支配多数变量的情况，最终由这些少数变量决定着系统的演化方向，这就是协同学理论的役使原理。通过役使原理可知，在供应链演化的过程中，只要抓住这些少数变量，就能逐渐地找到供应链各生命周期的序参量。但是影响供应链演化的因素很多，并且每个生命周期阶段存在不同程度的差异。

每个演化过程对系统环境的要求不同，其演进的影响因素存在不同程度上的差异，导致不同阶段的序参量存在不同，这样供应链才得以划分不同阶段的生命周期及在临界状态被序参量支配从而演化。在供应链从一个阶段演化进入另一个阶段时，就会存在临界点。上文中将供应链的生命周期划分为四个阶段，因此其存在三个临界点，即从形成期进入到成长期，从成长期进入成熟期，从成熟期进入衰落期。在这三个临界点中，少数的序参量起到支配作用和决定作用，它们通过控制外部序参量的方式创造一种有利于向供应链序参量有序方向演化的条件和机会，从而把握整个供应链发展的方向。可以将供应链生命周期演化过程看成无序→低级有序→高级有序→低级有序→无序解散，或者因为供应链能很好地引导有利序参量，应对威胁序参量，从而使供应链焕发"第二春"，出现过程为无序→低级有序→高级有序→低级有序→高级有序→低级有序→无序解散，或者为无序→低级有序→高级有序→高级有序→低级有序→无序解散。但是为了研究供应链的整个生命周期，同时供应链生命周期的最终走向就是死亡，这里就不考虑其循环过程。供应链生命周期的演化如图4-5所示。

无论供应链是有序状态还是无序状态，都是多种因素共同作用的结果。在供

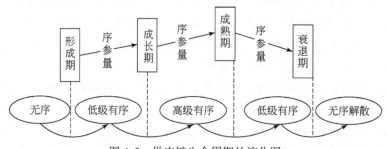

图 4-5 供应链生命周期的演化图

应链生命周期的每个阶段中，都存在很多因素影响其发展和演化，这些因素也叫状态参量。不同的参量在供应链演化临界点的作用不同：有的衰减很快，对整个供应链演化没有明显的影响；有的衰减缓慢，决定了供应链演化的进程，也就是上面所说的序参量。哈肯根据参量变化的快慢将它们分为快弛豫参量和慢弛豫参量。通过文献研究确定一个序参量集，并对供应链不同生命周期的序参量的差异进行简单分析，为下文第五节的序参量识别打下基础。

在供应链演化发展的不同阶段，因为序参量的产生是因为供应链的子系统间的非线性相互作用和涨落诱发的，非线性相互作用和涨落是其形成的本质原因。在供应链形成初期，系统处于混沌无序状态，这时非线性相互作用和涨落诱发序参量的形成；当供应链发展到一定稳定状态时，供应链的序参量往往已经形成，且具有一定的稳定性，这时非线性相互作用和涨落对已有的序参量具有影响阈值而改变其支配作用的影响；当供应链达到临界值状态时，也就是到了供应链生命周期某一阶段向另一阶段转化时，非线性相互作用和涨落又会诱发新的序参量形成，从而使供应链实现生命周期阶段的转化。

序参量产生的本质从一定程度上表明供应链发展的不同阶段中序参量之间存在差异。因为正是非线性相互作用和涨落在不同阶段的不同作用，诱发了不同的序参量，从而不断地推动供应链从低级有序向高级有序循序渐进的发展。从序参量产生的本质可以得出，不同供应链生命周期阶段的供应链的序参量是不同的，因为不同阶段的供应链可以看成是存在差异的系统，以致系统内的非线性相互作用和涨落诱发的序参量必然是有差异的。

上文通过文献研究法研究得出影响供应链生命周期演进的状态参量，可以看出，在供应链生命周期的不同阶段，影响其演进的序参量是不同的，很多学者的研究都验证了这一点，那么到底存在什么样差异呢？对此本书进行了简单的分析。差异可以分为以下两种类型：一类是不同供应链生命周期阶段的序参量不同，如资源要素这个状态参量，在形成期的作用微乎其微，而在其他三个阶段则作用很大。另一类是某个或者某几个序参量影响着整个供应链生命周期的所有阶段，但是对每个阶段的影响大小不同，也可以说是影响的权重不同，当选取的序参量的数量变少时，它们则会沦为状态参量而不是序参量，这也是产生第一类差异的原因。但是供应链各生命周期存在的序参量差异具体是什么，差异的程度等，在下文第五节中将会详细阐述。

第五节　供应链序参量识别

鉴于序参量对供应链自组织演化的重要作用及供应链序参量的动态性，有必要对特定供应链中的序参量进行识别。

供应链序参量能够体现供应链的宏观结构，在供应链自组织演化过程中贯穿其中，并一直起支配作用，支配供应链节点企业协调与合作。它不仅对整个系统有重要影响，而且对供应链中的其他影响参量也起一定的支配作用。因此，供应链序参量是影响供应链状态大小与变化的决定性因素，供应链序参量识别实际上是对供应链协同决定性因素的识别。

系统的状态参量是系统状态大小与变化的呈现，根据评价理论，在对系统状态进行评价时，一般会通过状态参量进行评价，各状态参量的权重系数体现了各状态参量对系统状态的决定程度，系统状态参量系数结构的变化对应于系统状态变化。对供应链序参量的识别也可以认为是对供应链协同未来发展的决定因素的识别。

系统中的主成分是系统成员中能够对系统具有最典型代表的集合，其代表系统发展的宏观模式，能够反映系统的个性特征。因此，供应链主成分下的序参量能够代表供应链的宏观发展模式，能够反映供应链的个性特征。供应链序参量的识别首先需要对供应链的主成分进行识别。供应链是一个复杂的系统，其往往包含制造商、分销商、零售商等众多的节点企业，本书将每个制造商、分销商及零售商作为供应链的子系统。供应链下会有多种主成分，但是究竟哪种主成分能够对供应链最具有代表性，其序参量最能够支配供应链未来的发展还需要进一步进行确定。

系统中有多少个主成分就代表系统中有多少种与之对应的各状态参量的权重系数结构。此外，系统中还存在着一种理想状态下的状态参量权重系数结构，也就是能够被系统成员广泛接受的权重系数结构，这一权重系数结构能够充分考虑每个成员的优势特征，同时又能平等的对待每个成员的优势特征。例如，某一主成分权重系数结构与理想状态下权重系数结构越相似，说明在该主成分下系统所属群体中所有成员都在发挥自身优势的同时，朝着群体共同价值趋向努力，以使自身的努力得到群体成员的广泛认同。因此，可以认为状态参量结构与理想状态下状态参量结构最相似的主成分是系统最具有代表性的主成分，其状态参量结构中权重系数最大的状态参量最能够支配系统及各子系统的发展，可以认为其是供应链的序参量。

总结以上分析，要进行供应链序参量识别，首先要识别出供应链最具代表性的主成分，而主成分的构成是与供应链状态参量结构权重系数相对应。所以，供应链序参量的识别是从状态参量的识别开始的。

第五章 | 供应链状态参量识别

状态参量是系统在每一确定时点的状态变量，不仅用于描述系统在功能和结构方面的变化，而且刻画了系统的运用程度和实现系统协同目标的能力。供应链作为复杂系统，其状态参量多种多样，若要确定供应链协同的序参量首先应对供应链协同的状态参量进行分析。

第一节　供应链状态参量选取原则和识别方法

一、选取原则

供应链状态参量选取时应遵循科学性、可行性、整体性、层次性及特殊性原则。

（1）科学性

状态参量选择的科学性直接关系到分析的准确性和可靠性。供应链状态参量的选择要能够真实反映出供应链及其子系统的运作现状和存在问题，科学地分析出供应链及其子系统的协同情况。

（2）可行性

供应链状态参量纷繁复杂，涉及很多方面，因此，选择供应链状态参量的必须抓住重要的方面。选取关键状态参量，同时要坚持简单的原则，又要确保有效性，供应链状态参量应简单易懂，便于获取，要用最简单的状态参量体系反映最真实的状况，内容简洁明晰，避免产生误解和歧义，要能够完整地反映供应链及其子系统的特性。

（3）整体性

选择描述整个供应链的协同状态和特性的参量不能从单个部门或单个节点出发，也不能仅用某一个方面的参量进行衡量，而是要将整个供应链作为一个整体、一个系统，用多个状态参量从多个方面进行衡量。

（4）层次性

任何复杂的系统及系统的状态参量都是有层次的，各个层次间既相互区别又相互联系。各个层次的系统之间相互影响和相互作用，从而演化为高层次的系统，而这些高层次系统再相互影响相互作用，则可以形成更高层次的系统总体。

（5）特殊性

供应链及其子系统运行中的一个典型特点是存在效益悖反关系，不同子系统之间可能在目标、运作上存在冲突。因此，在构建系统综合评价的状态参量体系时，应充分考虑系统协同的特殊性。

二、识别方法

供应链状态参量识别主要采用文献研究及专家访谈的方式。通过文献阅读获取供应链协同初始状态参量，并邀请专家对供应链状态参量进行进一步的筛选及补充。

（1）文献研究

通过对国内外相关领域的文献进行查阅、整理及分析，获取供应链协同初始状态参量。

（2）专家打分

邀请15位供应链和物流领域的专家对通过文献获得的供应链协同状态参量体系里的状态参量进行打分评价，将获得60%以上认可率的状态参量保留。

（3）状态参量体系的修正

邀请20位企业供应链管理方面的管理人员对供应链协同管理状态参量体系中各个状态参量的重要性程度进行打分，根据获得的调研数据对该状态参量体系进行信度和效度分析，将不合理的状态参量剔除，获得供应链协同状态参量体系。

第二节　不同类型供应链状态参量分析

一、效率型供应链状态参量

效率型供应链强调成本的降低及质量的提高。效率型供应链的成功实施需要多方面的条件：供应链核心企业坚持以降低成本为导向，要有强大的需求管理能力，消除浪费的决心和措施，产品模块化、流程标准化的设计能力，强大的供应链整合能力（为获得成本和速度优势），营造善于合作和创新的文化氛围的能力等。通过文献研究，总结出效率型供应链实施过程中的关键要素分析的结果，并将其作为效率型供应链的初始状态参量。

刘北林和倪娟（2008）在《零售商主导的效率型供应链信息共享的价值研究》一文中建立了信息共享的模型，证实了良好的信息共享机制使信息沟通充分、准确、通畅和及时，并能够有效提高效率型供应链的运作效率，也可以使供应链获利更多。其中，效率型供应链共享的信息主要是指为了使成本实现最小化而进行协调产生的信息，其传递更多的是供应链内部的信息，包括产品需求信息、库存信息、实现持续补货所需的信息等。

娄朝晖（2008）在《新产业模式：效率型供应链的响应性问题解决之道》中指出，效率型供应链在实施过程中高度依赖核心企业依据需求预测信息制定的主生产计划，整个链网驱动力和信息指令均来自核心企业。效率型供应链讲究成本最小化，因此，准确掌握市场需求信息，依据精确的需求信息来帮助供应链进行生产运作对效率型供应链至关重要。通过市场信息的准确预测，效率型供应链能够有效了解产品市场需求信息，从而实现规模化生产及较高的库存周转率，进而达到节约成本的目的。

李春富（2011）在《基于自组织的供应链动态协同》一文中也指出，效率型供应链注重用标准化与准时化的秩序规范每一个节点企业的行动，供应链节点企业在核心企业规定的运作体系、评估体系和控制体系下有序运转。核心企业在效率型供应链中是运作规则的制定者，其制定的行为准则的规范性对于供应链运作具有重要影响。由此可以看出，供应链核心企业的能力对规范整个供应链的行为有重要作用。强大的核心企业能力能够有效整合供应链合作节点企业，通过目标一致性、企业文化一致性以及信用等的认同，实现供应链的有效整合，从而实现供应链运营成本最小化。

索永旺和倪雁冰（2007）在《效率型供应链中制造企业供应商选择的研究》一文中指出，效率型供应链主要针对功能型产品，市场需求比较稳定，产品生命周期长，目的是协调物料流，使库存最小化，最终获得供应链上制造企业的效率最大化。效率型供应链侧重于成本低、质量稳定、按时交货，因此，供应链整体的物流水平对效率型供应链运作也有重要影响，对供应柔性和创新能力要求则相对较低。

效率型供应链注重降低成本、高质量，对供应链核心企业的整合能力、市场需求预测能力要求较高，供应链上各节点企业之间良好的信息共享、知识共享、共同决策及合理的利益分配机制能有效提高供应链运作效率，供应链的组织结构形式和整体的物流水平及技术改进等有效支撑了效率型供应链的高效运作，帮助实现供应链协同的目的。

二、反应型供应链状态参量

反应型供应链更加侧重于对客户需求的快速响应。因此，供应链的创新能力、供应链柔性等是评价反应型供应链的关键因素。

娄筑琴（2009）在《试论快速反应型供应链的构建问题》一文中指出，信息流是构建快速反应型供应链的关键。耿雪菲（2009）在《按单生产供应链运作关键问题研究》中也指出，信息平台作为供应链内部组织之间的连接使各组织协同运作成为可能，它对整个供应链的运行发挥着引导和优化作用，从而获得最大的供应链竞争优势。由于信息流直接影响其他关键要素，所以它是供应链性能改进中最重要的要素，信息流的管理为供应链节点企业响应更快、效率更高提供保证，信息技术的发展改变了节点企业供应链管理的模式。通过信息实时传递给供应链上所有节点企业，一方面，减少传统链式信息流模式在节点上的等待时间；另一方面，通过信息的实时共享，在相关协议下，供应链各环节实行交叉协同作业，使节点企业间的伙伴关系更加密切，从而实现缩短供应链响应时间的目的。与效率型供应链一样，反应型供应链对信息流进行良好把控的重要方法便是通过信息共享。但是与效率型供应链不同的是，反应型供应链传递的信息主要是为了实现快速响应而进行协调产生的信息，传递的更多的是供应链外部即外部市场信息，这些信息主要是供应链与外部市场之间协调而产生的。

李春富（2011）在《基于自组织的供应链动态协同》一文中指出，持续响应供应链注重保持良好的客户关系，提升供应链节点企业的凝聚力；供应链节点企业通过默契的配合、精诚的团队合作进行无缝衔接实现协同。反应型供应链运作需要良好的供应链合作伙伴关系。供应链合作伙伴关系一般是指在供应链中两个独立的企业个体为了达到某一特定目标和利润而相互维系的一种关系，两个个体通常为供应商和买方（客户），同意在一定的期限内分享彼此的信息并共同承担风险，通过降低成本、减少存货来提高双方在财务或运作上的绩效（Vokurka，1998）。企业之间建立供应链合作伙伴关系之后，供应商、制造商和分销商通过协商来解决产品设计、生产、零配件的供应及销售和配送中的问题，使合作各方都受益（马新安等，2000）。供应链合作伙伴关系的建立不仅能缩短新产品上市时间、降低生产成本、增加客户满意度，而且制造商还会帮助供应商更新生产和配送设备，加大技术改造的投入，提高配送质量等，从而使供应链能够对市场需求做出快速反应。

张云波（2004）在《面向敏捷制造的供应链柔性管理》中指出，改善和提高供应链的柔性是实现快速反应的基础和根源，不具有柔性的供应链是不可能实现快速反应的，而具有良好柔性的供应链能够从容应对外部环境的变化实现快速反应，在竞争中取胜。因此，供应链柔性也是反应型供应链的重要特征。

David 和 Richard（2002）提出，敏捷供应链的核心思想是动态联盟的形成。通过知识共享，供应链网络可以实现更有效的对接，使各个合作伙伴都像各个链条一样紧密地结合在一起，在充分利用各种资源基础上，发挥各自企业的核心竞争力，快速响应市场经济发展的需求，满足客户灵活多变的定制化要求。吴迪（2007）提出，知识及其流动日益成为约束反应型供应链的整体运作效率的关键。因此，知识共享也是反应型供应链的影响因素。

邓洁（2008）在《需求不确定下响应型供应链研究》一文中指出，信任机制对供应链的快速响应有重要作用。在相互信任的环境下，合作双方都能以共同利益为目标，改进运营的措施更易于执行，也能够使共享信息更加详尽和全面。

周丹路（2007）在《需求响应型供应链管理在体育用品行业中的应用研究》一文中指出，协同合作是打造需求响应型的关键。通过协同合作能及时发现预测信息等的矛盾并进行修正预测。

任玮和赵沛桢（2007）指出，反应型供应链是在易变的市场条件下使用高新技术、市场信息及虚拟组织以发掘可获利的机会，以需求为基础而运作的供应链。因此，技术要素也是敏捷型供应链运作的关键之一。

Power 等（2001）在 *Critical success factors in agile supply chain management-An empirical study* 中，通过对企业的实际分析，指出供应关系、持续改进能力、技术的应用也是影响敏捷型供应链管理成功的关键因素。

樊磊（2012）指出，供应链资源整合使用能力及供应链收益分配机制两个因素也会对敏捷型供应链产生重要影响。供应链资源整合使用能力关系到敏捷供应链在资源整合使用方面的速度，这个因素通过影响供应链对需求资源的整合速度、使用资源设计新产品的速度、生产产品的速度来影响敏捷供应链的响应速度。供应链收益分配机制通过影响各单位企业的满意度、再次构建合作关系的可能性与积极性两个方面影响供应链的响应速度。如果各单位企业对供应链的收益分配机制满意度较高，则他们在供应链运作过程中表现出来的积极性就高，能够配合供应链上其他企业的生产经营活动，从而提升供应链整体的运作效率；科学合理的收益分配机制也有利于提升各单位企业在新市场需求下再次构建合作关系的可能性与积极性，影响供应链重建周期。

此外，反应型供应链一般以动态联盟组织的形式进行运作，动态联盟组织方式本身决定了其包含很多不确定性因素，这些因素可能导致动态联盟组织的解体，使反应型供应链无法按照预定的速度完成市场需求。因此完善的风险管理体系是动态联盟组织顺利运行的保障，也是反应型供应链快速响应市场需求的必要条件。反应型供应链要求供应链能够实现对客户需求的快速反应，因此，能够根据客户需求快速开发出产品是实现对客户需求快速响应的必备条件。良好的产品研发创新能力能够保证供应链实现对客户需求的快速响应。

三、混合型供应链状态参量

混合型供应链的实施有许多条件：首先，成品要能拆分成若干个独立的部分，或者工序流可以被有效地分割，这就需要供应链具有产品组件化、模块化的再设计能力，或者调整原有的工艺顺序，有效调节推拉边界的位置；其次，企业高层的支持、组织重组和供应链重构的能力、提升员工及下游合作者的客户服务技能和灵活性等也不可或缺。从目前形势来看，混合型供应链的应用范围越来越广，其生命力也不断提高；最后，混合型供应链运作与效率型供应链及反应型供应链一样，同样需要良好的信息共享机制。混合型供应链共享的信息与前两者不同，在其解耦点前主要侧重于内部信息的传递，解耦点后主要侧重于外部市场信息的传递。

由此可知，混合型供应链运作关键为产品模块化的再设计能力、组织重组和供应链重构的能力及良好的信息共享机制。

此外，张令荣（2011）在《供应链协同度评价模型》一文中，通过对国内外诸多学者的研究成果的研究，认为供应链的组织结构形式、技术改进、信息共享、共同决策、合理的利益分配、知识创新会对供应链协同运作产生非常关键的影响。胡建东和平海（2010）在《基于自组织理论的供应链协同管理》中提到，伙伴忠诚度、流畅的信息沟通、公平的绩效考核及整体物流水平等都是比较关键的参量。

因此，本书将这些指标作为三类供应链的共同状态参量。

四、不同类型供应链状态参量体系构建

通过上述分析，将可能对供应链协同产生影响的因素称为状态参量。也就是将上述总结出来的对不同类型供应链产生影响的因素，称为状态参量。基于不同的供应链类型其状态参量见表5-1。

表 5-1 不同类型供应链状态参量

状态参量	效率型供应链	混合型供应链	反应型供应链
共同状态参量	战略目标一致性	战略目标一致性	战略目标一致性
	组织结构形式	组织结构形式	组织结构形式
	整体物流水平	整体物流水平	整体物流水平
	知识共享	知识共享	知识共享
	共同决策	共同决策	共同决策
	技术改进	技术改进	技术改进
	利益分配机制	利益分配机制	利益分配机制
	激励机制	激励机制	激励机制
	信息共享（内部）	信息共享	信息共享（外部）
	基础设施投资额	基础设施投资额	基础设施投资额
差异状态参量	市场信息预测能力	产品模块化的再设计能力	资源整合能力
	核心企业能力	供应链重构能力	合作伙伴关系
	—	—	产品研发创新能力
	—	—	持续改进的能力
	—	—	风险管理体系
	—	—	供应链柔性
	—	—	信任机制
	—	—	竞争能力

在文献研究的基础上，获得 18 个初始状态参量。邀请 15 位供应链管理及物流管理领域的专家对 18 个状态参量进行进一步的筛选、补充及归类，并计算专家对状态参量的认可度，专家认可度在 60% 以上的状态参量保留，其余状态参量直接剔除。

以三种类型供应链为例，其各状态参量的专家认可度见表 5-2。

表 5-2 三种类型供应链各状态参量的专家认可度 （单位:%）

效率型供应链		混合型供应链		反应型供应链	
状态参量	专家认可度	状态参量	专家认可度	状态参量	专家认可度
共同状态参量 战略目标一致性	90	战略目标一致性	85	战略目标一致性	95
组织结构形式	75	组织结构形式	70	组织结构形式	75
整体物流水平	80	整体物流水平	75	整体物流水平	80
知识共享	57	知识共享	60	知识共享	59

效率型供应链		混合型供应链		反应型供应链	
	状态参量	专家认可度	状态参量	专家认可度	状态参量	专家认可度

	状态参量	专家认可度	状态参量	专家认可度	状态参量	专家认可度
共同状态参量	共同决策	80	共同决策	85	共同决策	80
	技术改进	80	技术改进	80	技术改进	85
	利益分配机制	85	利益分配机制	80	利益分配机制	85
	激励机制	80	激励机制	85	激励机制	80
	信息共享（内部）	90	信息共享	90	信息共享（外部）	95
	基础设施投资额	80	基础设施投资额	79	基础设施投资额	80
差异状态参量	市场信息预测能力	85	产品模块化的再设计能力	55	资源整合能力	80
	核心企业能力	90	供应链重构能力	56	合作伙伴关系	85
	—	—	—	—	产品研发创新能力	90
	—	—	—	—	持续改进的能力	56
	—	—	—	—	风险管理体系	40
	—	—	—	—	供应链柔性	80
	—	—	—	—	信任机制	85
	—	—	—	—	竞争能力	80

通过表 5-2 可以看出，效率型供应链的知识共享，混合型供应链的知识共享、产品模块化的再设计能力、供应链重构能力，反应型供应链的知识共享、持续改进的能力和风险管理体系这些状态参量的专家认可度小于（或等于）60%，因此，将这些状态参量从构成供应链协同初始状态参量体系中删除。

第三节　状态参量体系检验与修正

一、问卷设计与数据收集

（1）问卷设计

为了对前面通过文献查阅及专家打分法获得的供应链协同初始状态参量体系进行信度和效度计算，设计供应链协同状态参量体系调研问卷并制定了调研方案，目的是收集专家对各个初始状态参量评价供应链协同状态的重要性程度的看法。为了保证数据搜集能够顺利进行，在问卷设计过程中采用类似于 Likert 五级量表的形式，为了使受访者能够认真方便地对问卷进行填写，问卷对相关概念进行界定。问卷邀请受访者根据其工作经验对各个初始状态参量评价供应链协同的重要性程度进行评价，其中"5"代表非常重要、"4"代表比较重要、"3"代表一般、"2"代表比较不重要及"1"代表非常不重要。考虑到受访者地理位置分布较广并且调研问题较多，采用邮件调研的方式进行调研。具体问卷见附录1。

（2）数据收集

供应链协同是一种跨组织的活动，因此，普通员工对供应链之间的协同的情况并不太了解。选择企业的中高层管理者为调研对象，通过电子邮件的方式向322家企业（包括供应商、制造商、零售商及分销商等）发放了问卷。经过一个月的时间，回收了248份问卷，其中16份无效问卷，232份有效问卷。考虑到问卷的长度及问卷是针对高层管理者的，因此72.05%的问卷回收率是可以接受的。

样本的描述性统计结果见表5-3～表5-5。

表5-3　企业所有制性质统计

项目	国有/国有控股	民营	外商独资	中外合资	其他
数量/份	75	81	41	35	0
比例/%	32.33	34.91	17.67	15.09	0

表5-4　企业在供应链中的角色统计

项目	供应商	制造商	分销商	零售商
数量/份	66	91	38	37
比例/%	28.45	39.22	16.38	15.95

表5-5　受访者职务

项目	高层管理者	中层管理者	基层管理者	普通员工
数量/份	162	70	0	0
比例/%	69.83	30.17	0	0

二、信度分析

信度分析又称为可靠性分析，主要是为了检验该状态参量体系在评价供应链协同状态时是否具有稳定性与一致性，即对同一个调查对象用同样的方法进行测量时所得到的结果是否一致。一致性越高，说明这组状态参量在解释和测量同一个概念，该题项的信度也就越好。运用 SPSS17.0 对收集到的 232 份有效问卷进行可靠性分析，采用 Cronbach 系数及 CITC（corrected item total correlation）值对其信度进行分析。通过文献，Cronbach 系数大于 0.7 表示是可接受的。CITI 值小于 0.5 且删除该题项后 Cronbach 系数会有显著提升则表明该题项应该删除。以反应型供应链为例，将其所有的状态参量按照层级划分为战略层、运作层和支撑层。其各个状态参量的 Cronbach 值及 CITC 值见表 5-6。

表5-6 反应型供应链协同状态参量的信度分析

维度	二级状态参量	CITC	Cronbach 系数
战略层	战略目标一致性	0.783	0.829
	合作伙伴关系	0.728	
	供应链柔性	0.498	
	竞争能力	0.471	
	共同决策	0.759	
运作层	信息共享（外部）	0.818	0.809
	利益分配机制	0.797	
	信任机制	0.782	
	产品研发创新能力	0.665	
	整体物流水平	0.696	
	激励机制	0.495	
	资源整合能力	0.774	
	技术改进	0.686	
支撑层	组织结构形式	0.452	0.747
	基础设施投资额	0.756	

由表 5-6 可知，战略层的供应链柔性、竞争能力，运作层的激励机制及支撑层的组织结构形式 4 项状态参量的 CITC 值都小于 0.5，且删除每个题项后 Cronbach 系数都有显著提升，因此，将这 4 项状态参量删除。供应链协同各个层面的 Cronbach 系数都大于 0.7，表明供应链协同状态参量体系的信度较高，该样本数据具有较高的内部一致性。

三、效度分析

效度分析是指对测量的有效性程度进行分析，也就是运用该状态参量体系测出供应链协同的程度。主要运用探索性因子分析法对初始状态参量体系的效度进行分析。探索性因子分析法主要需要对状态参量体系的收敛效度及区别效度进行测量。收敛效度是指相同维度里的状态参量彼此之间相关度高，区别效度是指不同维度里的状态参量，彼此相关度低。

在进行探索性因子分析之前，首先对这些维度的单维度性进行检验，由于支撑层只有一个状态参量，因此，只对战略层及运作层进行单维度性检验。运用SPSS17.0对收集到的数据进行 KMO Kaiser-Meyer-Olkin 样本测度，若 KMO 值大于 0.5，则证明数据适合做探索性因子分析。

供应链协同状态参量探索性因子分析结果如表 5-7 所示。

表 5-7　供应链协同状态参量探索性因子分析结果

维度	二级状态参量	因子载荷	KMO 值	解释比例/%
战略层	战略目标一致性	0.854	0.826	75.915
	合作伙伴关系	0.829		
	共同决策	0.796		
运作层	信息共享（外部）	0.805	0.824	71.532
	利益分配机制	0.854		
	信任机制	0.806		
	产品研发创新能力	0.812		
	整体物流水平	0.847		
	资源整合能力	0.828		
	技术改进	0.819		

通过分析可知，所有题项的 KMO 值均大于 0.5 的最低标准，因此该数据适合做探索性因子分析。运用 SPSS17.0 对数据做因子分析，所有层次的状态参量体系在主旋律分析中都只生成一个共同因子，而且每个共同因子的解释比例都在 60% 以上，说明该共同因子信息量提取较大；经过正交旋转后所有状态参量的因子载荷都大于 0.5。因此，可以看出数据具有较好的收敛效度及单维度性。

在对状态参量体系进行单维度性检验后，接下来需要运用探索性因子分析法对状态参量体系各个维度之间的区别效度进行检验。将 11 个二级状态参量放在一起，一并进行探索性因子分析。运用 SPSS17.0 对调研数据进行探索性因子分析可知，探索性因子分析的结果的 KMO 值为 0.845，表明调研数据适合做因子分析。采用最大化正交旋转的公因子提取方法，正交旋转后得到探索性因子分析结果。

区别效度分析结果见表 5-8。

表 5-8   区别效度分析结果

维度	因子载荷		
	因子 1	因子 2	因子 3
战略层	—	0.869	—
	—	0.901	—
	—	0.856	—
运作层	—	—	0.893
	—	—	0.925
	—	—	0.869
	—	—	0.912
	—	—	0.765
	—	—	0.854
	—	—	0.823
支撑层	0.759	—	—

注：仅显示因子载荷大于0.5。

探索性因子分析结果显示，在正交后，共提取出 3 个特征值大于 1 的因子，并且因子的累计解释方差变动为 78.965%；测量题项在因子上的载荷系数为 0.759～0.925，大于 0.5 的最低标准，这表明，各个状态参量之间具有较好的区别效度，应该保留所有的 11 个状态参量。

效率型供应链和混合型供应链的状态参量的检验方法和过程参考反应型供应链。

最终确定三种不同类型供应链的状态参量体系，见表5-9。

表 5-9   三种不同类型供应链协同状态参量

状态参量	效率型供应链	混合型供应链	反应型供应链
共同状态参量	战略目标一致性	战略目标一致性	战略目标一致性
	整体物流水平	整体物流水平	整体物流水平
	共同决策	共同决策	共同决策
	技术改进	技术改进	技术改进
	利益分配机制	利益分配机制	利益分配机制
	信息共享（内部）	信息共享	信息共享（外部）
	基础设施投资额	基础设施投资额	基础设施投资额

续表

状态参量	效率型供应链	混合型供应链	反应型供应链
差异状态参量	市场信息预测能力	—	资源整合能力
	核心企业能力	—	合作伙伴关系
	—	—	产品研发创新能力
	—	—	信任机制

第四节　不同类型供应链状态参量解释

一、共同状态参量解释

（1）战略目标一致性

战略目标一致性是指供应链节点企业通过完成供应链目标而完成自己目标的程度。它是供应链各个节点企业之间目标一致、目标兼容及合适的程度。在目标一致的供应链中，供应链节点企业要么认为他们的目标与整个供应链一致，要么认为他们的目标能够通过与其他节点企业完成供应链目标来实现。战略目标一致表明供应链协同要求供应链各节点企业在一定程度上相互理解，并且在公司属性、价值、信念及行为等方面具有一致性。供应链协同合作中，各节点企业清晰阐述自己的期望对供应链协同是很重要的。供应链节点企业应该共同商定一个供应链管理的愿景，并制定支撑该愿景的关键业务流程从而通过成果共享将企业联系起来。由于客户和供应商的需求和能力都与供应链的整合及战略相关，因此，应该将其也纳入企业的战略规划中。

（2）整体物流水平

指某个特定的物流网络，在处理订单、分拣货物、运输、存储、装卸、配送、分销、信息沟通等全过程中，所体现的工作效率、经济效益、优质服务、可持续发展等方面的实现能力，是对物流网络能力的定量和定性分析的结果，是对物流网络中人和物水平的一个综合评价。从供需平衡的角度考虑，物流水平高体现在物流服务能够较好地满足物流需求；反之，物流水平低体现在物流服务不能满足物流需求。这里所指的物流需求是指广义的物流需求，即指消费者、企业或政府对物流的量、质、速度、服务等方面的综合需求。

（3）共同决策

指在战略层、战术层和运作层面共同做出决策，使整个供应链的利益最大化。供应链管理战略层的决策问题包括供应链战略决策、供应链合作关系决策、供应链风险控制与决策、供应链利益风险决策及供应链绩效评价与决策等战略层决策过程，这些问题的同步决策会为供应链运营提供战略决策框架和行动指南（王华，2005）。共同决策体系体现供应链管理中信息的集成，并为各供应链管理中决策问题提供了一体化的解决方案。供应链管理战术层面的同步决策问题包括整合长期计划及相关的决策评估，如选择目标市场、产品分类、客户服务水平、促销和预测等。运作层面的整合则包括订单的生成和货物发送，如发送流程和补货计划等。节点企业间的同步决策有利于整合节点企业间的业务流程，使各个合作环节的业务对接更加紧密，流程更加通畅，资源利用更加有效。

（4）技术改进

指企业为了提高经济效益、提高产品质量、增加花色品种、促进产品升级换代、扩大出口、降低成本、节约能耗、加强资源综合利用和"三废"治理、劳保安全等目的，采用先进的、适用的新技术、新工艺、新设备、新材料等，对现有设施、生产工艺条件进行的改造。技术改进按改进对象的不同，可分为两大类，即对于产品的改进和对于工艺的改进。考虑到技术改进的基础条件，所需的资金投入力度和产生的效果，每类又可分为两个层次，即渐进式改进和革新式改进。因此，技术改进可以分为四种类型：产品渐进式改进、产品革新式改进、工艺渐进式改进、工艺革新式改进。

（5）利益分配机制

指供应链相关节点企业共同分享价格、风险和利益，目的是促进各节点企业从整体利益，而不是单个节点企业的利益来考虑问题。合作节点企业间的利益分配决策与风险控制是密不可分的，而合理的供应链利益分配策略的实施需要对合作节点企业进行有效的监督与绩效评价；绩效评价与决策有利于供应链结构的优化，为供应链经营过程重组提供客观依据，同时使节点企业间合作关系更加稳定可靠，利益分配与激励策略更加合理。

（6）信息共享

为决策制定者收集并及时发布相关信息，用于计划和控制供应链运作的行为，其目的是提高整个供应链的透明度，促进供应链各环节一体化、无缝对接运作等。信息共享能为决策制定者提供相关精确与及时的信息以支持决策，是协同战略或协同机制中不可缺少的组成部分。供应链节点企业通过信息系统紧密地集成在一起，实现数据的实时流通和信息共享，使节点企业间能更快、更好地彼此开展协作，响应对方的需求和变化。可以说，信息共享将使供应链上的节点企业更好地安排生产作业及库存配送计划，在降低成本的同时提高最终客户的满意度；信息共享将促进供应链中各节点企业的相互信任，有利于结成更为紧密的联盟来应对快速变化的市场需求并做出敏捷的反应（沈才良，2008）。简而言之，信息共享是供应链节点企业间协同合作、提高供应链绩效的重要基础。

（7）基础设施投资额

基础设施投资额是指供应链各节点企业为了实现供应链协同所投资的设施设备的总额，包括信息技术设施投资额、基础运作设施投资额等。

二、差异状态参量解释

（1）市场信息预测能力

指在市场调查取得一定资料的基础上，运用已有的知识、经验和科学方法，对市场未来的发展状态、行为、趋势进行分析并做出判断与推测。此处的市场信息预测能力主要是指对市场需求信息的预测。

（2）核心企业能力

指供应链中居核心位置的企业的综合能力，是该企业资源、知识、技能和管理系统有机整合和创新发展的结晶，而核心企业产品或服务所呈现的竞争优势特质是其外在表现。国内研究者经过归纳分析，得出核心企业能力主要有软资源、硬资源、经营管理能力、技术创新能力等（邓修权和吴旸，2003）。具体的核心企业能力构成要素见表5-10。

表 5-10　核心企业能力构成要素

分类		构成要素
资源类构成要素	软资源	技术
		知识
		企业文化
	硬资源	管理系统
		组织结构
		人员
	经营管理能力	市场营销能力
		决策能力
		协调运用各种资源能力
能力类构成要素	技术创新能力	组织/界面管理能力
		不断创新能力
		研究和开发能力
	其他能力	转化能力
		前线执行能力
		响应能力

（3）资源整合能力

指对不同来源、不同层次、不同结构、不同内容的资源进行识别与选择、汲取与配置、激活与有机融合，使其具有较强的柔性、条理性、系统性和价值性，并创造出新资源的一个复杂动态过程的能力。

（4）合作伙伴关系

主要指供应商-制造商关系，或者称为卖主（供应商关系）-买主关系、供应商关系。供应链合作伙伴关系可以定义为供应商与制造商之间，在一定时期内的共享信息、共担风险、共同获利的协议关系。

（5）产品研发创新能力

指供应链研究开发出新产品，满足或创造市场需求的能力，是企业的核心竞争力。从外在层面上，研发能力的强弱主要可以用一定时期内供应链所开发的产品数量及质量（如产品的创新性、市场占有率等）指标来衡量。研发出的产品数量越多、质量越高，企业的研发能力就越强。

（6）信任机制

指在其作用下，供应链节点企业面对不确定性带来的风险难以准确度量的情况时，会放弃追求个体效用最大化的理性选择，做出其他选择的一种机制。信任机制使"理性经济人"产生利他的动机，从而改变经济个体之间交易的效率。节点企业间的信任具有如下特征：相互性、风险性、预期性与依赖性、感染性、一贯性、双赢或多赢性、来源多元性。

|第六章| 供应链序参量识别

本章将构建供应链序参量识别模型。现有文献资料研究表明：供应链序参量识别的研究仍处于起步阶段，且现有研究多是定性研究，定量研究较少。其中，定性研究主要采用序参量原理法，定量研究主要采用绝热消去法、构建协同方程等方法。序参量作为描述自组织系统有序演化的主参量，是描述自组织系统有序演化过程的一个状态变量，这个状态变量能够反映系统的有序程度。一旦形成，就会对系统其他状态变量产生支配作用，继而推动系统进一步自组织演化（李柏洲和刘建波，2005）。

部分学者建立基于序参量的物流网络协同力学方程，利用绝热消去法对物流网络协同序参量进行甄别研究，从而获得物流网络协同序参量，了解系统的演化路径。上海交通大学王海龙和戚飞虎（2001）提出一种基于协同神经网络的序参量重构法，该方法利用遗传算法的全局最优搜索能力，通过在序参量的重构参数空间进行全局搜索来获得最优重构参数，这也是一种基于全局搜索获取序参量最优结构的方法。

然而，在分析实际问题的时候，不难发现定性定量方法均有各自的缺点，现有模型由于缺乏对相关信息的了解，并且存在数据收集困难等问题，无法准确识别出系统的序参量。序参量能够体现系统的价值追求，这体现了目标规划模型的思想。故此，本书将结合东北大学赵希男提出的基于主旋律分析的序参量识别模型，并结合供应链的特点，建立基于主旋律的供应链序参量识别模型（赵希南，1995）。

模型建立之前，首先对供应链进行定义。第三章提到，供应链可以从运营实体企业流程和跨企业流程两个维度划分子系统。本章将主要从运营实体企业流程角度对供应链进行划分，也就是说将供应链看成是由供应商、制造商、分销商、零售商、客户等多个节点企业构成的复杂系统。每一个节点企业都构成该供应链的子系统，该子系统都涵盖着商流、信息流、物流、资金流、知识流等资源要素。节点企业子系统之间的相互作用是通过相互配置不同"流"的资源来进行的，最终通过"五流"表现出来。节点企业子系统对各个"流"进行优化、改善，更好地满足终端客户需求，进而提高供应链整体竞争力（Verticalnet，2002）。供应链内的每个实体企业为该系统的成员。供应链的具体结构如图 6-1

所示。

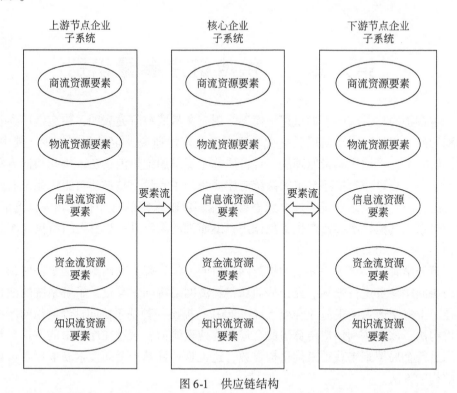

上游节点企业　　　　　　核心企业　　　　　　下游节点企业
子系统　　　　　　　　　子系统　　　　　　　　子系统

商流资源要素　　　　　商流资源要素　　　　　商流资源要素

物流资源要素　　　　　物流资源要素　　　　　物流资源要素

信息流资源　　要素流　信息流资源　　要素流　信息流资源
要素　　　　　　　　　要素　　　　　　　　　要素

资金流资源　　　　　　资金流资源　　　　　　资金流资源
要素　　　　　　　　　要素　　　　　　　　　要素

知识流资源　　　　　　知识流资源　　　　　　知识流资源
要素　　　　　　　　　要素　　　　　　　　　要素

图 6-1　供应链结构

第一节　供应链序参量识别模型的构建机理和识别路径

一、供应链协同序参量识别模型的构建机理

供应链协同序参量具有以下特征：一是供应链的宏观参量，它能描述供应链的整体行为；二是供应链协同效应的表征和度量，它不是外部强加于供应链的，而是来源于供应链内部的；三是支配供应链内部其他变量，主宰供应链的演化行为；四是具备相对稳定性。供应链协同序参量的确定应围绕以上四个特征展开。

序参量并非凭空想出来的，它也是供应链状态参量中的一员，只不过它是在外部因素作用下，从与其他状态参量的平等竞争中，取得了支配其他状态参量的地位。因此，供应链序参量的识别首先应从供应链协同状态参量的确定开始。根据序参量的特征，供应链的序参量是宏观参量并且是来源于供应链内部，因此，为了寻找供应链协同序参量而确定的供应链协同状态参量也应是来自供应链内部的宏观参量。

序参量是供应链某一或某几个状态参量，在外部因素作用下，在与其他宏观状态参量的平等竞争中产生的，不仅需要具有相对稳定性，还能够主宰供应链的演化行为。序参量来源于子系统之间的协同合作，同时序参量起着支配子系统行为的作用。供应链中若存在几个序参量，其相互之间必然既相互依赖，又相互竞争，每个序参量都决定供应链的一个宏观结构及相应的微观状态。供应链究竟形成何种有序结构，就由这些序参量的协同合作和竞争来决定。最终只有一个最慢的序参量才能取得对整个宏观结构的控制权。因此，供应链协同的序参量也只有一个。也就是说，供应链协同的序参量是供应链某一状态参量在外部因素作用下，在与其他状态参量的平等竞争中产生的。

供应链具有多个协同宏观状态参量，究竟哪个能够成为主导供应链协同的序参量，还有待确定。通过前面分析可知，供应链协同序参量是供应链协同状态参量在外部因素作用下通过平等竞争产生的，它是微观子系统集体运动的产物，并且能够支配子系统的行为，主宰供应链各成员的协同发展。

可将供应链看作是由多个供应商、制造商、分销商及零售商等子系统组成的。供应链协同序参量是由这些子系统集体运动的产物，并且能够支配这些子系统的行为。而供应链主成分是供应链成员中能够对系统起到典型代表作用的集合，能够代表供应链协同发展的宏观模式，能够反映供应链协同的个性特征。供应链的主成分能够对系统中其他成员起带动作用，主成分的行为往往对其他成员具有较强的引导作用，因此，主成分下的宏观状态参量会在各子系统的相互协作过程中逐渐成为支配整个供应链的状态参量，而且，供应链最具有典型代表的主成分，其代表供应链发展的方向，该主成分下的宏观状态参量主宰供应链的发展。且该宏观状态参量对供应链的主宰作用是相对稳定的，因此，该宏观状态参量便为供应链协同的状态参量。但是，究竟哪个主成分对供应链最具有代表性，并且最能够支配系统未来的发展，还需要进一步确定。

在对供应链协同进行评价时，一般会通过状态参量进行评价，各状态参量的权重系数大小体现了各状态参量对供应链状态的决定程度。而在不同的主成分下，会有不同的状态参量权重系数。因此，供应链中有多少个主成分，也就代表系统中有多少种与之对应的状态参量的权重系数结构。此外，供应链中还存在着一种理想状态下的权重系数结构，也就是能够被供应链成员广泛接受的权重系数结构，这一权重系数结构能够充分考虑每个成员的优势特征，同时又能平等地对待每个成员的优势特征。因此可以认为，状态参量结构与理想状态下状态参量结构最相似的主成分是系统最具有代表性的主成分。因此，该主成分下权重系数最大的宏观状态参量便为供应链协同的序参量。

根据以上关于供应链序参量识别模型的构建机理的分析，序参量的识别模型框架如图 6-2 所示。

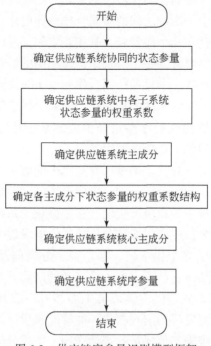

图 6-2 供应链序参量识别模型框架

1）确定供应链协同的状态参量。根据供应链的不同类型确定供应链协同状态参量。

2）确定供应链中各子系统状态参量的权重系数。通过专家打分法获得供应链各子系统状态参量权重系数结构，并通过各子系统状态参量权重系数结构的加权平均，获得理想状态下的供应链状态参量权重系数结构。

3）确定供应链主成分。在确定供应链成员的状态参量的权重系数后，通过对各子系统成员的状态参量的权重系数进行聚类分析，获得该系统的主成分。通过聚类分析能够获得系统的多种不同成分。

4）确定各主成分下状态参量的权重系数结构。在上一步骤中获得多个主成分后，供应链中的主成分成为系统中若干个个体优势权重系数结构的凝聚点。因此，每种系统主成分都会对应一种权重系数结构。

5）确定供应链核心主成分。供应链的主成分是系统价值结构的凝聚点，供应链中的主成分是供应链具有典型代表的集合，能够主宰供应链的发展。但是步骤3）中获得了多个主成分，哪种主成分是供应链的核心主成分尚未确定。供应链会朝着对各成员有利的方向发展，也就是哪种主成分下的状态参量的权重系数对供应链各成员有利的，则该主成分便为核心主成分。在第四章第五节中提到，系统中存在一种理想权重系数结构，这种理想权重系数结构是系统成员能够广泛接受的，也就是在这种情况下，系统各成员之间的利益能够得到权衡并且系统能够达到最优。因此，哪种主成分下的权重系数结构与理想状态下的权重系数结构越接近，则说明该主成分对供应链最具代表性，也最能主宰系统未来的发展。

6）确定供应链序参量。核心主成分中的权重系数结构显示了各状态参量对系统的影响程度，通过核心主成分中的权重系数结构，便能确定该主成分下的供应链优势特征，即供应链的序参量。

二、供应链序参量识别技术路径

主旋律最早源于音乐领域，代表乐曲中的主流旋律，也可以表示某类事物的主要特征或主流特征，可以认为主旋律是对系统具有典型代表的集合。主旋律分析主要是通过对某同类事物的外在表现信息进行分析，识别出这些事物中的共性特征。通过对这些共性特征的实际内涵进行研究，有针对性地对系统进行相应的调整或制定相应的引导策略的活动（温馨等，2011）。

供应链序参量是在供应链各个子系统集体运动下产生的，能够对供应链各子系统的行为产生支配作用，能够代表供应链未来发展的宏观模式。对供应链子系统进行主旋律分析能够识别出对该供应链最具有典型代表的集合。供应链是一个社会系统，其在运行过程中融汇了许多人性化的内容，供应链主体的行为往往会受供应链主流特征的影响。供应链的主旋律成员能够对系统中的其他成员具有带动作用，主旋律的行为往往对其他成员具有较强的引导作用，因此，供应链最具典型代表的主旋律下的关键状态参量会在各子系统的相互协作过程中逐渐支配整个供应链，并且支配供应链未来的发展方向。因此，该状态参量便为供应链的序参量。

供应链的协同状态能够用供应链的协同状态参量表示，供应链每个子系统都有一个与之相对应的协同状态参量权重系数结构，每一个权重系数结构都体现了该子系统的特征，也是该子系统价值参数结构的凝聚点，因此，通过对各子系统协同状态参量权重系数结构进行聚类，便能够识别出该供应链的主旋律 Y_j。供应链中有多个主旋律，但是只有对供应链最具有代表性的主旋律才能够对供应链起到带动作用，其状态参量才能够成为支配供应链发展方向的序参量。因此，确定供应链序参量，首先需要确定对供应链最具有代表性的主旋律。

状态参量权重系数结构是供应链价值参数结构的凝聚点，因此，每种主旋律下都会对应一种象征自身价值参数结构凝聚点的状态参量权重系数结构。此外，供应链中还存在能够被供应链成员所广泛接受的状态参量权重系数结构，即理想权重系数结构。某一主旋律权重系数结构与理想状态下权重系数结构越相似，则说明该主旋律下的所有供应链节点企业不仅能够发挥自己的特长，而且在发挥自己的特长的同时，能够使整个供应链朝最有利的方向发展，供应链节点企业的行为也能够得到其他节点企业的认可。因此，状态参量结构与理想状态下状态参量结构最相似的主旋律是供应链最具有代表性的主旋律。该主成分下权重系数最大的状态参量便为供应链的序参量。供应链序参量识别路径如图 6-3 所示。

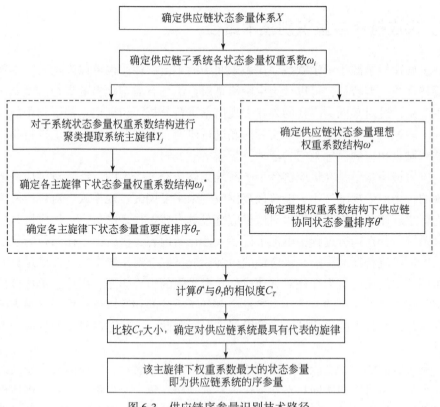

图 6-3　供应链序参量识别技术路径

第二节 供应链序参量识别模型的构建

供应链的序参量代表供应链发展的宏观模式，能够反映具体供应链的价值取向和供应链内子系统的协调运作方向。前文提出的序参量识别模型，在构建科学合理的供应链协同状态量体系后，通过对供应链协同状态量的权重系数的计算，获得供应链的序参量。

供应链协同状态量体系包含 11 个供应链协同状态参量，即第 5 章构建的反应型供应链协同状态量体系，用 $X = (x_1, x_2, x_3, \cdots, x_{11})$ 来表示，其中 $x_1, x_2, x_3, \cdots, x_{11}$ 分别代表第 5 章确定的反应型供应链协同的 11 个状态参量。

供应链协同状态 A 及各子系统内部的协同状态 A_i 都能够用式（6-1）和式（6-2）中给出的协同状态量 $X = (x_1, x_2, x_3, \cdots, x_{11})$ 来衡量，且各子系统的协同状态与状态量呈线性相关，即

$$A = \omega_{x_1} x_1 + \omega_{x_2} x_2 + \cdots \omega_{x_{11}} x_{11} \tag{6-1}$$

$$A_i = \omega_{ix_1} x_1 + \omega_{ix_2} x_2 + \cdots \omega_{ix_{11}} x_{11} \tag{6-2}$$

式中，向量 $(\omega_{x_1}, \omega_{x_2}, \omega_{x_3}, \cdots, \omega_{x_{11}})$ 及 $(\omega_{ix_1}, \omega_{ix_2}, \omega_{ix_3}, \cdots, \omega_{ix_{11}})$ 分别为供应链协同状态量权重值及供应链第 i 个子系统的协同状态量权重值。

供应链中存在 k 个系统的主旋律，在供应链及供应链各主旋律中存在一种能够为各个节点企业所共同接受的权重系数 ω^* 及 ω_j^*（第 j 个主旋律下供应链的权重系数结构），这种权重系数考虑到了每个成员的优势特征，并且能够平等的对待每个成员的优势特征。ω^* 及 ω_j^*，可以通过式（6-3）和式（6-4）来获得。具体求解过程如下

$$\omega^* = \frac{1}{m} \sum_{i=1}^{m} \omega_{x_i} \tag{6-3}$$

$$\omega_j^* = \frac{1}{f} \sum_{i=1}^{f} \omega_{jx_i}^* \tag{6-4}$$

式中，f 为第 j 个主旋律所包含的供应链节点的个数；m 为状态参数个数。

一、状态参量权重系数的计算

本书运用决策试验和评价实验室方法计算状态参量权重系数。决策试验和评价实验室（decision making trial and evaluation laboratory，DEMATEL）方法最早由日内瓦巴特尔纪念研究所提出（Kuman，2001），它是通过聚集专家或专家组的知识和经验判断，将复杂指标之间的关系通过图及矩阵等工具进行可视化。国内外很多学者都曾运用 DEMATEL 方法对指标、参数等之间的关系进行研究

（Lambert and Cooper，2000；Kaufman et al.，2000；Lambert et al.，1999；葛亮和张翠华，2005）。运用 DEMATEL 方法计算供应链状态参量的权重系数，不仅能够清晰的识别出供应链各状态参量的权重系数，而且能够揭示各个状态参量之间的逻辑关系（Kim，2000）。也就是说，企业运用 DEMATEL 方法计算供应链序参量的过程中，不仅能够获得计算序参量所需的各个状态参量的权重系数，还能够识别出各个状态参量之间的因果关系，从而为供应链的运作提供支持。

运用 DEMATEL 方法计算供应链协同状态参量权重的具体步骤可以总结如下：

1）计算初始化直接影响矩阵。假设邀请了 H 个专家根据其自身的专业知识及企业实践经验对 n 个状态参量之间的相互影响程度的逻辑关系进行打分评价，即邀请专家对 A 状态参量对 B 状态参量的影响程度进行打分，将状态参量之间的相互影响程度分为 5 个层次，分别为 0（没有影响），1（非常弱影响），2（弱影响），3（强影响），4（非常强影响）。每个专家给出的得分组成一个非负矩阵，$X^k = \left[x_{ij}^k \right]_{n \times n}$，式中，$K = 1, 2, \cdots, H$。因此，$X^1$，$X^2$，$\cdots$，$X^H$ 分别为每个专家的答案矩阵。通过计算 H 个专家的平均得分能够获得综合所有专家意见的阶矩阵 A：

$$A = \left[a_{ij} \right]_{n \times n}$$

$$a_{ij} = \frac{1}{H} \sum_{k=1}^{H} x_{ij}^k \tag{6-5}$$

式中，a_{ij} 为第 i 个因素对第 j 个因素的影响程度。矩阵 $A = \left[a_{ij} \right]_{n \times n}$ 也被称为初始化直接影响矩阵。

2）计算正规化的初始直接影响矩阵 S。初始直接影响矩阵进行正规化就是要将所有状态参量的关系程度值进行标准化，以便进行下一步分析。S 可以通过以下公式获得

$$S = k \times A \tag{6-6}$$

$$k = \frac{1}{\max_{1 \leq i \leq n} \sum_{j=1}^{n} a_{ij}} \quad (i, j = 1, 2, \cdots, n) \tag{6-7}$$

3）计算综合影响矩阵 $T = \left[t_{ij} \right]_{n \times n}$。指标之间不仅存在直接影响关系，还可能会存在通过其他指标而产生的间接的影响关系。综合影响矩阵 T 不仅考虑各个状态参量之间的直接影响关系，而且考虑了各个状态参量之间的间接影响关系。其中，I 为单位矩阵。其表达式为

$$T = S(I - S)^{-1} \tag{6-8}$$

4）计算状态参量的中心度与原因度。矩阵 T 中每个状态参量所对应的行和用 D_i 表示，列和用 R_i 表示。D_i 表示该状态参量对系统中其他状态参量的直接和

间接影响的总和；R_i 表示该状态参量受到系统中其他状态参量的直接与间接影响的总和。对状态参量 i 而言，行和减去列和 $(D_i - R_i)$ 是状态参量 i 的原因度；行和加上列和 $(D_i \times R_i)$ 代表状态参量 i 的中心度。

5）根据状态参量的中心度及原因度计算状态参量权重。根据式（6-9）及式（6-10），可确定供应链状态参量的指标权重（王能民，2005；李娟和黄培清，2007）。

$$'\omega_1 = \sqrt{[(D_i + R_i)^2 + (D_i - R_i)^2]} \tag{6-9}$$

$$'\omega_i = '\omega_1 / \sum_{i=1}^{n} '\omega_i \tag{6-10}$$

式中，$'\omega_1$ 为当前状态参量的指标权重；$'\omega_i$ 为第 i 个状态参量的指标权量。

二、理想状态及主旋律下的状态参量权重系数的计算

1. 主旋律的提取

通过前文分析，依据 DEMATEL 方法，得到 m 个子系统的供应链协同状态参量的权重系数结构为 $W_\gamma = (\omega_1, \omega_2, \omega_3, \cdots, \omega_n)$，$\gamma \in 1, 2, 3, \cdots, m$，通过这些状态参量权重系数结构可以获得供应链的主旋律，主旋律的提取采用聚类分析法，对供应链状态参量权重系数聚类既可以采用按照"线性相关强度"，也可以按照"距离的远近"进行（乔金杰等，2011）。状态参量权重系数结构是整个供应链价值参数结构的表现，通过对供应链状态参量权重系数结构进行聚类能够得到若干类旋律。依据根据中的累托（20/80）法则及聚类分析结果，本书将集聚群体中 20% 以上成员的主旋律称为供应链的主旋律。

2. 主旋律下状态参量权重系数的计算

获取供应链的主旋律后，每个主旋律都会对应一个状态参量的权重系数结构，即第 T 个主旋律下供应链状态参量权重系数结构为 ω_T^*，$T \in 1, 2, \cdots, s, s$ 为主旋律的个数。ω_{x_μ} 为该主旋律所包含节点企业的状态参量权重系数结构的算术平均，即

$$\omega_T^* = \frac{1}{p} \sum_{\mu=1}^{p} \omega_{x_\mu} \tag{6-11}$$

式中，p 为该主旋律所含有的节点企业的个数。

同理，供应链理想状态参量权重系数可以通过对各子系统状态参量权重系数求加权平均获得。其中，m 为节点企业的总个数。

$$\omega^* = \frac{1}{m} \sum_{\mu=1}^{m} \omega_{x_\mu}$$ (6-12)

三、序参量的识别

根据 ω_T^* 能够获得在第 T 个主旋律下状态参量的重要性大小，并对其进行排序，获得其排序 $\theta_T = (\theta_{T1}, \theta_{T2}, \theta_{T3}, \cdots, \theta_{Tn})$。同理，根据理想状态参量权重系数结构 ω^* 也可以获得各个状态参量在理想状态参量权重系数结构下的排序。

第 T 个主旋律下状态参量重要性排序 ω_T^* 与理想状态参量重要性排序 ω^* 的相似度可以通过式（6-13）计算得

$$C_T = \frac{1}{1 + d_T}$$ (6-13)

式中，d_T 为 θ_T 与 θ^* 的偏差，可表示为

$$d_T = \frac{1}{\beta} \sum_{i=1}^{n} |\theta_i^* - \theta_{Ti}|$$ (6-14)

其中，β 是 θ^* 与 θ_T 间的最大偏差之和，可以称为偏差值，即

$$\beta = \max_{1 \leqslant i \leqslant n} \{|\theta_i^* - \theta_{Ti}|\}$$ (6-15)

C_T 最大即与理想状态参量重要性排序 θ^* 最相似的主旋律便为对供应链最具有代表性的主旋律，该主旋律下权重系数最大的状态参量便为该供应链的序参量。

第三节 供应链序参量识别实例

一、实例对象介绍

以某电子制造公司 RJ 公司为核心的供应链为研究对象。RJ 公司是一家成立于 2002 年的以 SMT 表面贴装技术（surface mount technology，SMT），电子产品的生产、销售，电子设备的研发和销售，LED（light emitting diode，发光二极管）的生产和销售等为主要业务的公司。为其配套生产的电子产品远销欧洲、美国、日本等国家和地区。

本书选择 RJ 公司生产某电子产品的供应链为研究对象。该供应链是一个由供应商、制造商、分销商及零售商等 22 个节点构成的供应链（以下每个节点企业用 1、2、3、…、22 表示），为典型的反应型供应链。

二、基于 DEMATEL 方法的状态参量权重系数计算

为了获得供应链各节点企业对供应链状态参量的权重系数，本书依据 DEMATEL 方法的实施步骤设计了调研问卷（详见附录 2）。为了使受访者更容易对问卷进行理解并填写，问卷设计时采用 Likert 量表的形式，"0" 表示该状态参量对另一状态参量无影响，"1" 表示该状态参量对另一状态参量具有较弱影响，"2" 表示该状态参量对另一状态参量影响力一般，"3" 表示该状态参量对另一状态参量有较强影响，"4" 表示该状态参量对另一状态参量有强影响。受访者为该供应链上每个节点企业中的中高层领导，并且每个节点企业至少有一个中高层领导参与调研，对于有多个领导参与调研的节点企业，通过对该节点企业所有领导的意见求平均，获得该节点企业的各个状态参量之间的相互影响程度。

供应链协同是一种跨组织的活动，普通的员工对供应链协同并不熟悉，因此，本书将调研对象界定为所研究供应链中每个节点企业的中高层管理者。为了获得 22 个节点企业的状态参量的权重系数结构，本书共邀请 22 位供应链上每个节点企业的管理者依据其所在公司的管理实际情况对供应链协同状态参量之间的相互影响程度进行评价。最终获得了 22 份专家的原始数据，并建立了初始直接影响矩阵。根据每个专家的初始直接影响矩阵计算得到的状态参量权重系数便为该企业的状态参量权重系数。运用 MATLAB 软件分别将 22 份专家的初始直接影响矩阵标准化得到标准化影响矩阵，依据标准化影响矩阵获得其相应的综合影响矩阵，并依此获得各个状态参量的中心度与原因度，从而获得各个节点企业的状态参量权重系数结构。

计算过程主要如下：

1）计算正规化的初始直接影响矩阵。由于篇幅原因，本书仅列举一个节点企业的原始数据，见表 6-1。根据本章第二节中式（6-6）和式（6-7），可得供应链协同的状态参量体系正规化的初始直接影响矩阵，见表 6-2。

2）计算综合影响矩阵。在正规化的初始直接影响矩阵的基础上，根据式（6-8）计算得到供应链协同状态参量体系的综合影响矩阵，见表 6-3。

3）计算各个状态参量的中心度与原因度。在综合影响矩阵的基础上，计算出各个状态参量的行和、列和、中心度及原因度。具体结果见表 6-4。

4）确定状态参量的权重系数。根据本章第二节中的公式（6-9）及（6-10），计算供应链协同状态参量体系的权重系数，该节点企业对应的各状态参量的权重系数结构见表 6-4，各状态参量的权重系数为（0.1351，0.0594，0.0768，0.0748，0.0711，0.0781，0.0806，0.0746，0.0740，0.1424，0.1331）通过同

样的方法可以获得其他各节点企业的状态参量权重系数结构，如表 6-5 所示。

表 6-1　供应链协同状态参量原始数据

	x_1	x_2	x_3	x_4	x_5	x_6	x_7	x_8	x_9	x_{10}	x_{11}
x_1	0	3	3	1	1	1	2	3	1	2	3
x_2	1	0	3	3	2	1	3	1	1	1	2
x_3	2	3	0	1	3	3	3	2	2	3	2
x_4	1	3	3	0	3	2	3	2	2	3	1
x_5	3	1	3	2	0	2	2	2	2	3	2
x_6	3	1	3	2	3	0	2	3	2	3	2
x_7	2	1	3	3	2	3	0	3	3	2	3
x_8	1	1	3	3	2	3	2	0	3	2	3
x_9	3	1	1	3	2	3	3	2	0	2	3
x_{10}	3	1	2	2	3	1	3	2	3	0	2
x_{11}	3	2	1	2	1	1	1	3	3	1	0

表 6-2　供应链协同状态参量正规化的初始直接影响矩阵

	x_1	x_2	x_3	x_4	x_5	x_6	x_7	x_8	x_9	x_{10}	x_{11}
x_1	0	0.12	0.12	0.04	0.04	0.04	0.08	0.12	0.04	0.08	0.12
x_2	0.04	0	0.12	0.12	0.08	0.04	0.12	0.04	0.04	0.04	0.08
x_3	0.08	0.12	0	0.04	0.12	0.12	0.12	0.08	0.08	0.12	0.08
x_4	0.04	0.12	0.12	0	0.12	0.08	0.12	0.08	0.08	0.12	0.04
x_5	0.12	0.04	0.12	0.08	0	0.08	0.08	0.08	0.08	0.12	0.08
x_6	0.12	0.04	0.12	0.08	0.12	0	0.08	0.12	0.08	0.12	0.08
x_7	0.08	0.04	0.12	0.12	0.08	0.12	0	0.12	0.12	0.08	0.12
x_8	0.04	0.04	0.12	0.12	0.08	0.12	0.08	0	0.12	0.08	0.12
x_9	0.12	0.04	0.04	0.12	0.08	0.12	0.12	0.08	0	0.08	0.12
x_{10}	0.12	0.04	0.08	0.08	0.12	0.04	0.12	0.08	0.12	0	0.08
x_{11}	0.12	0.08	0.04	0.08	0.04	0.04	0.04	0.12	0.12	0.04	0

表 6-3　供应链协同状态参量综合影响矩阵

	x_1	x_2	x_3	x_4	x_5	x_6	x_7	x_8	x_9	x_{10}	x_{11}
x_1	0.5488	0.5459	0.7214	0.5858	0.5866	0.5504	0.6659	0.6851	0.598	0.6224	0.6853

续表

	x_1	x_2	x_3	x_4	x_5	x_6	x_7	x_8	x_9	x_{10}	x_{11}
x_2	0.5510	0.4088	0.6816	0.6156	0.5876	0.5187	0.6616	0.5770	0.5589	0.5569	0.6067
x_3	0.7424	0.6273	0.7406	0.6978	0.7698	0.7231	0.8213	0.7699	0.7453	0.7739	0.7681
x_4	0.6865	0.6146	0.8295	0.6403	0.7561	0.6758	0.8061	0.7472	0.7271	0.7586	0.7124
x_5	0.7274	0.5268	0.7926	0.6787	0.6135	0.6449	0.736	0.7209	0.6968	0.7278	0.7173
x_6	0.7799	0.5666	0.8524	0.7315	0.7740	0.6210	0.7917	0.8097	0.7509	0.7816	0.7728
x_7	0.7732	0.5888	0.8806	0.7959	0.769	0.7579	0.7471	0.8401	0.814	0.7753	0.8344
x_8	0.6903	0.5483	0.8233	0.747	0.7203	0.7111	0.7681	0.6783	0.7639	0.7253	0.7802
x_9	0.7509	0.5440	0.7526	0.7403	0.7089	0.7005	0.7920	0.7494	0.6480	0.7163	0.7762
x_{10}	0.7274	0.5246	0.7583	0.6825	0.7183	0.6134	0.7690	0.7212	0.7313	0.6183	0.7198
x_{11}	0.6078	0.4718	0.5975	0.5726	0.5351	0.5054	0.5791	0.6339	0.6137	0.5400	0.5270

表6-4 供应链协同各个状态参量的原因度、中心度和权重系数

参量	原因度	中心度	权重系数
x_1	−0.7897	14.3817	0.1351
x_2	0.3569	6.3244	0.0594
x_3	−0.2510	8.1793	0.0768
x_4	0.4665	7.9542	0.0748
x_5	0.0439	7.5826	0.0711
x_6	1.2102	8.2322	0.0781
x_7	0.4382	8.5762	0.0806
x_8	0.0233	7.9557	0.0746
x_9	0.2306	7.8791	0.0740
x_{10}	−0.0123	15.1807	0.1424
x_{11}	−1.7163	14.0846	0.1331

表6-5 供应链各子系统状态参量权重系数结构

企业	ω_{x_1}	ω_{x_2}	ω_{x_3}	ω_{x_4}	ω_{x_5}	ω_{x_6}	ω_{x_7}	ω_{x_8}	ω_{x_9}	$\omega_{x_{10}}$	$\omega_{x_{11}}$
1	0.1350	0.0590	0.0770	0.0748	0.0710	0.0780	0.0806	0.0746	0.0740	0.1424	0.1331
2	0.0990	0.1810	0.2230	0.0380	0.0390	0.0560	0.0560	0.0731	0.0768	0.0620	0.0958
3	0.1100	0.0290	0.0500	0.0215	0.0350	0.0860	0.0714	0.0253	0.2298	0.0601	0.2821
4	0.0320	0.1100	0.0220	0.0078	0.0190	0.7289	0.0198	0.0227	0.0226	0.0081	0.0072
5	0.0280	0.7880	0.0280	0.0089	0.0150	0.0189	0.0188	0.0310	0.0322	0.0167	0.0134

企业	ω_{x_1}	ω_{x_2}	ω_{x_3}	ω_{x_4}	ω_{x_5}	ω_{x_6}	ω_{x_7}	ω_{x_8}	ω_{x_9}	$\omega_{x_{10}}$	$\omega_{x_{11}}$
6	0.0170	0.0460	0.1080	0.0049	0.3800	0.3900	0.0120	0.0109	0.0114	0.0038	0.0156
7	0.4320	0.1100	0.0580	0.0268	0.0300	0.0750	0.0581	0.0651	0.0658	0.0320	0.4365
8	0.1090	0.1100	0.1290	0.0398	0.0510	0.0591	0.1189	0.1468	0.1481	0.0451	0.0434
9	0.1130	0.2790	0.0550	0.0361	0.0310	0.0872	0.1821	0.0539	0.0543	0.0282	0.0801
10	0.0750	0.3220	0.0990	0.0451	0.0510	0.0598	0.0539	0.0949	0.0869	0.0688	0.0446
11	0.0220	0.3510	0.1170	0.0281	0.3170	0.0264	0.0359	0.0283	0.0272	0.0212	0.0257
12	0.0280	0.0220	0.0510	0.2269	0.0620	0.0979	0.0310	0.2491	0.0719	0.1189	0.0420
13	0.0290	0.0090	0.1380	0.0087	0.0080	0.8699	0.0153	0.0138	0.0130	0.0086	0.1610
14	0.0490	0.4600	0.0200	0.0219	0.0270	0.2340	0.0216	0.0240	0.0210	0.0212	0.1010
15	0.0570	0.0490	0.0630	0.0341	0.0300	0.0312	0.4989	0.0790	0.0846	0.0290	0.0443
16	0.0660	0.6520	0.0410	0.0221	0.0270	0.0391	0.0304	0.0312	0.0316	0.0357	0.0234
17	0.0220	0.0240	0.0110	0.0036	0.0040	0.0042	0.3582	0.1036	0.1039	0.0048	0.3600
18	0.3220	0.0620	0.0080	0.0067	0.0060	0.4219	0.0126	0.0139	0.0140	0.0053	0.1271
19	0.0280	0.7890	0.0280	0.0089	0.0160	0.0193	0.0196	0.0310	0.0326	0.0138	0.0144
20	0.0110	0.2300	0.0090	0.0074	0.0060	0.7016	0.0063	0.0069	0.0058	0.0076	0.0085
21	0.4480	0.0740	0.0820	0.0416	0.0370	0.0539	0.0839	0.0481	0.0483	0.0449	0.0390
22	0.0460	0.4620	0.0460	0.0289	0.0310	0.0480	0.1209	0.0724	0.0219	0.0266	0.0958

三、理想状态及主旋律下的状态参量权重系数的计算

运用 SPSS17.0 对表 6-5 中状态参量权重系数结构进行聚类分析，得到该供应链的主旋律，如图 6-4 所示。

依据聚类分析图及帕累托法则，可以得到该系统的主旋律：

主旋律 1（2，8，1，3，12，15，17，7，21，18）；主旋律 2（2，8，1，3，12，15，17）

主旋律 3（2，8，1，3，12）；主旋律 4（9，10，22，14，11）；主旋律 5（5，19，16，9，10，22，14，11）；主旋律 6（4，20，13，6）。

根据式（6-11）得到供应链各个主旋律所对应的状态参量体系的权重系数结构，见表 6-6。

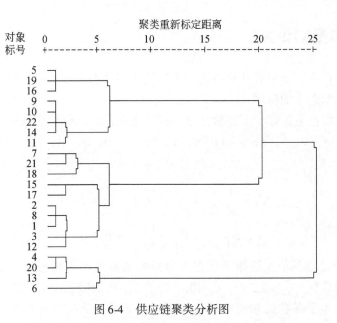

图6-4 供应链聚类分析图

表6-6 供应链各个主旋律及其对应的状态参量权重系数结构

节点企业	权重系数结构
2，8，1，3，12，15，17，7，21，18	(0.171 53，0.066 51，0.086 8，0.044 14，0.029 61，0.109 47，0.133 20，0.083 90，0.084 59，0.042 61，0.169 08)
2，8，1，3，12，15，17	(0.073 33，0.059 87，0.102 86，0.052 33，0.031 87，0.077 70，0.168 20，0.101 70，0.102 54，0.049 13，0.155 46)
2，8，1，3，12	(0.086 86，0.069 22，0.129 20，0.065 72，0.037 82，0.101 70，0.064 06，0.105 86，0.105 86，0.062 02，0.136 78)
9，10，22，14，11	(0.060 96，0.374 88，0.067 40，0.032 02，0.091 36，0.090 90，0.082 88，0.054 70，0.042 26，0.028 96，0.069 44)
5，19，16，9，10，22，14，11	(0.053 35，0.513 01，0.054 263，0.025 00，0.064 38，0.066 48，0.060 40，0.045 84，0.038 46，0.026 38，0.049 80)

同样依据式（6-12），得到供应链的理想状态参量权重系数＝（0.103 50，0.237 20，0.066 50，0.033 76，0.058 77，0.190 25，0.086 65，0.059 07，0.058 08，0.036 58，0.099 73）

四、序参量的识别

根据本章第二节公式计算得到的供应链理想状态参量权重系数，得到各状态参量在理想状态下的排序 $\theta^* = (3, 1, 6, 11, 8, 2, 5, 7, 9, 10, 4)$

同理，根据主旋律 1 下各状态参量权重系数，可以得到主旋律 1 下各状态参量的排序 $\theta_1 = (7, 8, 3, 9, 11, 6, 1, 5, 4, 10, 2)$

$$\beta = \max_{1 \leqslant i \leqslant n} \{| \theta_i^* - \theta_{1i} |\} = 7$$

$$d_1 = \frac{1}{\beta} \sum_{i=1}^{n} | \theta_i^* - \theta_{1i} | = \frac{36}{7} = 5.14$$

$$C_1 = \frac{1}{1 + d_1} = \frac{1}{1 + 5.14} = 0.16279$$

同理可获得其他主旋律下状态参量权重系数结构与理想状态参量权重系数结构的相似系数：$C_2 = 0.259$，$C_3 = 0.1395$，$C_4 = 0.2632$，$C_5 = 0.273$。

主旋律 4 下各状态参量的排名与理想状态下各状态参量的排名相似系数最大，因此，主旋律 4 为对供应链最具有代表性的主旋律，主旋律 4 下第 2 个状态参量——合作伙伴关系所占的权重系数最大，也就是合作伙伴关系为该供应链的序参量。

因此，该供应链在运作过程中应注重各个合作伙伴关系的建设。

|第七章| 供应链协同度评价模型构建

第一节 供应链协同度内涵分析

协同度，即协同程度，是指在各子系统有序度及子系统相互之间协调有序匹配度的影响下，系统通过自组织演化实现协调一致、无缝链接、高效有序的程度。协同度高低取决于各子系统自身的有序度高低及子系统之间匹配程度的高低。

有序度是用来衡量子系统在演化过程中有序化的程度，而子系统与子系统之间的协调与合作程度用有序的匹配度来评价。在供应链中，本书采用类似的思路进行协同度的评价。

根据第三章中构建的供应链协同模型，从供应链商流、信息流、物流、资金流和知识流的角度出发，将供应链协同度定义为：在自组织演化过程中，供应链"五流"在整体所达到的有序程度基础上的"流"与"流"之间在有序过程中彼此配合协调程度。因此，从定义中可以看出供应链协同度的内涵，主要包括以下两方面。

1）供应链各子系统在自组织演化过程中达到的有序程度在很大程度上能够反映出供应链的协同度。根据供应链协同机理，供应链"五流"各自达到有序，可以使供应链实现有序，即供应链协同。可以说，供应链协同度是建立在各个"流"有序度基础上的，即"五流"各自的有序程度很大程度上可以决定整个供应链的协同度高低。"五流"的有序程度越高，则供应链的协同度越高，反之亦然。由此可见，"五流"有序程度反映了供应链协同可能性的大小。因此，将其定义为协同能力。

2）供应链协同度的内涵不仅包含"五流"的有序度，也包含"五流"在各自向有序发展过程中彼此配合协调一致的程度。供应链协同度不但与"五流"各自的有序程度紧密相关，跟"五流"之间的协调匹配也有密切的关系。根据第三章第二节供应链协同机理可知，资源的稀缺和能力的有限导致系统序参量的形成，并对系统演化过程起到支配作用，由此可见，各"流"实现有序的过程各不相同，各"流"实现的有序度呈现出大大小小的差异。这些差异会造成各

"流"之间协调一致、无缝衔接的障碍。各"流"之间有序度差异越大，则彼此匹配难度也越大，进而供应链整体的协同度也会相应地降低。例如，信息流的有序度较高，而物流的有序度较低，则在信息流和物流相互作用时，物流较低的有序度会削减信息流有序度较高的价值，或者说，会造成信息流能力的浪费，并影响整个供应链的协同水平。鉴于以上分析，本书将"五流"在有序过程中的协调一致的程度定义为"五流"有序匹配度。

基于以上分析可知，供应链协同度的高低不仅跟"五流"各自的有序度形成的供应链的协同能力密切相关，而且跟"五流"之间的协调匹配度也有十分紧密的联系。值得注意的是，"五流"各自的有序度形成的供应链协同能力是供应链协同度的核心，"五流"各自的有序度提高，才有可能提高整个供应链的协同度，但"五流"之间有序度的协调匹配度也是影响整个供应链协同度的重要因素，各"流"之间有序度的差异，在一定程度上也会制约供应链的协同度。综上所述，"五流"有序而形成的供应链协同能力及供应链"五流"之间的协调匹配度共同决定供应链协同度。

第二节　供应链协同度评价模型构建

一、供应链协同度评价模型构建原则

供应链是一个复杂的系统，对供应链的协同程度评价是一个复杂的系统工程，但与一般的系统工程相比，供应链协同评价具有更为复杂的测评环境。供应链协同涉及非常多的要素，覆盖了商流、信息流、物流、资金流和知识流中的各个重要因素，这其中涉及人、机、料、社会环境、信息通信技术、网络技术和管理等多方面的要素。对供应链协同度进行评价，不是对这些要素简单加总，而必须综合考虑各个要素之间的联系，并要尽力避免要素之间的相关性，这极为复杂。而且鉴于协同效果具有多样性的特点，供应链协同程度的好坏直接影响整个供应链的收益。这种收益既有直接的、有形的效益，又有间接的、潜在的效益；既有技术与经济效益，又有管理和社会效益；既有近期效益，又有长远的隐形效益。因此，在对供应链协同度进行评价的过程中，必须坚持系统性原则、科学性原则、可行性原则，并注意以下三个方面。

1）明确评价的目标和方向。要想获得一个比较好的供应链协同度评价结果，必须首先确定供应链协同度评价的目标和方向。一旦确定了协同评价的目标和方向，其后所有的努力都要围绕这个目标展开。在供应链协同度评价过程中，要始终围绕着评价目标去了解供应链协同度评价的性质、范围及内容等，做到有的放矢。

2）对评价指标进行合理的设计和选取。供应链协同度评价指标应该主要反映供应链整体营运状况及其上下游各节点企业之间的营运关系，而不能孤立地对某一节点企业的运营状况进行评价。一个完美的评价指标体系不但能够反映供应商、制造商和分销商等节点企业之间的协同程度，而且实际操作起来也应该容易理解、方便收集各指标数据和成本较低，但更重要的是能够为供应链提高整体协同程度提供建议和方向。

3）选择合适的评价方法。采用选取指标定量评价的方法对供应链协同度进行评价。既考虑到该方法通过大量实际调研数据能找出供应链协同最根本的原因，真实、客观地反映供应链的协同程度，又考虑到该方法比较容易、操作成本比较低并且通过数据分析有利于改进供应链协同。

二、供应链协同度评价模型构建的依据

主要依据供应链协同模型和供应链协同度内涵分析，构建供应链协同度评价模型。供应链协同模型指出，在供应链自组织过程中，节点企业间的非线性相互作用放大涨落产生序参量，序参量反过来支配这种非线性相互作用，使供应链逐步有序，表现为"五流"有序，最终实现供应链协同。因此，序参量的变化可以反映整个供应链结构的变化，序参量的值可以描述供应链协同的水平。由此可以推导出，构建供应链协同度评价模型需要从序参量的角度来进行度量。同时，由供应链的二维结构分析和对供应链协同度内涵的分析可知，供应链协同度的高低与"五流"有序度高低及"五流"之间的有序度匹配度高低存在紧密的联系。因此，从"五流"的角度对供应链协同度进行度量更加方便、直观，更加合理。

三、供应链协同度评价模型构建过程

构建供应链协同度评价模型，首先，对"五流"各自有序度进行考察，选取各个"流"有序度的相关度量指标，对各个指标功效进行评价，最终评价出各"流"的有序度。其次，计算出"五流"的有序度之间的差异及离散程度。最后，通过一系列的数学方法进一步计算出供应链协同度。

评价模型主要包括功效函数、供应链有序度、供应链协同能力、供应链有序度标准离差率、供应链协同度等核心部分，具体定义及相关解释如下。

（1）功效函数的计算

系统序参量对系统有序度有两种功效：一种是正功效，即随着序参量的增大，系统的有序度会增加；另一种是负功效，即随着序参量的增大，系统的有序度会降低（杨曼丽和武志刚，2010；孟庆松和韩文秀，1999）。序参量对系统有序性的贡献一般用功效系数 EC 来表示。EC 的取值在 0 和 1 之间，当目标最满意（或最好时）时取 EC=1，当目标最差时取 EC=0（王英，2009）。

考虑供应链这五个子系统中的任意一个子系统 S_j，序参量在该子系统中的分量为 $V_j =$ （V_{j1}，V_{j2}，…，V_{jm}），式中，j（$j=1$，2，…，5）表示子系统，i（$i=1$，2，…，m）表示在 j 系统中的序参量分量。

在确定序参量分量的功效系数 EC 时，除了需要确定序参量分量 V_{ji} 在子系统中实际表现值 X_{ji} 之外，还需要确定 V_{ji} 在供应链子系统稳定时的上下限 α_{ji}、β_{ji}，并且 $\beta_{ji} \leq X_{ji} \leq \alpha_{ji}$。假定 X_{j1}，X_{j2}，…，X_{jk} 的取值越大，供应链子系统的有序程度越高；其取值越小，供应链子系统的有序程度越低。假定 X_{jk+1}，X_{jk+2}，…，X_{jm} 的取值越大，供应链子系统的有序程度越低；其取值越小，供应链子系统的有序程度越高。于是，定义序参量分量 V_{ji} 对供应链子系统 S_j 有序度的功效系数 EC_j（X_{ji}）表示如下：

$$EC_j(X_{ji}) = \begin{cases} \dfrac{X_{ji} - \beta_{ji}}{\alpha_{ji} - \beta_{ji}} & i \in [1, k] \\[4mm] \dfrac{\alpha_{ji} - X_{ji}}{\alpha_{ji} - \beta_{ji}} & i \in [k+1, m] \end{cases} \tag{7-1}$$

（2）供应链有序度的计算

对于供应链子系统有序度的计算，可以通过序参量分量的加权平均和或者序参量分量的几何平均数进行衡量。假定供应链各个子系统的权重和序参量分量的权重是相等的，考虑到序参量分量作用的相关性和集成性，采用几何平均的方式来衡量供应链子系统的有序度。因此，在确定了序参量分量 V_{ji} 对供应链子系统 S_j 的功效系数后，EC_j（V_j）为序参量在该子系统的各个分量对该子系统功效系数的集成，由各个序参量分量 V_{ji} 的功效系数的几何平均数来确定：

$$OC_j(S_j) = \sqrt[m]{\prod_{i=1}^{m} EC_j(X_{ji})} \quad (i = 1, 2, \cdots, m) \tag{7-2}$$

由于 EC_j（X_{ji}）$\in [0, 1]$，则供应链子系统 S_j 有序度 OC_j（S_j）也是介于 0 和 1 之间。当 OC_j（S_j）$= 0$ 时，供应链子系统 S_j 有序度最低；当 OC_j（S_j）$= 1$ 时，供应链子系统 S_j 有序度最高。

（3）供应链协同能力的计算

将供应链各子系统的有序度综合表现出的整体有序程度定义为供应链协同能

力，显而易见，供应链协同能力与供应链各个子系统平均达到的有序程度或共同能够达到的有序程度有关，是供应链各个子系统有序程度的集合。因此，在求得供应链各个子系统各自有序度的基础上，将供应链协同能力定义为供应链各个子系统有序度的集合平均数，具体公式为

$$CC = \sqrt[n]{\prod_{j=1}^{n} OC_j(S_j)} \tag{7-3}$$

式中，CC 为供应链协同能力，$OC_j(S_j)$ 为供应链各个子系统的有序度。

（4）供应链有序度标准离差率的计算

由本章第二节所述可知，供应链协同度不但与供应链子系统各自的有序度紧密联系，而且与供应链子系统有序度之间的差异也有十分密切的关系。因此，在求得供应链各个子系统有序度之后，还必须求出供应链各子系统有序度之间的差异，实际上是指供应链各个子系统距离平均有序度的差异程度的总和，总和越大，匹配就越困难。根据本章第二节的分析，本书用标准离差率来表示供应链子系统有序度之间的离散程度，其计算公式如下：

$$D = \frac{\delta}{CC(S_j)} = \sqrt{\sum_{j=1}^{n} \frac{[OC_j(S_j) - CC(S_j)]^2}{n-1}} \Big/ CC(S_j) \tag{7-4}$$

式中，D 为供应链有序度的标准离差率；δ 为供应链子系统各"流"有序度的标准差；$CC(S_j)$ 为第 j 个时间点供应链的协同能力。

（5）供应链协同度

供应链的协同能力和供应链各子系统之间相互配合协调的程度，并非是各自独立存在的，两者之间相互影响，当其中的一个发生变化时，另一个对供应链协同度影响的程度就会发生变化，供应链的整体协同度是在两者的相互影响关系中最终确立的。基于两者之间的相互影响关系，最终采用供应链的协同能力及"五流"之间相互配合协调的匹配度的乘积来表示供应链的协同度。具体计算公式如下：

$$CI = CC \cdot (1-D) = \sqrt[n]{\prod_{j=1}^{n} OC_j(S_j)} \cdot \left\{ 1 - \sqrt{\sum_{j=1}^{n} \frac{[OC_j(S_j) - CC(S_j)]^2}{n-1}} \Big/ CC(S_j) \right\}$$

$$\tag{7-5}$$

式中，CI 为供应链的协同度；$CC(S_j)$ 为第 j 个时间点供应链的协同能力；$(1-D)$ 表示供应链"五流"协同有序匹配度；n 为观察数据的时间节点数。

第三节　供应链协同度评价指标体系构建

一、评价指标设计基本原则

供应链协同管理是现代市场经济条件下现代工业化和服务业发展到一定阶段的必然产物，是区域竞争力的重要来源，是一个新兴而复杂的系统。全面综合的评价供应链的协同程度，可以有效地促进和引导供应链的发展。为了客观、公正地评价供应链运作的协同程度，避免评价过程中出现主观臆断等情况，在评价指标体系设计的时候，应该遵循以下原则。

1) 科学性原则。一切科学研究，必须坚持科学性原则，想要有科学的研究成果，必须有科学的研究过程。如果想设计一套合理有效的评价指标体系，必须坚持选择科学的指标，指标必须能从不同角度和方面反映出供应链的协同程度，并保证指标的准确性、代表性和操作性及指标间的不相关性。

2) 系统性原则。供应链协同度评价指标体系较为复杂，在选择指标的时候必须综合考虑供应链"五流"及"五流"之间的特殊关系，深入地了解其含义，从供应链整体来分析问题，精确筛选指标，全面准确的客观评价。

3) 客观性原则。系统、全面和准确地反映评价客体的真实情况，是各种评价指标系统的最基本要求。因此，在设计指标时必须深入研究供应链协同的影响因素，清楚、明白地筛选和定义指标，以反映出供应链协同度的真实情况。

4) 可操作性原则。构建评价指标体系的时候，各个指标的含义必须清晰明白，不能有歧义，以避免误解。另外，指标数量应该合理，指标间需要注意避免交叉重复，消除冗余，以增强指标体系操作时候的可行性。

5) 定性指标与定量指标相结合原则。在评价供应链协同度的时候，尽量使用定量指标，这样比较容易得到真实具体的数据，但也有很多指标无法量化，只能使用定性指标，所以在做评价体系的时候必须把定量指标和定性指标结合考虑。

6) 通用性与重点性相结合原则。如果细分起来，能够反映供应链协同度的指标数不胜数，如果把所有的指标都罗列起来则会显得无的放矢，也失去了评价本身的意义。所以在评价指标的选取过程中，应选择那些能够反映不同行业和不同种类供应链协同度的通用指标。但在评价指标的设计上，应重点突出，着重分析那些能够反映供应链协同度的关键指标，并且这些指标还应该具有可扩展性，以便于在不同的供应链协同度评价中可以灵活应用。

二、评价指标选取

（一）评价指标来源分析

从"五流"的角度，结合各个"流"有序的特点、内容、作用及影响因素来进行评价指标的选取。

1. 商流有序指标

（1）商流有序的特点，主要包含以下三个方面内容

1）系统的观点。供应链商流有序不再孤立地看待各节点企业的商流，而是把整个供应链看成一个有机整体，全面综合考虑各节点企业的特点和相关内外联系，然后才做出相应决策，进行商流有序运作（张全喜，2010）。

2）共同的目标。在最大限度满足市场客户需求的前提下，降低商流成本和提高商流效率成为供应链上所有节点企业的共同目标。

3）合作联盟。在各节点企业主动地关注整个供应链商流有序的同时，供应链上各节点企业之间的关系由敌对变为紧密合作，充分共享企业商流信息，成为动态合作的联盟关系（李康和吴育华，2005）。

（2）供应链商流有序的主要内容

1）信息共享。这里的信息不但包括供应方需要向采购提供的各种商品的价格、规格、性能和每月的产量等技术参数，还包括采购方向供应方提供的对所需商品的要求、当前库存状况、对市场需求的预测及将来可能发生的采购信息等，这样，一方面可以使采购方对供应方有很好的可视性，提高交货的速度和准确度，另一方面还能使供应方更方便组织安排生产和及时送货，更可以通过商流运作加强双方的信任程度。

2）预测协同。各个节点企业会根据市场情况预测未来市场会出现的变化和未来的需求情况，由于各节点企业进行预测的依据不同，不可避免的产生"牛鞭效应"，但各节点企业可以通过和供应链上其他节点企业的协同预测，对市场做整体的需求预测，则可以有效避免"牛鞭效应"的扩大；还可以通过对预测信息的贡献，加强各节点企业的备货计划，增强抵抗风险的能力（崔吉前和白庆华，2002）。

3）采购协同。各节点企业将采购计划定期下达给供应链的上游节点企业，同时供应链上游该节点企业再把采购计划共享给其上游节点企业，这样环环相扣，形成一个网络。则上游供应商可以按采购计划和订单进行生产安排，并将订单执行情

况随时共享，这样，有利于供应商组织安排生产，并有利于需求方随时了解产品准备情况。若供应商经过测算，认为无法按时完成采购定单，应迅速通知采购方，使采购方对此有明确的认识，从而及时调整生产计划或寻找其他解决方案。

（3）商流有序的影响因素，主要包括以下四个方面

1）信任。随着空间位置和时间的变化，企业的合作伙伴和竞争对手也是不断变化的，甚至会相互转换。例如，从空间位置方面来说，两个企业在国内竞争，但可能在国际市场上就是盟友，从时间方面来说，今天的盟友可能就是明天的对手。而要实现商流有序，不可避免地要分享部分涉及商业机密的信息，各企业出于自我保护的考虑，就会拒绝这类信息的共享，则有序也就流于形式，因此要实现商流有序，各节点企业之间必须给予彼此足够的信任（闫焕利，2001）。

2）信用。商流有序中的各节点企业之间在合作伙伴彼此信任的基础上以契约的形式联系起来形成企业网络，共享企业相关信息，以各自企业的核心能力参与有序商流。但由于信息不对称，不排除个别节点企业为了企业自身的利益出现违反约定、弄虚作假和泄露其他企业技术与商业机密的情况。而这种情况一旦出现，必然导致商流有序的破裂，因此，各节点企业良好的信用也是促进商流有序的重要因素。

3）信息标准与信息技术。各节点企业之间的商流有序需要信息的交换与共享。但不同的节点企业可能会采用不同的通信技术和使用不同的硬件与软件，不同的通信协议标准，甚至对不同的信息符号所表示的语义也可能存在差异，这种差异必然会阻碍商流的有序。因此，各节点企业统一信息标准和信息技术也是信息顺畅传递的关键。

4）组织和管理。由于不同的企业拥有不同的企业文化和管理模式，则在彼此协作的过程中会出现一些组织和管理方面的冲突，而这些冲突必然会影响商流有序的进程。

商流有序的实现可以加强节点企业间的联系、降低经营成本和缩短产品采购周期。对商流有序进行测量，从不同的角度出发，可以得到不同的评价指标。通过对商流有序的概念及其主要内容的分析，得出商流有序主要包括商流开始前期的信息有序、进行商流活动前的需求预测有序、交易有序和退货有序。

2. 信息流有序指标

（1）供应链信息流有序的内容，主要包含以下两个方面

1）信息交换。信息交换在这里主要是指两个相邻的节点企业因业务往来而产生的信息在节点企业间的传递。在信息交换中，存在信息需求方和信息供给方，信息由供给方向需求方传递。节点企业因业务往来的需要产生信息的需求，

成为信息需求方。信息需求方会根据需求对其进行业务往来的节点企业提出信息要求。作为信息供给方的节点企业，只有根据信息需求方对信息内容、时限、标准等要求，及时、准确、完整地将其掌握的信息传递给信息需求方，供应链上的业务往来才可能通畅的进行下去。根据控制论原理，信息需求方在完成信息利用对信息供给方进行及时的信息反馈。并且，在信息传递的过程中，双方都在进行信息的校验、纠偏，以获得准确、全面的信息。在供应链信息交换过程中，节点企业作为信息供给方和需求方的身份是在不断变换的。

供应链中，供应链节点企业自身建立的信息系统，通过互联网信息交换平台连接，运用电子数据交换（electronic data interchange，EDI）等信息标准化技术，集成供应链信息系统。供应链的信息交换就是通过供应链集成的信息系统完成的。

因此，供应链节点企业间信息交换及时、准确，节点企业间信息利用程度越高，则越有利于供应链节点企业之间信息的协调一致，促进供应链节点企业之间信息流的有序。

2）信息共享。信息共享通常是由信息中心模式实现的（孟园，2008）。在这种模式下，一个独立于供应链节点企业之外的新的功能节点被建立，该节点为信息集成中心。每一个节点企业借助现代通信技术与信息中心保持连接。并且，节点企业在信息集成中心发布信息，形成整个供应链的共享信息源。信息集成中心按照统一的标准整理共享的信息。其他各个节点企业按照自己对于信息的需求，从信息中心获取相关信息。对于信息中心的管理，可以由核心企业主导，或者委托外部专业的信息管理商进行管理。

另外，根据信息共享的内容、信息共享的目标与功能，就可以将信息共享划分为三个层级，即技术层信息共享、管理层信息共享和战略层信息共享。对于供应链节点企业来说，根据与自己伙伴关系的密切程度，将供应链其他节点企业划分为三个级别，即非合作伙伴、次要合作伙伴和重要合作伙伴。针对不同的级别，按照不同的权限在信息中心发布和获取信息。一般来说，重要合作伙伴会获得三个层级的信息，次要合作伙伴会获得除战略层级的其他两个层级的信息，非合作伙伴一般只获得技术层级的信息，即因一般的业务往来产生的信息。

（2）供应链信息流有序的影响因素，主要包含以下六个方面

1）信息。信息本身对信息流协同有着重要的影响：①信息层级影响着信息流的有序。供应链中信息分属于战略和战术两个层级。由于低层级的信息要受到高层级的影响，在供应链信息流有序过程中，高层级的信息对于信息流协同的影响程度要大于低层级的信息。例如，两个供应链节点企业建立战略合作伙伴，在部分战略信息上一致，受其影响战术层面的信息也会趋向协同一致。反之则不然。因此，高层级的信息对信息流有序有着较为重要的影响。②供应链中，存在

大量的虚假或者无用信息，导致节点企业利用信息的成本增加，直接影响节点企业间的信息协作。因此确保信息的正确性，对于节点企业之间的信息流有序也有直接的影响。③现代市场竞争要求供应链对于市场的变化做出迅速反应，加之价值信息具有一定的时效性，这就要求信息能够及时地传递、共享和利用。信息流动及时，整个供应链的反应才会迅速。

2）信息共享范围。信息共享范围越大，表明供应链中发布信息和利用其他节点企业信息的节点企业数量越多，则整个供应链上的信息流会趋向有序一致，信息流有序水平就越高。

3）信息共享的层级。信息共享层级意味着节点企业共享信息数量和层级的多少。信息共享层级越高，节点企业间信息协作和利用的水平就会越高。这样有利于信息流有序水平的提高。

4）信息共享价值。信息流协同与信息共享的区别在于信息流协同强调信息共享的价值，即信息共享给节点企业带来的有益影响。信息共享会影响到节点企业的决策行为，进而影响到节点企业的收益。共享价值越高，表明节点企业因为共享信息获得的额外收益越大，信息流协同效果就越好。反过来会激励节点企业信息共享的行为，进一步提高信息流有序水平。

5）信息交换和共享的风险。在供应链达到信息流有序的过程中，信息交换和信息共享往往存在潜在的风险。供应链节点企业的信息存在被竞争对手非法获取、核心机密信息泄露等风险。出于对信息有序风险的考虑，节点企业往往只进行一些低层级的信息交换和共享。例如，仅仅局限于业务往来的信息交换，或者减少信息交换和共享的频率来规避或者降低可能带来的风险，这势必阻碍信息流有序水平的提高。

6）信息流动的阻碍因素。在供应链中，信息的标准化是影响信息流动的重要因素。供应链节点企业信息标准不统一，在进行交换和共享的过程中势必会产生冲突，增加信息转换所耗费的时间和费用。在信息的标准化中，信息编码问题尤为突出。为了信息查找、解读和利用的方便，供应链中的信息应该进行统一的编码。信息编码承载了信息源、信息类型及时间等要素，通过编码，获得和解读信息的速度会大大增加，利用信息更加方便，这必然会促进信息的自由流动。目前，供应链中普遍采用 EDI 等信息技术，对信息进行编码，集成信息系统，增加节点企业与供应链信息系统接口的兼容性，在一定程度上促进了信息在供应链中的自由流动。信息的自由流动促进了节点企业进行信息交换和共享，从而推动着信息流的有序。

供应链信息流有序的实现可以促进节点企业间联系与合作，有利于节点企业间业务往来的开展，和相关成本的降低及利润的提高。信息流有序有助于维护供应链的整体性，快速满足市场不断变化的需求。对于信息流有序进行测量，可以有不同的指标。依据信息流有序的主要两个方面，即信息传递有序和信息共享有序，从信息传递和信息共享两个维度来选择测量信息流有序的具体指标。

3. 物流有序指标

（1）供应链物流有序的内容

供应链物流有序运作的内容主要包括物流信息共享、共同决策和一体化运作三个方面。

1）物流信息共享。物流信息共享主要是供应链节点企业间通过共享与物流运作有关的运输、仓库数据等信息，并对整个物流过程进行跟踪管理（冯春花和宋学锋，2008）。信息传递的不及时或者不准确会影响供应链上节点企业间的物流运作过程，要想供应链上节点企业间物流运作达到有序，节点企业之间就需要共享与物流有关的信息，借助现代化的网络通信技术及先进的信息系统，节点企业间可以实现信息的实时共享和交流，从而降低信息传递失真给供应链物流协同运作带来的影响。

2）共同决策。与物流过程中的运输管理、配送管理、仓储管理、装卸管理、流通加工管理等各个单项物流职能管理的简单相加不等同的是，供应链物流有序运作的意义包含的更多。在这些物流职能管理的基础上，供应链物流有序运作还包含跨企业的物流预测、计划、整合与协调、优化组合等物流决策过程（游佳，2006）。供应链节点企业间以供应链物流运作整体最优为目标，在信息共享的基础上进行协同预测、协同计划，并对供应链上所有节点企业的物流资源进行适当的整合与协调，实现资源的优化组合。通过对供应链上节点企业间物流运作的合理调配，使供应链节点企业间物流运作达到最优。

3）一体化运作。供应链物流一体化运作，是指供应链节点企业通过共同决策及信息共享，将原料、半成品和成品的生产、供应销售结合成有机整体，实现流通与生产的纽带和促进关系。一体化运作能够有效地降低供应链上节点企业库存水平、增加物资库存周转率、提高整个供应链的运作效率。

（2）供应链物流有序的影响因素

在供应链物流有序运作的过程中，供应链节点企业 IT 基础设施、节点企业可利用的物流资源在功能和能力方面的匹配性、供应链节点企业间的监督与激励都会影响供应链物流的协同运作。

1）供应链上节点企业的 IT 基础设施。供应链物流有序要求供应链上节点企业间能够实时地进行交流及信息共享，这与节点企业的 IT 基础设施的使用是离不开的。通过互联网、电子数据交换和信息系统等 IT 基础设施，促进节点企业之间的联系、数据的获取及电子连接通道的建立，增强供应链上节点企业间的交流和信息共享。供应链上节点企业间 IT 基础设施衔接的越好，信息在供应链节点企业间传递过程中发生扭曲的可能性就越小，供应链节点企业间物流有序运作得就越好。

2）节点企业可利用的物流资源在功能和能力方面的匹配性。供应链节点企业间存在各种物流资源，一般的物流资源如运输设备、装卸搬运设备等都是节点企业所不可缺少的资源。节点企业中的物流资源是构成供应链物流系统物质基础要素的主要部分。对于不同的物流系统来说，需要有不同的物流设备与其相匹配，从而能够完成不同的物流作业（李淑玲和吕高燕，2011）。倘若节点企业可利用的物流资源在功能和能力方面不匹配，很难满足物流作业的实际需要，就会对供应链节点企业间的物流有序运行造成消极影响。

3）供应链节点企业间的监督与激励。供应链节点企业间的监督机制，对物流有序的具体运作影响很大。供应链上节点企业间若没有有效的控制机制，就会导致整个供应链运行的不稳定性。好的监督机制能够将信息及时反馈给供应链上节点企业，使节点企业能够及时发现运作中的失误并改正，进而保证物流协同能够有序运作下去（毛爱英和高鹏翔，2007）。供应链节点企业间的激励，是建立在共同利益基础上的，主要通过利益分配来影响供应链节点企业间的物流有序。供应链上节点企业间的利益分配不均衡，会导致链上节点企业为了各自利益而进行资源的自我封闭（如物质资源、信息资源等），与供应链整体效益出现冲突，引起供应链失调，增加企业之间的信息壁垒和沟通障碍，阻碍供应链物流有序运行。

供应链上节点企业间物流有序运作的关键在于如何有效协调控制多个物流要素之间的关系。供应链上各节点企业需要在物流各要素平衡的基础上，通过信息共享，充分协调节点企业间的决策和物流资源配置，使供应链物流有序和可持续发展。将基于物流共同决策和信息共享这两个方面来选取供应链物流有序的评价指标。

4. 资金流有序评价指标

在竞争日益激烈的今天，节点企业已不能只关注自身的财务状况和应收应付账款的周期，而应更多地关注其上游供应商和下游经销商的流动资金及财务状况，因为其上下游合作伙伴的资金状况在相当程度上决定了这一节点企业是否能取得成功。

供应链上各节点企业以整个供应链资金流高效流畅运行为共同目标，在相互信任、一致激励的基础上，通过资源共享、紧密合作和利益共享实现供应链资金流有序流畅运行，整个供应链的财务竞争力得到提升。

供应链资金流的有序运作，强调资金的使用效益，即将运营资金视为投入的资金成本，以最小的流动资产投入获得最大的销售收益，在满足供应链运作对流动资产基本需求的前提下，尽量使运营资金趋于最小。

（1）资金流有序运作的内容

供应链资金流有序的实现需要供应链各节点企业之间的紧密合作。供应链节点企业都拥有自身独特的资源和核心能力，通过相互合作、相互促进，可产生优势互补效应，使各自的核心能力得到进一步强化。供应链各节点企业之间彼此信任、紧密合作，实现整个供应链及各节点企业的资金流运行有序、顺畅。资金流有序实现途径包括资源有效共享、能力合作和一体化的资金管理三个方面。

1）资源有效共享。资源互补和共享是供应链资金流有序运作的前提条件。供应链上下游节点企业通过相互协调，共享包括财务信息、财务人才和财务管理系统等在内的重要资源，实现资源在资金流有序运作过程中充分、有效地利用。节点企业之间优秀的高素质财务人员交流协作可以实现供应链资金流的有效管理。供应链上节点企业间通过现代化的网络通信技术及对接的资金管理系统共享与销售及产品价格的相关信息，实现节点企业间的财务信息资源共享，从而使资金流动更加流畅，供应链上节点企业间资金流流动更有序、便捷。

2）能力合作。资金流有序的实现需要供应链上下游节点企业基于能力紧密合作来实现。供应链上的节点企业能力有强有弱，不同企业的财务管理能力、财务活动能力、财务关系能力也有高有低，同时也存在一定的互补性，供应链节点企业之间基于财务能力的紧密合作非常重要。供应链节点企业之间加强合作，利用自身财务能力，促进整个供应链资金流的有序运作。例如，节点企业在销售预测和生产计划方面，与客户、上游节点企业紧密协作，快速响应市场需求，获得更多的收益。通过加强节点企业与节点企业之间的资金管理能力合作，使供应链节点企业之间实现资金流运作的同步化，提高资金流有序运作的效率和效益。

3）一体化的资金管理。一体化的资金流管理旨在推进供应链资金流管理的业务流程再造，实现资金流与物流和信息流整合、同步，以及从订单创造、订单获取到订单执行的全流程快速响应，从而降低运营资金占用、加速资金流转、提升运营资金效率。

为了供应链资金流实现有序运作，供应链节点企业一般采用对接的资金结算管理系统，共同为供应链提供一体化的、无缝集成的资金流管理方案，有效减少资金管理成本的同时，提高效率。资金结算管理系统的建立，可以实现资金管理数据高度共享及及时的资金结算，保障整个供应链物流、资金流与信息流的正确性、协调性。供应链各节点企业通过建立统一的资金管理网络及资金结算流程，加强资金管理及信息管理，加速交易过程，降低交易成本及交易风险，实现供应链资金流运作的整体优化。

综上所述，只有不断地强化供应链资金流的管理与监管，通过资源共享、能力合作和一体化的资金流管理，有效控制供应链上资金流管理的风险，保障节点企业及整个供应链资金管理的安全性，从基础上保障供应链资金流的高效、稳定、正常运转。

（2）资金流有序运作的影响因素

无论是供应链节点企业之间的资金管理还是节点企业内部的资金管理，都会影响到供应链资金流有序运作的顺利进行。为了实现供应链资金流有序运作，供应链节点企业必须在充分信任、一致激励的基础上，建立资源共享和能力整合机制来实现优势互补及利益共享。在前人研究的基础上，本书提出供应链资金流有序的影响因素主要包括盈利能力、信任机制、激励机制和惩罚机制的有效性。

1）盈利能力。盈利能力主要包括整个供应链及各节点企业的当前盈利能力、持续盈利能力及未来盈利的增长潜力三个维度。参与供应链资金流有序运作节点企业的当前盈利能力越强，对未来盈利能力的增长性和持续性越有信心，供应链节点企业可投入的资源越多，合作的紧密程度越高，越有利于资金流有序化的实现。

2）信任机制。信任包括能力、善意和诚实三个维度，能力是指个人或组织的技能与知识，这些能力具有专业性，而且为对方所需要，使合作伙伴高度满意，从而产生信任感，能力是信任产生的前提，也是合作关系建立的基础；善意则指双方均具有很强的合作意愿，思考和行动均着眼于协作双方共同利益和长期利益的实现；诚实是指协作双方都遵守共同的原则，这是信任的基础，诚实主要表现为双方严格遵守事先确定的共同规则。

合作伙伴之间既会有良好的合作意愿，也会有外部机会主义、核心资源和能力保密等方面的顾虑。大量研究表明，合作伙伴之间组织文化的相容性越强，成员间越容易建立相互信任关系，合作共赢的可能性也就越大。供应链资金流有序的实现受到各节点企业之间相互信任程度的影响，节点企业之间的相互信任的关系，可以促进节点企业之间的长期合作，有助于形成节点企业的共享信息、共担风险、共同获利的战略合作伙伴关系，从而实现供应链财务上的竞争优势。显然，供应链资金流有序运作的实现强调合作和信任。通过充分的沟通与协作，建立必要的信任机制，消除合作的梗阻，是供应链资金流有序运作的重要前提。

3）激励机制。激励的目标主要是调动供应链节点企业的积极性，兼顾合作双方的共同利益，使供应链资金的流动更加顺畅，实现供应链企业共赢的目标。激励机制包括：价格激励、订单激励、商誉激励等。协同节点企业之间最主要的激励机制是价格激励，供应链的各个节点企业间的利益分配主要体现在价格上。价格包含了供应链利润在所有节点企业间的分配，供应链协同而产生的额外收益或者损失在所有节点企业间的均衡。资金流有序运作的收益如何分配将直接影响到节点企业参与资金流有序运作的积极性和主动性。公平的测度资金有序运作的价值，科学合理的分配有序运作收益能够保证节点企业参与资金流有序运作的积极性和主动性。供应链资金流有序运作的激励机制越完善，资金在供应链节点企业之间的流动越顺畅、越便捷，越有利于资金流实现有序化。

在供应链环境下，各个节点企业在战略上是相互合作关系，每个企业的利益都不能被忽视。利益共享、风险共担是资金流有序运作的前提，利益分配合理可以增强节点企业的积极性，不合理的低利润会挫伤节点企业的积极性。供应链利润的合理分配有利于供应链节点企业间合作的稳定和运行的顺畅，同时激励节点企业投入更多的精力。资金流的有序运作可以实现共赢。例如，供应商和制造商（核心企业）之间的资金流有序运作会使两者关系进一步紧密，供应商以较低的成本获得资金支持，而核心企业也可以获得更好的供货价格及服务；分销商与核心企业之间的资金流有序运作会使经销商获得宝贵的资金支持，与核心企业的关系进一步紧密，扩大了经营规模，与此同时核心企业也能获得更好的销售业绩。

4）惩罚机制。资金流在有序化的实现过程中，存在着机会主义的风险。个别的节点企业为了获得机会主义的收益，打破了资金流的有序运行，使资金流原有的有序状态失去平衡，整个供应链受到损失。资金流有序运行的实现需要建立起完备的惩罚机制，提高供应链节点企业的欺骗成本，使不道德的机会主义行为无利可图，从而限制道德风险行为的产生。可见惩罚机制是供应链资金流有序运作的重要影响因素。

供应链上下游节点企业资金流有序的关键在于如何有效协调提高整个供应链上的资金使用率，从而为供应链节点企业创造更多的价值。供应链上各节点企业需要在资金结算平衡的基础上，充分协调节点企业间的决策和资金配置，使供应链节点企业资金管理协调同步和资金流运作高效有序。结合考虑资金流动过程的效率和资金使用效果等因素，从资金的及时回收，流动资金周转速度，资金流运作安全性等角度来选择指标。

5. 知识流有序指标

（1）供应链知识流有序的内容

知识的流动与其他四个"流"的流动有比较大的差别，知识的流动不完全是随着业务流而发生的，其是长期的，不断潜移默化的过程。供应链蕴藏着丰富的异质知识资源，各节点企业之间传播和交换信息、想法、经验等显性知识和隐性知识，并相互转化和反复提炼，通过知识共享和知识整合，可以显著提高供应链的知识存量、知识创新和运用水平，从而产生协同价值，提高整个供应链的竞争能力。因此，将知识流有序的内容归结为知识共享、知识整合、知识创新和知识运用四个方面。

1）知识共享。供应链节点企业间的知识共享是指供应链各节点企业传播和交换显性知识与隐性知识、个体知识及集体知识，并相互转化和反复提炼，以增强各节点企业知识的相容性和供应链整体知识容量（朱庆，2006）。供应链节点企业间的知识共享也是一个为了使节点企业间知识资源快速、顺畅流动的双向交流过程。其内容以显性知识为主，隐性知识为辅，注重集体知识的交互和传播。知识共享是实现供应链知识流有序的第一环节，各节点企业只有将各自的知识共享于整个供应链上，才有可能实现知识的整合、创新和运用。

知识共享是知识管理的核心，是促进知识在供应链节点企业间流动的主要手段，有利于整个供应链知识资源的交流和互补，从而提高供应链知识创新和应用的效率。节点企业积极地参与供应链知识共享活动，共同分享成功的经营理念、价值观及企业远景等战略性知识，将有助于节点企业互相认同，确定集体的统一目标和共同的行为规范，进而抵消供应链合作过程中由于目标异化而导致的监督和执行成本（翁莉等，2009）。知识共享水平通常会受到节点企业知识储备量、知识共享能力、激励机制、企业间信任程度和统一的知识共享平台等因素的影响。

要实现供应链知识流的有序，首先，要对共享知识的个人和节点企业组织给予激励。供应链节点企业需要建立相应的机制，来激发各个节点企业和个人知识共享的积极性，可以采用知识奖励机制，通过对供应链节点企业的员工和节点企业的知识共享行为进行奖励，从经济、精神等方面激发员工和节点企业的共享积极性。其次，要想各节点企业更积极主动的共享自己的知识，节点企业间必须要建立信任机制，只有完善的信任机制才促使各节点企业更高效地完成整个供应链知识共享、整合、创新和运用等有序环节。

2）知识整合。知识整合是把不同层次，不同专业的知识有机组合在一起形成结构化知识体系的过程（王清晓，2010）。供应链知识整合过程是将节点企业的知识系统整合，把个人知识逐渐转变为团队知识，进而上升为整个供应链知识体系的过程，也是供应链节点企业对共享知识加工的过程，即吸收知识，有效管理知识的过程。供应链节点企业的知识整合也是一个连续的过程，节点企业间在长期合作过程中对已有知识和新共享的知识不断进行整合提炼，逐渐丰富核心能力，从而提高整个供应链的竞争能力。

在竞争环境剧烈变化的情况下，供应链节点企业间的合作往往是动态的和多目标的，即在不同的时点上，节点企业要与不同的联盟伙伴，在不同的部门之间，进行全面知识合作，从而使知识整合产生良好的效果，各参与方在整合中提升自身知识的价值。无论节点企业内部还是节点企业间的共享知识都需要通过整合才可以形成系统的知识，在使知识流有序化过程中，知识整合主要是指供应链节点企业对共享的知识进行整合形成系统的知识，增加知识库资源，使各节点企业便捷的获取所需的知识。

供应链节点企业包含显性和隐性两种类型的知识，这两种类型的知识在整合机制上存在一些差别，一般来说，显性知识整合便于表达和文本化，因而侧重于信息技术的运用；而隐性知识必须建立在反复交流基础上，依靠协作和兼容的企业文化不断整合企业间共享的知识。供应链节点企业间知识整合过程的主要影响因素包括节点企业的知识吸收能力、知识的类型、信息技术平台和企业文化等。

3）知识创新。供应链节点企业间的知识创新是指在各节点企业知识共享和整合的基础上，依据现有知识创新出含有更多价值的知识的过程，也是挖掘知识的潜在价值的过程。包括单个节点企业的知识创新和节点企业间共同创新的知识。在竞争激烈的市场环境下，节点企业的发展必须通过知识的创新，知识创新也成为供应链节点企业提升可持续竞争优势的重要源泉。知识是在交流和运用中产生价值并实现知识创新，供应链是知识创新也是运用群体智慧进行创新，赢得竞争优势的过程，其中，节点企业需要一种机制，知识工作者需要一种文化，使全体员工有效地合作，共同创新。因此，知识创新的影响因素主要包括节点企业的创新能力、供应链文化等因素。

4）知识运用。供应链知识运用是指在对知识共享、整合和创新的基础上，将整合的或创新的知识应用到产品设计、技术研发或其他业务流程的过程，也是实现知识价值的过程。知识的多样性和复杂性已经使个人没有能力完全独立地甄别和高效地利用知识，知识只有通过互相交流才能得到发展，也只有通过使用才能实现其价值，同时也可以从中派生出新知识。供应链节点企业知识的运用主要受节点企业间协作能力的影响。

总之，供应链知识流要达到有序需要通过持续进行知识共享、整合、创新和运用等环节来实现。供应链节点企业通过将零散的共享知识资源整合成强有力的知识体系，实现知识创新和运用，提升竞争优势，从而不断提高供应链的知识有序度程度。

（2）知识流有序的影响因素

使供应链知识流有序化是通过知识共享、知识整合、知识创新和知识运用来实现的，每个环节又会受到不同因素的影响，而这四个环节的影响因素既是实现供应链知识流有序的影响因素，根据在供应链知识流有序内容部分提到的影响因素，将供应链知识流有序影响因素归为实现供应链知识流有序化的各节点企业的能力、知识本身的性质、传播媒介的完善度和情境等四方面因素。

1）各节点企业的能力。供应链知识流的有序会受到各节点企业知识储备量、知识获取吸收能力、知识共享能力、知识创造能力和知识运用能力的影响。节点企业的知识储备越丰富、知识吸收、共享、创新和运用能力越强，供应链节点企业知识的共享水平就会越高，共享产生的价值也会越大，供应链节点企业就越容易实现知识流的有序。

2）知识本身的性质。知识可从不同的角度来划分，迈克尔按照知识的获取和传递的难易程度，将知识划分为显性知识和隐性知识（顾新，2008）。显性知识是指能够以一种系统的方法表达正式而规范的知识，它容易编码，可以通过明确地表达和传递。隐性知识是指高度个体化、难以形式化和明晰化、难以与他人共享的知识。因此，对供应链隐性知识流的有序要比显性知识难度大，只能通过沟通交流等外化的方法去共享传播，而且时间成本也比较高，而显性知识比较容易交流协作。知识的特性会影响知识共享、整合、创新和运用等能力，从而对实现整个供应链知识流有序化过程产生影响。

3）传播媒介的完善度。知识流传播媒介主要是指供应链知识流有序的渠道、方式、信息系统等，它是实现供应链知识流有序运作和管理的基础和辅助机构。供应链知识流有序的媒介越完善，供应链知识交流越顺畅、越方便，越容易实现知识的共享和价值的实现，也越有利于实现知识的有序化。

知识流动与共享、知识整合与创新的实现，有赖于网络基础上的供应链知识流有序度平台的构建。现代信息网络技术为知识在供应链节点企业内部交流和节点企业间远程交流提供了有力的技术支持，克服知识共享的障碍，促进知识在节点企业间的互动性和培育供应链的整体有序能力。

4）情境。供应链知识流有序的情境指的是供应链节点企业在实现供应链知识流有序化过程中的一些影响因素。影响供应链知识流有序化的情境因素主要包括文化背景、信任机制、激励机制等。各节点企业的情境差异，在很大程度上决定了供应链知识流有序程度。不同组织之间存在的文化差异往往是组之间知识流动的阻力。供应链节点企业间的文化差异越大，供应链知识流动的难度也就越大，节点企业之间的冲突就越多，合作伙伴之间组织文化的相容性越强，成员间越容易建立相互信任关系，合作共赢的可能性也就越大。因此，供应链节点企业要不断强化共同文化的形成，即节点企业共同遵循鼓励学习与共享、支持创新、共存共荣、相互信任的价值观等，让各节点企业认识到充分的合作和知识共享对于实现供应链双赢目标的重要性，从而降低知识交易过程中的不确定性，并保证知识在供应链节点企业间顺利地流动。同时，供应链节点企业间要有个良好的信任和激励机制来鼓励各个节点企业积极分享知识成果，从而促进各个节点企业的交流。这些因素会影响知识的共享水平和实现共享价值的能力，从而会影响供应链知识流的有序程度。

总之，在提高供应链知识流有序度的过程中，各个节点企业要不断分析总结其影响的阻碍因素，并找出适宜的对策来最大限度地减少影响程度，要提高实现供应链知识流有序运作的各方面能力。目前，对使供应链知识流有序的指标研究比较少，尤其是可以量化的指标，本书综合考虑了反映知识共享水平的过程因素和反映价值实现程度的知识共享价值结果两个方面来选择指标。

（二）指标选取结果

基于以上分析，本书在借鉴了很多国内外供应链协同管理的相关研究基础上，得出供应链协同评价指标预选指标集，共包括 5 个一级指标和 40 个二级指标（表7-1）。

表7-1　供应链协同度评价预选指标

一级指标	二级指标	二级指标说明
商流有序度	信息全面性	考察能否收集到所有需要的相关信息
	公司的信誉	考察履行合同的信誉度
	需求预测一致性	考察节点企业是否出现库存过量
	信息管理系统	考察公司的信息化水平
	平均采购提前期	考察节点企业间的需求信息共享程度
	成本期望率	考察需求方和供应方之间对产品价格期望的一致程度
	交货准确率	考察供应方把货物及时准确交付的能力
	退货处理速度	考察供应方对退货的态度
信息流有序度	信息广度	考察信息传递和分享的范围
	信息时效性	考察信息传递是否在有效时间内完成
	信息强度	考察信息传递和共享的层级比例
	信息敏捷度	考察信息交换、共享和获取的及时性
	信息准确度	考察信息在传递中是否准确传递
	信息利用度	考察节点企业对信息的利用程度
	信息完整度	考察传递、共享信息的完整程度
	信息共享价值	考察节点企业信息共享对于整个供应链的价值
物流有序度	平均库存周转率	考察节点企业间协调库存管理水平
	物资平均供应时间柔性	考察节点企业间在协调交货时间上的应变能力
	物资平均准时交货率	考察供应链订单的执行情况
	物资平均破损率	考察供应商向客户配送物资的服务水平
	物资平均货差率	考察供应商向客户配送物资的服务水平
	仓库平均利用率	考察节点企业仓库利用水平
	平均提前交货比率	考察供应商订单的执行情况

一级指标	二级指标	二级指标说明
资金流有序度	货款及时结算率	考察资金回收是否有滞留和拖延
	流动资金周转率	考察节点企业资金的周转和利用水平
	总资产收益率	考察节点企业全部资产的盈利能力
	应收账款坏账率	考察节点企业客户的商业信用
	应收账款收现率	考察节点企业应收账款现金回收情况
	资金成本率	考察节点企业因使用资金而付出的年复利率 IRR[①]
	流动资金占用额	评价节点企业流动资金占用额大小
	回款周期差值	考察上下游节点企业的回款周期是否一致
	现金周转周期	考察从应收账款发生到收回的时间
知识流有序度	知识存量水平	考察节点企业员工平均受教育程度
	知识共享广度	考察节点企业对知识共享参与的范围
	共享知识丰富度	考察节点企业间知识共享的积极性
	知识创新水平	考察知识共享实现的创新能力水平
	创新收益率	考察实现的知识创新价值
	知识交流频率	考察节点企业间知识交流积极程度
	技术合作参与率	考察节点企业间技术方面合作程度
	知识相容度	考察节点企业间文化等的认同程度

三、评价指标体系确定

在根据相关文献研究和"五流"各自内涵、影响因素确定预选评价指标集后，需要对指标的可信性和有效性进行分析。可信性是指指标具有权威性，指标的内容是清晰明确的，指标本身具有较高的信服度；有效性是指指标能够全面、完整、真实地反映实际的情况。

通过运用专家打分法对指标体系中的指标进行筛选，剔除专家认为不可信的指标，同时增加大部分专家一致公认的可行指标，以确保指标体系的覆盖范围及可信性；在确定指标体系可信性的基础上，运用大样本问卷调查法来考察指标对实际问题的反映和解析情况，进一步对指标进行筛选和修正，以确保指标体系的有效性。

---

① IRR，internal rate of return，即内部收益率。

1. 指标体系可信性确定

根据供应链协同评价的预选指标集，本研究邀请 15 位供应链协同研究方面的专家学者和从事供应链管理的企业管理人员，向诸位专家介绍本书研究的目的和思路，然后请求他们对这些供应链协同度评价预选指标进行筛选，基本的方法和步骤如下。

1）将本书研究的要点和预选指标集整理成材料分发给各位专家学者，请各位专家阅读和分析这些材料。

2）将各位专家学者集中起来共同讨论供应链协同的相关理论，对本书研究所建立的供应链协同模型及各要素形成一致的观点，并详细分析和讨论各预选指标的含义，对各指标代表的含义形成共识。

3）请求每个专家选择根据自己的研究和理解对供应链协同评价预选指标集中的每个指标的重要程度进行打分。可采用 5 分制，1 分代表特别不重要，2 分代表不重要，3 分代表一般重要，4 分代表重要，5 分代表特别重要（见附录 3 评价指标问卷 1）。

4）统计各位专家学者的打分结果。如果某一个指标，有 60% 的专家学者认为特别不重要，那么删除这个指标，如果 90% 的专家学者认为某个指标不重要，也删除那个指标，经过删除后，剩余的指标形成一个新的指标集。

5）重复步骤 3）和步骤 4）两步，直到对剩余的指标没有太大异议，不再删除指标为止，剩余的指标构成一个初步的供应链协同度评价指标体系。

6）在步骤 5）结束后得到的评价指标体系的基础上，再与各位专家学者进行讨论，分析指标的完整性。如果发现某个指标存在缺陷，可以再经过各位专家学者的讨论，争取各位专家学者的意见，添加一些指标，然后继续步骤 3）、步骤第 4）和步骤 5）的操作，继续对指标进行筛选，直到得到一个各专家学者都满意的完整的评价指标体系。

7）在完成步骤 6）得到完整的评价指标体系后，请求各位专家学者对各个指标进行一个大致的排序，然后综合各位专家学者的意见，排定一个指标顺序。

8）请求各位专家学者对得到的最新的评价指标体系进行筛选，删除那些关联度较大但重要性较小的指标，最后得一个完整的、指标间关联度较小的供应链协同度评价指标体系，共包括 5 个一级指标和 26 个二级指标（表 7-2）。

表 7-2 供应链协同度评价指标体系

目标层	一级指标	二级指标
供应链协同度	商流有序度	信息全面性
		需求预测一致性
		公司的信誉
		平均采购提前期
		成本（价格）期望率
		交货准确率
		退货处理速度
	信息流有序度	信息广度
		信息利用度
		信息强度
		信息敏捷度
		信息准确度
		信息共享价值
	物流有序度	物资平均库存周转率
		物资平均供应时间柔性
		物资平均准时交货率
		物资平均破损率
		平均提前交货比率
		物资平均货差率
	资金流有序度	货款及时结算率
		流动资金周转率
		回款周期差值
		应收账款坏账率
		资金成本率
		现金周转周期
	知识流有序度	知识存量水平
		知识共享广度
		技术合作参与率
		共享知识丰富度
		知识创新水平
		创新收益率

2. 指标体系有效性确定

在可信性指标体系确定的基础上，需要对指标体系的有效性进行分析。本书研究选取不同行业的多个供应链，共发放了 37 份问卷，回收了 30 份有效问卷，用来考察所确定的指标体系中的每一个指标是否能全面、真实地反映每一个供应链的实际内容,以对指标进行筛选,从而确定有效的指标体系。其基本方法和步骤如下。

1)设计调查问卷。根据可信性指标体系,规定每一个指标能够反映或解释实际情况的程度为 1~5,其中"1"代表特别不能够,"2"代表不能够,"3"代表一般可以,"4"代表能够,"5"代表特别能够。

2)进行问卷调查。本书研究选取机床制造业、汽车制造业、电子业、工程装备制造业等 37 家企业作为调研的对象进行问卷发放,并回收了 30 份有效问卷。问卷发放的主要对象为各企业的中高层管理者(一般涉及采购部、生产部、营销部、研发部、物流部、财务部等,见附录 3 评价指标问卷 2)。

3)对调研结果进行分析整理。根据统计的结果进行筛选指标,删除那些 60% 被调查者认为特别不能够反映实际情况的和 90% 被调查者认为一般不能够反映实际情况的。

4)最终确定指标体系。

3. 指标体系确定

对预选指标体系进行可信性确定和有效性确定之后,最后形成供应链协同度指标评价体系(表 7-3)。

表 7-3 供应链协同度评价指标体系

目标层	一级指标	二级指标
供应链协同度	商流有序度	信息全面性
		需求预测一致性
		平均采购提前期
		成本(价格)期望率
		交货准确率
		退货处理速度
	信息流有序度	信息广度
		信息强度
		信息敏捷度
		信息准确度
		信息共享价值
	物流有序度	物资平均库存周转率
		物资平均供应时间柔性
		物资平均准时交货率
		物资平均破损率
		物资平均货差率

目标层	一级指标	二级指标
供应链协同度	资金流有序度	货款及时结算率
		流动资金周转率
		回款周期差值
		应收账款坏账率
		现金周转周期
	知识流有序度	知识存量水平
		知识共享广度
		共享知识丰富度
		知识创新水平
		创新收益率

四、指标解释

1. 商流有序指标

（1）信息的全面性

供应链商流活动是从收集相关的商品信息和市场信息开始的，这些信息可以直接影响供应链节点企业的相关决策。信息的全面性越强，则采购方对供应方产品的了解程度越高，相应的商流活动进行的会越顺利，供应链商流有序度越高。信息的全面性可以用查找到的信息总数除以所需信息的总数来计算。

$$I_1 = \frac{1}{n} \sum_n^{i=1} \frac{A_i}{B_i} \tag{7-6}$$

式中，I_1 为信息的全面性；A_i 为实际查找到的第 i 种信息；B_i 为需要收集的第 i 种信息；n 为需要搜集信息的产品种类数。

（2）需求预测一致度

做任何事情都需要有详细的计划，而供应链上各节点企业在进行采购、生产或销售的时候也必须有计划。而预测则是计划的第一个步骤，各节点企业必须对市场未来的需求情况进行提前预测，预测的越准确，越有利于节点企业的生产部署和资源的合理配置。而对于供应链来说，各个节点企业都会对未来的市场需求有一个预测，如果预测不统一，如制造商认为某种材料会有 1000 个单位的需求，但供应商却认为会有 2000 个单位的需求，则必然会导致 1000 个单位的材料挤压，这必然导致供应链商流的无序。为了保证供应链商流的有序，必须保持供应链各节点企业需求预测的一致性。而需求预测一般以制造企业的为准，则其一致性可以用制造企业的某种需求预测量除以其他节点企业对某种需求预测量的总和。

对这种需求预测量的总和来表示，结果越接近 1，说明一致性越好。也即供应链商流的有序度越高。

$$I_2 = \frac{C}{T} \times 100\% \tag{7-7}$$

式中，I_2 为需求预测的一致性；C 为制造企业的某种需求预测；T 为各节点企业对某种需求的预测总和。

（3）平均采购提前期

采购提前期即节点企业搜集市场信息，发出采购订单，经过物流部门把所需材料运送到节点企业仓库或生产车间的时间，反映了供应链的市场响应速度。在竞争日益激烈的市场上，各节点企业都在努力降低采购提前期，节点企业间的合作关系越好，则采购提前期越短，相应的节点企业间商流越有序。平均采购提前期的计算方法可以用节点企业各种材料的采购提前期天数总和除以采购材料的种类数。

$$I_3 = \frac{1}{n} \sum_{n}^{i=1} T_i \tag{7-8}$$

式中，I_3 为平均采购提前期；n 为采购商品的种类数；T_i 为第 i 种商品的采购提前期。

（4）成本期望率

成本期望率反映的是节点企业商流活动的预期成本与实际成本之间的比率，在实际的商流活动中，各个节点企业都会有一个预期成本，不但包括商品的价格，还包括交易谈判的费用，商品运输的成本等。成本期望率越接近 1，则商流协同度越高，可以用期望成本与实际成本的比值来表示。

$$I_4 = \sum_{n}^{i=1} \frac{Q_{q_i}}{Q_{s_i}} \tag{7-9}$$

式中，I_4 为成本期望率，Q_{q_i} 为对第 i 种商品的预期成本，Q_{s_i} 为第 i 种商品实际成本。

（5）交货准确率

交货也是商流活动的重要内容。节点企业间谈判交易之后，供应商应该把以准确的质量，把准确数量的准确商品在准确的时间交付给采购方。交货准确率可以用在约定时间交货的商品总数除以商品总数来表示。交货准确率越高，供应链商流协同越好。可以用在一定时期内的准时交货次数与总的交货次数的比值来计算。

$$I_5 = \frac{1}{n} \sum_{n}^{i=1} \frac{Dt_i}{D_i} \tag{7-10}$$

式中，I_5 为交货准确率；n 为商品种类总数；Dt_i 为第 i 种商品准确交货的次数；D_i 为第 i 种商品的总的交货次数。

（6）退货处理速度

退货是供应链商流中可能发生的最后一个活动，在数量不对、价格不符或质量出现偏差的时候便会发生退货活动。而对退货的处理速度则可以显示供应链商流的有序程度。退货次数越少，退货处理速度越快，则供应链商流有序度越高。退货处理速度可以用各种商品退货处理时间的总和除以商品退货总次数来表示。

$$I_6 = \frac{1}{N} \sum_{n}^{i=1} Q_i \tag{7-11}$$

式中，I_6 为退货处理速度；n 为退货商品的总次数；Q_i 为第 i 种商品的退货处理时间。

2. 信息流有序指标

（1）信息广度

信息流广度是指供应链中节点企业与其他节点企业在进行信息交换和共享过程中信息流动的最大范围，即与该节点企业进行信息交换和共享的节点企业在供应链中处的最远层级（程国平等，2003）。该范围的大小，关系到供应链中参与信息交换和共享的节点企业的多少。因此，范围越大，表明供应链中信息交换和信息共享发生的范围就越大，供应链的信息流有序就越好。信息流广度（H_1）的计算公式如下：

$$H_1 = \sum_{i=1}^{n} W_i \cdot (l_1 \cdot S_j/S_i + l_2 \cdot C_j/C_i) \tag{7-12}$$

式中，n 为供应链中节点企业的个数，w_i 为节点企业 i 的信息流广度的权重，由其在供应链中的地位确定，且 $\sum_{i=1}^{n} w_i = 1$；l_1、l_2 为节点企业 i 赋予的权重，且 $l_1 + l_2 = 1$；S_j 为该节点企业所能得到供应商方向信息的最远的供应商所处层级；S_i 为该节点企业到达供应链最初供应商所经历的总层级；C_j 为该节点企业所能得到客户方向信息的最远的顾客所处层级；C_i 为该节点企业到达供应链最终客户所经历的总层级。

（2）信息强度

信息强度是对供应链信息流中信息的描述，是指在供应链中进行交换和共享的信息的类型及该类型信息所对应的层级（程国平，2004）。供应链信息流中各类信息分别对应战略和策略两个层级，不同的信息层级对供应链信息流有序影响也不相同。其中，战略层级的信息影响着策略层级的信息，因此其对信息流有序影响更大。信息强度（H_2）主要通过交换和共享过程中的战略层级的信息种类数和供应链中总的信息种类数的比值来表示：

$$H_2 = \frac{M}{N} \tag{7-13}$$

式中，M 为参与交换和共享过程中的战略层级的信息类型的总数；N 为参与交换和共享过程中的信息的类型的总数。

（3）信息流敏捷度

信息流敏捷度是指供应链节点企业在信息交换和共享的过程中交换和共享的及时性及获取信息的及时性。任何信息具有时效性，因此，在信息交换和共享中必须及时。信息流的敏捷度越高，则共享和交换越及时，越有利于信息流有序度的提高。随着信息技术的发展和信息标准化的完善，信息获取越来越容易。因此，信息流的敏捷度主要是指信息传递和共享的及时性。

信息流敏捷度（H_3）主要是通过一定时间内供应链节点企业及时接受信息的次数与接受信息的总次数的比值来确定，其公式：

$$H_3 = \sum_{i=1}^{n} W_i \frac{M_i}{N_i} \tag{7-14}$$

式中，n 为在一定时间内与 i 节点企业进行信息交换的企业个数；W_i 为 i 节点企业接受信息及时的重要程度；M_i 为 i 节点企业接受信息及时的次数；N_i 为接受信息的总次数。

（4）信息准确度

信息流的准确度主要是指信息在交换和共享过程中传递的准确程度。节点企业获取和利用信息产生收益的基础是信息具有相当程度的准确性。在供应链信息流有序的过程中，信息流的准确度对其有着直接的影响，准确度越高，越有利于信息流有序。信息流准确度（H_4）用信息被正确传递的次数和被传递的总次数表示：

$$H_4 = \sum_{i=1}^{n} l_i \cdot \frac{M_i}{N_i} \tag{7-15}$$

式中，l_i 为节点企业 i 在供应链中的重要程度；M_i 为节点企业 i 接收到正确信息的次数；N_i 为节点企业 i 接收到信息的总次数。

（5）信息共享价值

信息流有序不仅强调信息共享，还强调信息共享的价值，即节点企业信息共享行为给其他节点企业带来的有益影响。在供应链中，节点企业的决策行为往往受到信息量的影响，一般情况下，有效的信息量越多，越容易做出最优策略。假定在供应链中共享的信息均有效的情况下，信息共享的价值体现在共享前后引起最优策略变化进而收益的变化之差（王晶等，2007）。

同时，信息共享的价值受到信息共享的层级的影响。在供应链中，节点企业间信息具有不对称性，这要求节点企业根据与它合作的密切程度，将其他节点企业分为非合作伙伴、次要合作伙伴、重要合作伙伴。供应链节点企业根据不同的合作伙伴类型，对信息共享进行分级，一级共享、二级共享、三级共享。其中，一级共享针对三个层次的合作伙伴，二级共享针对次要合作伙伴和重要合作，三级共享只针对重要合作伙伴。

因此，信息共享价值（H_5）的公式如下：

$$H_5 = \sum_{i=1}^{3} \left((1/n_i) * \frac{H_{ij}(t^* \mid s') - H_{ij}(t \mid s)}{H_{ij}(t \mid s)} \right) \tag{7-16}$$

式中，n_i 为 i 级共享中的企业个数；$H_{ij}(t^* \mid s')$ 为 i 级信息共享中 j 节点企业信息共享后的收益；$H_{ij}(t \mid s)$ 为 i 级信息共享中 j 节点企业信息共享前的收益。

3. 物流有序指标

（1）物资平均库存周转率

平均库存周转率能够反映供应链节点企业间协调库存管理水平的高低。供应链上节点企业间库存周转率越高，则库存在节点企业的仓库中停留的时间就越短，节点企业的库存量就可维持在较低的水平，相应的库存管理费用也就越低，表明供应链节点企业间物流有序运作得越好。库存周转率一般用一定时间内物资的销售总金额与该期间内物资的库存平均金额的比例来表示，则可定义供应链平均库存周转率（L_1）计算公式如下：

$$L_1 = \frac{\sum_{i=1}^{n} S_i}{\sum_{i=1}^{n} R_i} \tag{7-17}$$

式中，n 为供应链物资种类；S_i 为一定时间内供应链第 i 种物资的销售总金额；R_i 为该期间内该种物资的库存平均金额，其中，$1 \leqslant i \leqslant n$。

（2）物资平均供应时间柔性

供应链的时间柔性是指供应链响应客户需求的速度（徐健，2006）。平均供应时间柔性反映了供应链上节点企业间在协调交货时间上的应变能力。通常情况下节点企业间协调的应变能力越强，物流有序运作水平也越高。客户需求的不确定性，往往会导致供应链的下游节点企业突然改变交货时间，譬如说可能会因为缺货而将交货时间提前。通常用供应时间的柔性来衡量节点企业这种改变供应时间的应变能力。供应链节点企业间平均供应时间柔性越强，则节点企业间物流有序运作水平也越高。供应时间柔性一般用订单的松弛时间与订单交货时间的比值来表示，其中订单的松弛时间是订单交货时间与订单完成时间的差值。则可定义供应链供应时间柔性（L_2）计算公式如下（陈志祥，2004）：

$$L_2 = \frac{1}{n} \sum_{i=1}^{n} \left[\frac{1}{ki} \sum_{j=1}^{ki} \frac{L_{ij} - T_{ij}}{L_{ij} - E_{ij}} \right] \tag{7-18}$$

式中，n 为供应链物资种类；ki 为一定时间内供应链第 i 种物资的订单数量；E_{ij} 为该期间内该种物资第 j 笔订单的准备日期；L_{ij} 为该期间内该种物资第 j 笔订单的计划交货期；T_{ij} 为该期间内该种物资第 j 笔订单的完成日期，$T_{ij} \leqslant L_{ij}$，其中，$1 \leqslant i \leqslant n$，$1 \leqslant j \leqslant ki$，且供应时间柔性$L_2$的取值范围为 $0 \leqslant L_2 \leqslant 1$。

（3）物资平均准时交货率

物资平均准时交货率是衡量供应链节点企业间物流有序运作水平的一个重要指标（周荣辅和赵俊仙，2008）。准时交货要求供应链上节点企业在规定的时间内将物资送达到下游节点企业手中，节点企业的订单处理时间、交货时间在很大程度上影响着其交货能力。供应链上节点企业间物流有序运作水平越高，则节点企业的订单处理时间及交货时间越短，交货能力越强，物资准时交货率就越高。物资准时交货率一般用一定时间内物资的准时交货次数与企业总交货次数的比例来表示，则可定义供应链物资平均准时交货率（L_3）计算公式如下：

$$L_3 = \frac{1}{n} \sum_{i=1}^{n} \frac{D_i^r}{D_i} \tag{7-19}$$

式中，n 为供应链物资种类；D_i^r 为一定时间内供应链第 i 种物资的准时交货次数；D_i 为该期间内该种物资的总交货次数，其中，$1 \leqslant i \leqslant n$。

（4）物资平均破损率

物资破损率是用来衡量供应商在向客户配送过程中物资的破损率，它在一定程度上能够说明供应链上节点企业之间的物流有序运作水平。供应链节点企业间物流有序运作得越好，则物资货损率就越低。物资破损率一般用一定时间内由供应商向客户配送过程中物资的破损数量与该期间提供的物资总量的比例来表示，则可定义供应链物资平均破损率（L_4）计算公式如下：

$$L_4 = \frac{1}{n} \sum_{i=1}^{n} \frac{Y_i^r}{Y_i} \tag{7-20}$$

式中，n 为供应链物资种类；Y_i^r 为一定时间内由供应商提供的第 i 种物资的破损数量；Y_i 为该期间由供应商提供的该种物资总量，其中，$1 \leqslant i \leqslant n$。

（5）物资平均货差率

货差是指发生短少、错装、错卸、错运、交接差错等造成的。一般来说，供应链上节点企业间物流有序运作水平越高，则货差率就越低。货差率一般用一定时间内供应商的货差量占应交付物品总量的比例来表示，则可定义供应链物资平均货差率（L_5）计算公式如下：

$$L_5 = \frac{1}{n} \sum_{i=1}^{n} \frac{U_i^r}{U_i} \tag{7-21}$$

式中，n 为供应链物资种类；U_i^r 为一定时间内由供应商提供的第 i 种物资的货差量；U_i 为该期间应由供应商交付的该种物资总量，其中，$1 \leqslant i \leqslant n$。

4. 资金流有序指标

（1）货款及时结算率

资金流有序体现在货款的及时结算，减少资金滞留与拖延，加快资金的周转。因此，我们采用货款及时结算率衡量资金流的有序水平。在供应链中，供需双方除了物流的快速反应能力外，资金流的快速协调是一个重要特征。货款的及时结算更好的实现供应链节点企业之间的资金平衡。资金流动速度快，则资金周转率高，资金的利用价值也高，从而可把企业资金投入到回报率更高的投资领域，提高资金的经济效益（陈志祥，2004）。货款不能及时结算，很大程度上会影响到供应链资金流的平衡与有效利用。因此节点企业的货款及时结算率是资金流有序的重要指标之一。供应商货款及时结算率（P_1）的表达式如下：

$$P_1 = \frac{1}{m} \sum_{j=1}^{m} \frac{t_j}{T_j} \times 100\% \tag{7-22}$$

式中，P_1 为供应商货款及时结算率；m 为供应商数量；T_j 为第 j 个供应商下游节点企业的总货款结算金额；t_j 为第 j 个供应商的下游节点企业货款按时结算金额。

（2）流动资金周转率

流动资金周转率从整体上反映和评价节点企业流动资金的周转和利用水平。流动资金占用量不变时，加速流动资金周转，则能扩大生产规模，促进企业发展。生产规模不变时，资金周转速度加快，则会减少资金占用（尤维捷，2006）。合理规划流动资金的使用，有助于流动资金周转率的提高。流动资金周转率指节点企业一定时期内流动资金周转额与流动资金平均占用额的比率。它是反映核心企业流动资金使用效率的重要指标，流动资金周转率（P_2）计算公式如下：

$$P_2 = \frac{1}{m} \sum_{i=1}^{m} \frac{S \cdot k_i}{O_i} \times 100\%, \quad i \in [1, m] \tag{7-23}$$

式中，P_2 为流动资金周转率；m 为核心企业上游供应商数量；S 为核心企业销售收入总额；k_i 为第 i 种零部件采购及组装费用成本占产品全部成本的比率；O_i 为核心企业采购第 i 个零部件的流动资金平均占用额（按年度平均额计算）。

（3）回款周期差值

回款周期的长短影响供应链资金流的运行。要实现供应链节点企业之间的资金有序运作，必须使供应链节点企业之间的回款周期尽可能的保持一致，且回款周期尽可能短的情况下, 资金流动速度加快, 资金在节点企业之间的运作更加高效。回款周期差值 (P_3) 计算公式如下:

$$P_3 = \left| \frac{1}{m} \sum_{i=1}^{m} M_i - \frac{1}{n} \sum_{j=1}^{n} N_j \right|, \ i \in [1, \ m], \ j \in [1, \ n] \qquad (7\text{-}24)$$

式中, m 为核心企业供应商数目; n 为核心企业下游客户数; M_i 为核心企业对其供应商 i 的平均付款期限; N_j 为核心企业下游客户 j 的平均付款期限。

（4）应收账款坏账率

应收账款是企业对外销售产品或者提供服务等形成的尚未收回的销售款项。应收账款和应付账款反映了企业商业信用的两个方面。在商品交易过程中, 采用赊销的方式出售商品, 在买方延迟支付货款期间, 卖方垫付的这笔资金, 实际上是卖方以 “应收账款” 的形式给买方提供无息贷款。而卖方承担了应收账款的机会成本, 机会成本的大小与企业应收账款占用资金数量相关, 占用的资金越大, 机会成本就越高。企业由于一些无法收回的应收账款从而存在着坏账、呆账的可能性。

供应链资金流有序, 强调供应链上的节点企业, 信守承诺, 准时交付, 准时付账, 保持信誉, 实现长期互利双赢的协作。供应链各个节点企业在仔细分析其下游节点企业盈利能力、偿债能力、资本结构及该节点企业的成长性的基础上, 合理确定信用期限、信用标准、现金折扣等, 充分估计可能的应收账款风险, 对坏账、呆账风险进行监控, 提出一体化的供应链资金流有序规划方案（白净, 2009）。应收账款坏账率衡量供应链资金流的有序化程度, 而整个供应链的应收账款坏账率, 体现了整个供应链资金流管理的好坏, 同时有序的程度越高, 供应链节点企业的平均应收账款坏账率越低。应收账款坏账率 (P_4) 计算公式如下:

$$P_4 = \frac{1}{n} \sum_{i=1}^{n} \frac{c_i}{(a_i + b_i)/2} \times 100\% \qquad (7\text{-}25)$$

式中, n 为供应链节点企业数量; a_i 为第 i 个节点企业期初应收账款; b_i 为第 i 个节点企业期末应收账款; c_i 为第 i 个节点企业经营期内到期而未收回的应收账款。

（5）现金周转周期

现金周转周期是供应链运作绩效测评的一种重要的工具和手段, 其基本的思想是单位货币从原材料投入到市场价值实现的周期时间（Stewart, 1995）。现金周转周期的缩短不仅仅需要企业内部的管理, 更重要的是通过企业间的合作和有序来实现。有研究证明, 合作良好的企业比一般企业能够实现更短的订单前置时间（Sheridan, 2000）。供应链上节点企业的协同, 打破节点企业之间存在的各种业务壁垒, 通过业务流程的整合和有效的信息沟通, 提高经营的绩效, 从而加速现金周转，缩短现金周转周期。

应收账款周转期是指从应收账款发生到收回所需要的时间；应付账款周转期是指从收到尚未付款的材料开始到偿还货物所需要的时间；库存周转期是指从生产投入材料开始到产成品出售所需要的时间。现金周转期就是现金周转一次所需的天数。根据现金周转期可以计算出现金周转率，即现金在一年中周转的次数。Farris 和 Hutchison 给出了计算现金流量周期的公式（2003），即

$$库存周转周期 = \frac{库存价值(元)}{产品销售成本(元)} \times 365$$

$$应收账款周转期 = \frac{应收账款(元)}{净销售额(元)} \times 365$$

$$应付账款周转期 = \frac{应付账款(元)}{产品销售成本(元)} \times 365$$

现金周转周期=应收账款周转期−应付账款周转期+存货周转期

现金周转周期指一定时期内，在供应链范围内现金从最初购买原材料，到最后将产品出售换回现金用的时间，该指标反映供应链之间资金的协调水平。缩短现金周转通行的途径有：① 缩短库存周转期；② 缩短应收账款周转期；③延长应付账款周转期（孟焰和李连清，2006）。现金周转周期的缩短不仅仅需要企业内部的管理，也需要通过企业间的合作和协同来实现（宋华，2007）。因此，本书采用现金周转周期作为供应链资金流有序程度的评价指标之一。

供应链核心企业平均现金周转周期（P_5）的计算公式如下：

$$P_5 = \frac{1}{m} \sum_{i=1}^{m} (D_i + E - F_i), \ i \in [1, m] \tag{7-26}$$

式中，m 为核心企业上游供应商数量；D_i 为核心企业零部件 i 的平均存货周期；E 为核心企业的平均应收账款周期；F_i 为核心企业对其零部件供应商 i 的平均应付账款周期。

5. 知识流有序指标

（1）知识存量水平

供应链蕴藏着丰富的异质知识资源，而组织中的知识以隐性和显性两种形式存在。显性知识是通常指容易被描述的文件、章程等，而隐性知识是企业有待挖掘的、潜在知识，它是不易描述和传递的知识，主要存在于员工的头脑中，也是组织中需要挖掘和共享的知识，在企业中不仅所占的比例大，同时，也发挥着最主要的作用（魏华飞和张晓林，2006）。供应链中的知识共享包括节点企业内部的共享和节点企业间的共享，本书主要研究节点企业间的共享，拥有大量隐性知识的员工既是共享活动的承担者又是发动者，离开了主体，知识共享就无法进行

（姜文，2006）。

企业中员工的受教育程度和经验知识是衡量员工知识水平的最直接和常用的方法。在知识流动共享过程中，作为知识主体的员工的知识获取、吸收、共享和创新能力等都会影响知识的通畅流动。供应链中各节点企业员工的平均受教育程度和经验水平越高，则整个供应链知识资源水平也就越高，接受和运用知识的能力也就越强，也就越能使知识流有序。不同供应链和节点企业由于所从事的行业的不同，对员工的知识水平要求也不同，有些企业比起学历更注重专业型人才，而有些企业更需要召集更多全面型人才，对专业水平要求低一些，本书从学历水平和职称两个角度测量节点企业的知识资源水平，并根据节点企业的类型给予一定权重去衡量知识资源水平，则供应链知识资源水平（T_1）计算公式可表示为

$$T_1 = \frac{1}{n} \sum_{i=1}^{n} \left(l_{i1} \cdot \frac{p_i}{N_i} + l_{i2} \cdot \frac{q_i}{N_i} \right) \tag{7-27}$$

式中，n 为供应链中节点企业的个数；l_{i1} 为节点企业 i 对学历重视度权重，l_{i2} 为节点企业 i 对职称重视度权重，且 $l_{i1}+l_{i2}=1$，l_{i1}、l_{i2} 的权重值是由节点企业 i 赋予的；N_i 为节点企业 i 员工总数；p_i 为节点企业 i 本科以上学历人数；q_i 为节点企业 i 具有中等职称以上人员，其中，$1<i\leqslant n$。

（2）知识共享广度

知识共享的广度是指知识在流动过程中被共享的范围，为了提高供应链整体竞争力，每个节点企业既可以和其上游节点企业共享知识，也可以和其下游节点企业共享知识。本书中假设供应链各节点企业知识共享是在相互信任的基础上进行的。假设上游节点企业是供应方，下游节点企业是客户方，则可分为面向供应方共享的知识广度和面向客户方共享的知识广度。供应链中的节点企业拥有着异质而互补的知识资源，而知识是在交流和运用中产生价值并实现知识创新的。知识如果不进行充分的交流，就无法使其为大多数人所共享，也就无法为企业的发展做出贡献（李兵等，2004）。

知识共享广度可以测量各节点企业知识共享的积极性和共享的范围，知识共享广度越大表明各节点企业参与知识共享越积极，知识可以共享到更远的层级，增强整个供应链的知识资源的同时，可以促进知识流的有序程度。供应链的知识共享广度（T_2）计算公式如下：

$$T_2 = \sum_{i=1}^{n} w_i \left(l_{i1} \cdot \frac{S_{ij}}{S_{im}} + l_{i2} \cdot \frac{C_{ij}}{C_{im}} \right) \tag{7-28}$$

式中，n 为供应链中节点企业的个数；w_i 为节点企业 i 的知识共享广度的权重，由其在供应链中的地位确定，且 $\sum_{i=1}^{n} w_i =1$；l_{i1} 为节点企业 i 面向供应方向知识共

享广度的重要性，l_{i2} 为节点企业 i 面向客户方向知识共享广度的重要性，且 $l_{i1}+l_{i2}$ $=1$，l_{i1}、l_{i2} 的权重值是由节点企业 i 赋予的；S_{ij} 为节点企业 i 实际共享给供应商方向知识的供应方层数；S_{im} 为节点企业 i 到达供应链最初供应商所经历的供应上方向总层级；C_{ij} 为企业实际共享给客户方向知识的客户方层数；C_{im} 为到达供应链最终客户所经历的客户方向总层级，其中，$1<i \leqslant n$。

（3）共享知识丰富度

共享知识的丰富度是指节点企业共享的知识被其他节点企业共享的程度。供应链是由多个节点企业构成的，而且每个层级上也可能有很多节点企业共同存在，而加强对精干的、关联度高的节点企业共享知识，不仅可显著提高知识共享与知识整合的效率，还可以加强伙伴之间的紧密联系。因此，本指标测量节点企业针对供应链上比较重要和业务关系紧密的节点企业知识共享程度，指标的数值越大，说明节点企业与这些企业间更愿意彼此共享知识，知识流动就会越有序，从而提高整个供应链的竞争能力。供应链的知识共享丰富度（T_3）计算公式如下：

$$T_3 = \frac{1}{n} \sum_{i=1}^{n} \left(\frac{l_{i1}}{r_1} \sum_{j=1}^{r_1} \frac{Q_{ij}}{Q_{im}} + \frac{l_{i2}}{r_2} \sum_{c=1}^{r_2} \frac{P_{ic}}{P_{im}} \right) \tag{7-29}$$

式中，n 为供应链中节点企业的个数；s 和 c 分别为节点企业 i 的供应商和客户级数，与节点企业最近的定为 1 级，依此类推；r_1 和 r_2 分别为重要供应商和客户层级数；l_{i1} 为节点企业 i 面向供应方向知识共享丰富度的权重，l_{i2} 为节点企业 i 面向客户方向知识共享丰富度的权重，且 $l_{i1}+l_{i2}=1$，l_{i1}、l_{i2} 的权重值是由节点企业 i 赋予的；Q_{ij} 为节点企业 i 实际共享给供应商 j 的知识；Q_{im} 为节点企业 i 共享给供应商方向的所有知识；P_{ic} 为节点企业实际共享给客户 c 的知识；P_{im} 为节点企业 i 共享给客户方向的所有知识，其中，$1<i \leqslant n$。

（4）知识创新水平

在知识更新不断加快的情况下，创新的生命周期也会随之缩短，所以任何一种创新都难以永久地保持竞争优势。在有效的知识创新为企业带来巨额利润的同时，面临着这种创新被取代的竞争是一种非常正常的现象，关键是企业有没有一种有效的管理模式，去适应这种竞争，不断推陈出新知识，从而保持竞争的优势地位。供应链中节点企业间的知识共享促进了供应链内知识的良性流动和增值，提高了供应链节点企业之间的信任感，增强了协作能力和创新能力，进而创新出了更多的新知识，而创造新知识的最终目的是推出新产品或服务，为节点企业带来利润和提升竞争优势。节点企业创新的新知识量越多表明各节点企业参与积极且协调配合越好，同时也增加了整个链上的知识库资源储备量，满足了节点企业对新知识的更多需求。创新的知识越多且越有价值推出新产品和服务的可能性也就越大，节点企业间协调配合越好，从而也会促进知识流动的有序性。

供应链知识创新水平根据从事的行业和企业性质等的不同，其表现形式也会有所差异，一般情况下，用创新新产品量或服务、产品改进量、管理方法改进量等表示。供应链上知识创新水平可用全部节点企业平均每年创新的新产品或服务水平等创新成果表示，则可定义供应链共享知识创新水平（T_4）计算公式如下：

$$T_4 = \frac{1}{k} \sum_{i=1}^{n} \sum_{j=1}^{k} U_{ij} \tag{7-30}$$

式中，U_{ij} 为节点企业 i 在第 j 年知识创新成果量；k 为累计年数（假设开始计算的第一年为 1），其中，$1 \leqslant j \leqslant k$，$1 < i \leqslant n$。

（5）创新收益率

供应链中的节点企业共享知识后，其效益最终还是以企业所获得的收益或竞争能力的提升来表现。很多时候共享的知识是留在了员工的头脑中，变成了隐性的、潜在的创造价值源，这些知识又很难被直接衡量其价值，但可以通过其创造出的产品或服务等的价值体现。因此，为了更直观地测量知识共享的最终价值，用共享知识创新的产品或服务等的收益价值来衡量其共享知识的价值。

创新收益率指创新的新知识所带来的收益占总收益的比例。它反映了共享知识实现的最终的价值。创新产品收益率越高表明节点企业间创新产品越有价值，共享知识的互补性、价值量、协调合作水平越高，知识流也就越有序。供应链创新产品收益率用平均每年创新的新知识所带来的收益占总收益的比例来表示，则可定义供应链创新产品收益率（T_5）计算公式如下：

$$T_5 = \frac{1}{k} \sum_{i=1}^{n} \sum_{j=1}^{k} \frac{M_{ij}}{P_{ij}} \tag{7-31}$$

式中，M_{ij} 为第 j 年节点企业 i 创新知识所获取的收益；P_{ij} 为第 j 年节点企业 i 的全部收益；k 为累计年数（假设开始计算的第一年为 1），其中，$1 \leqslant j \leqslant k$，$1 < i \leqslant n$。

第八章 供应链协同度评价实例研究

第一节 基于机床制造行业的供应链协同度分析

一、供应链管理现状

作为工业领域最为重要的投资品之一，机床行业承担着为整个国民经济发展提供基础装备和工艺技术的任务。机床产品的品种系列、质量和技术水平都直接影响着制造行业的技术工艺、生产能力和产品质量。我国机床制造业发展于中华人民共和国成立初期，在几十年的社会主义建设中为国民经济的发展做出了十分巨大的贡献。进入21世纪，随着我国经济水平的迅速发展，我国机床制造业也连续多年高速增长。据中国机械工业联合会公布，2007年我国机床制造产业总产值居世界第三位，其中进口额和消费金额都占世界第一位；2008年受经济危机的影响，全球机床行业发展速度较慢；到了2009年，我国机床行业渡过经济危机，仅1月到11月全行业的总产值就达到3494.6亿元，同比增长12%，并实现利润总额176.41亿元，一跃成为全球第一，取得了重大的突破。2009~2013年我国机床制造产业持续发展，全行业总产值稳居全球先列。

机床是制造业的母机，机床产品涉及光、电、机、液和自动化等方面的技术，制造工艺和产品结构都十分复杂。随着客户多样化与个性化需求的日益增加，机床企业按订单设计、生产的现象越来越普遍，生产机床所需的零部件材料规格品种繁多，单个企业已无法满足机床产品的多样化需要。从原材料、配套零部件的采购到零部件的设计、加工制造及委托加工制造，再到最终机床产品的装配制造，各个上下游节点企业构成了一条很长的供应链。在如此多的企业中只有少数企业从事机床成品生产，大多数企业从事的是原材料、零部件和中间产品的制造商，而从事机床成品生产的企业一般实力雄厚，是供应链中的核心企业。市场经济发展到今天，现代市场的竞争已经变成了供应链与供应链之间的竞争，对于供应链核心企业来讲，如何对整个供应链进行协调优化，实现各节点企业之间的协同和无缝对接是供应链节点企业至关重要的问题，也是提高整个供应链竞争优势的关键所在。

从研究的内容出发，结合机床行业供应链的情况，选取机床制造业的供应链作为供应链协同的研究对象，具有较强的代表性。该机床供应链各节点企业的基本情况及合作状况已在本书第三章第二节供应链协同机理研究部分进行了介绍。

该供应链上的节点企业间一直紧密合作、友好往来，经过几年的节点企业博弈与合作的发展，该机床制造供应链已在行业内占据了领先地位，正通过进一步协调合作不断提升自身及整个供应链的竞争力。虽然节点企业间业务往来一直比较稳定，但受经济环境和内部协调程度变化等因素的影响，该供应链节点企业的协同运作情况也有一定的波动。

根据供应链节点企业内的 5 个管理者通过对 2006 ~ 2013 年的供应链发展的整体评价，见表 8-1 和图 8-1 所示。

表 8-1　供应链协同水平评价结果

参数	2006 年	2007 年	2008 年	2009 年	2010 年	2011 年	2012 年	2013 年
管理者 1	2	4	2	3	4	5	4	5
管理者 2	3	3	4	4	5	5	5	4
管理者 3	3	3	3	4	4	5	5	5
管理者 4	3	4	2	5	5	5	5	5
管理者 5	2	3	3	4	5	4	5	5
总得分	13	17	14	20	23	24	24	24
平均分	2.6	3.4	2.8	4	4.6	4.8	4.8	4.8

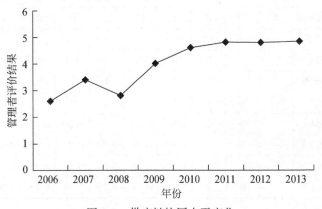

图 8-1　供应链协同水平变化

从图 8-1 可以清楚地看到，管理者普遍认为供应链节点企业经过不断磨合，节点企业之间合作越来越紧密，供应链之间的协同状况总体上是在不断上升的。但是由于外部环境、经营业务等因素影响，供应链协同存在一定的波动。总体来说，管理者们对该供应链的发展前景是比较看好的，同时管理者也认为协同度最高的 2011～2013 年也没有达到最理想水平，供应链协同水平仍存在着进一步提升的空间，需要在以后的合作中进一步协调发展，提高供应链整体竞争力。

二、协同指标计算

模型数据获取及处理由以下四个阶段构成：

1）原始数据的取得。原始数据通过调查问卷的方式获取。首先，根据评价指标体系设计初始调查问卷，指标体系以定量指标为主，定性指标为辅，问卷根据各指标的计算公式，通过表格的形式设计问题，并辅以相应的定性指标作为补充。其次，根据回收的问卷，分析处理，查找不足及需要补充调研的地方，进行第二次补充调研问卷设计（附录 4），通过对三个公司分别进行调研，以相同的问题对数据的真实性和准确度进行验证。最后，将两次的问卷数据结果进行整理合并，经过分析处理得到各子系统序参量数据（表 8-2）。

表 8-2　各子系统序参量分量（指标）标准化数据

子系统	指标（序参量分量）	单位	最差值	理想值	2006年	2007年	2008年	2009年	2010年	2011年	2012年	2013年
商流	信息全面性	—	0	1	1	1	1	1	1	1	1	1
	需求预测一致性	—	0	1	0.6	0.7	0.5	0.7	0.8	0.9	0.9	0.7
	平均采购提前期	天	30	0	20	15	15	18	10	8	8	12
	成本期望率	—	0	0.9	0.9	0.95	0.95	1	1	1	1	1
	交货准确率	%	95	100	100	100	100	100	100	100	100	100
	退货处理速度	天	7	0	3	2	1	1	1	1	1	1
信息流	信息广度	—	0	1	1	1	1	1	1	1	1	1
	信息强度	—	0	1	0.30	0.35	0.45	0.56	0.67	0.75	0.76	0.78
	信息流敏捷度	—	0	1	0.69	0.83	0.89	0.92	0.96	0.97	0.98	0.98
	信息准确度	—	0	1	0.67	0.75	0.83	0.91	0.93	0.95	0.96	0.97
	信息共享价值	—	0	1	0.70	0.71	0.70	0.78	0.85	0.90	0.92	0.94

续表

子系统	指标 (序参量分量)	单位	最差值	理想值	2006年	2007年	2008年	2009年	2010年	2011年	2012年	2013年
物流	物资平均库存周转率	次	1.20	3.95	2.76	2.30	1.82	1.68	1.98	2.13	2.13	1.90
	物资平均供应时间柔性	—	0	0.10	0.04	0.05	0.05	0.07	0.09	0.09	0.09	0.08
	物资平均准时交货率	%	0	100	76	89	87.3	93.0	95.6	96	96	94.8
	物资平均破损率	%	100	0	0	0	0	0	0	0	0	0
	物资平均货差率	%	100	0	0	0	0	0	0	0	0	0
资金流	货款及时结算率	%	75	95	86.8	88.2	87.4	89.5	92.1	92.5	92.5	90.2
	流动资金周转率	次	2.5	0.5	1.47	1.56	1.53	1.64	1.84	1.86	1.86	1.75
	回款周期差值	天	15	0	7.40	6.30	6.50	5.40	4.20	3.80	3.80	4.80
	应收账款坏账损失率	%	3	0	1.04	0.98	0.94	0.92	0.82	0.76	0.76	0.84
	现金周转周期	天	60	10	27.5	25.6	28.7	21.4	18.9	17.8	17.8	19.2
知识流	知识存量水平	—	0	1	0.50	0.57	0.61	0.63	0.68	0.71	0.71	0.75
	知识共享广度	—	0	1	0.89	0.92	0.92	0.91	1	1	1	1
	共享知识丰富度	—	0	1	0.85	0.87	0.89	0.84	0.97	0.98	0.98	0.98
	知识创新水平	个	0	8	4	5	5	5	6	6	6	6
	创新收益率	—	0	1	0.47	0.54	0.53	0.57	0.74	0.74	0.74	0.74

2) 计算各个子系统中各指标的功效值。依据式（7-1）分别计算各"五流"子系统中各指标的功效函数值，在综合考虑该供应链上节点企业的实际运行情况和指标数据的可得性，确定所考察研究区间内该序参量分量（指标）的临界点上、下限。若指标越大越好时，所研究区间的理想值（或最好值）作为上限 α_{ji}，研究区间的最差值作为下限 β_{ji}；若指标越小越好时，所研究区间的最差值作为上限 α_{ji}，研究区间的理想值（或最好值）作为下限 β_{ji}。

功效函数中每个指标的上限 α_{ji} 和下限 β_{ji} 值理论上应该选取该供应链所在行业的平均水平为标准才是最合理的，但目前还没有发现机床行业供应链存在这样的一个值。因此，本书通过对该机床供应链节点企业的高层及相关部门人员对该指标的最高期望值和能接受的最差值的数据调查为依据，根据指标的特点，部分指标的上、下限取三个节点企业所给出值的平均值，而部分指标取核心企业给出的值作为该指标的上、下限值计算。值得注意的是，在各个指标上、下限的获取过程中难免会受人为因素的影响，且随着供应链的发展，这个值也会有变动的。

因此，本书为了使数据更科学、合理，对调研的数据经过进一步的分析确定指标上、下限。

将表8-2中的数据按照式（7-1）分别计算各指标的功效值，得到各个子系统中各指标的功效值见表8-3。

表8-3　各子系统序参量功效值

子系统	指标功效值	2006年	2007年	2008年	2009年	2010年	2011年	2012年	2013年
商流	信息全面性	1	1	1	0.9	1	1	1	1
	需求预测一致性	0.6	0.7	0.5	0.7	0.8	0.9	0.9	0.7
	平均采购提前期	0.33	0.5	0.5	0.47	0.67	0.83	0.83	0.73
	成本期望率	0.95	0.95	0.95	1	1	1	1	1
	交货准确率	1	1	1	1	1	1	1	1
	退货处理速度	0.57	0.71	0.86	0.86	0.86	0.86	0.86	0.86
信息流	信息广度	1	1	1	1	1	1	1	1
	信息强度	0.3	0.35	0.45	0.56	0.67	0.75	0.76	0.78
	信息流敏捷度	0.69	0.83	0.89	0.92	0.96	0.97	0.98	0.98
	信息准确度	0.67	0.75	0.83	0.91	0.93	0.95	0.96	0.97
	信息共享价值	0.7	0.71	0.7	0.78	0.85	0.90	0.92	0.94
物流	物资平均库存周转率	0.57	0.4	0.23	0.17	0.28	0.32	0.32	0.22
	物资平均供应时间柔性	0.4	0.5	0.5	0.7	0.9	0.9	0.9	0.8
	物资平均准时交货率	0.76	0.89	0.87	0.94	0.96	0.96	0.96	0.95
	物资平均破损率	1	1	1	1	1	1	1	1
	物资平均货差率	1	1	1	1	1	1	1	1
资金流	货款及时结算率	0.59	0.66	0.62	0.73	0.86	0.89	0.89	0.84
	流动资金周转率	0.49	0.53	0.52	0.57	0.67	0.68	0.68	0.62
	回款周期差值	0.51	0.58	0.57	0.64	0.72	0.75	0.75	0.70
	应收账款坏账率	0.65	0.67	0.69	0.69	0.73	0.76	0.76	0.71
	现金周转周期	0.65	0.69	0.63	0.77	0.82	0.84	0.84	0.81
知识流	知识存量水平	0.50	0.57	0.61	0.63	0.68	0.71	0.71	0.75
	知识共享广度	0.89	0.92	0.92	0.91	1	1	1	1
	共享知识丰富度	0.85	0.87	0.89	0.84	0.97	0.98	0.98	0.98
	知识创新水平	0.5	0.62	0.62	0.62	0.75	0.75	0.75	0.75
	创新收益率	0.47	0.54	0.53	0.57	0.74	0.74	0.74	0.74

3）根据功效函数公式分别计算商流子系统、信息流子系统、物流子系统、资金流子系统、知识流子系统的有序度，计算结果见表8-4，各个子系统有序度变化如图8-2所示。

表8-4 2006～2013年供应链各子系统有序度

子系统	2006 年	2007 年	2008 年	2009 年	2010 年	2011 年	2012 年	2013 年
商流	0.69	0.78	0.76	0.78	0.87	0.89	0.89	0.85
信息流	0.63	0.69	0.75	0.82	0.87	0.90	0.92	0.94
物流	0.70	0.71	0.63	0.65	0.75	0.80	0.81	0.72
资金流	0.57	0.62	0.60	0.68	0.76	0.78	0.78	0.74
知识流	0.61	0.68	0.69	0.70	0.82	0.84	0.87	0.89

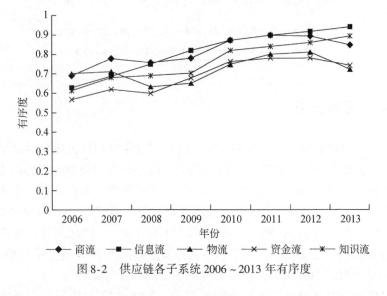

图8-2 供应链各子系统2006～2013年有序度

4）根据第七章给定的相关公式分别计算供应链协同能力、"五流"有序匹配度和供应链协同度，结果见表8-5。2006～2013年沈阳某机床供应链协同度变化如图8-3所示。

表8-5 2006～2013年沈阳某机床供应链协同度参数表

参数	2006 年	2007 年	2008 年	2009 年	2010 年	2011 年	2012 年	2013 年
供应链协同能力	0.638	0.694	0.683	0.723	0.812	0.820	0.845	0.804
"五流"有序匹配度	0.962	0.963	0.954	0.956	0.968	0.970	0.971	0.965
供应链协同度	0.614	0.668	0.651	0.691	0.786	0.792	0.831	0.779

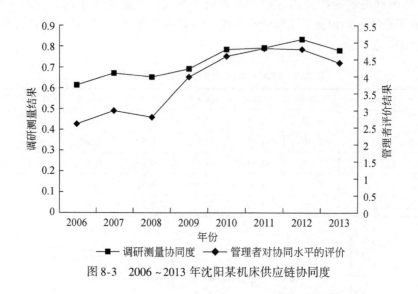

图 8-3 2006～2013 年沈阳某机床供应链协同度

三、协同结果分析

由图 8-2 可以看出，该机床供应链的信息流有序度和知识流有序度呈逐年上升趋势，而商流有序度、物流有序度和资金流有序度走向趋势也大体向上，2008年略微下降，到 2009 年又开始上升，直至 2013 年再次有些许下降；由图 8-3 可知，该机床供应链整体协同度也是总体走向良好，供应链协同度从 2006 年的0.614 一直到 2010 年的 0.786，但在 2008 年有所下降，仅为 0.651，可是在 2009年又超过 2007 年，达到 0.691，之后一直稳步上升到 2012 年达到了 0.831，之后2013 年有所下降，总体来看，供应链向更加协同的方向发展。

从供应链节点企业反馈的调查问卷显示，2006～2013 年来为了更好地应对市场的调整和满足市场的需求，三个节点企业加强了企业间联系，在对整个供应链的战略发展多次认真探讨决策的基础上，增进了业务交易、技术知识、信息交流活动，从而提升了整个供应链节点企业间的协调合作程度。由于全球经济危机的影响，2008 年整个机床制造业受到强烈冲击，供应链需求预测、采购提前期、准时交货率、应收账款回收期和回收周期等都受到了一定程度的影响，该供应链2008 年的商流有序度、物流有序度和资金流有序度下降；而三个节点企业间没有松懈对技术合作、决策商讨和信息传达等交流，使整个供应链的信息流有序度和知识流有序度在艰巨的环境下仍然保持了上升的趋势。供应链协同度，一方面受各流有序度影响，另一方面还受各流有序度之间的离散程度约束，所以尽管信息流有序度和知识流有序度逐年上升，并且提升的幅度大于商流、物流和资金流下降的幅度，但供应链整体协同度还是受到影响，在 2008 年供应链整体协同度呈现下降状态。

由图 8-3 可知，通过模型得出该机床制造业该供应链 2006～2013 年，供应链整体协同度变化趋势与整个供应链内外部环境变化及供应链节点企业管理者对供应链协作的整体情况的评价结果是基本吻合的，因此本书建立的协同度评价模型对供应链协同现状的分析具有很好的实际应用性，这也有效证明了该评价模型的可靠性和合理性。

四、改进建议

从节点企业的角度来说，供应链三个节点企业应该加强物流方面的合作，减少供应商和制造企业的库存，通过订单生产和快速供货及准确的市场预测，逐步接近甚至实现零库存，改善供应链物流有序度的情况；针对供应链资金流有序度偏低的问题，应该加强节点企业之间的资金及时结算，提高资金周转率与流动资金回笼速度，避免因产成品占据资金、应收账款太多、回款周期过长而导致资金回收困难、供应链的资金运作效率低等问题；节点企业应该加强知识之间的共享，进行联合产品的研发，提高知识共享率，促进知识创新；节点企业应该在商流方面加强合作，充分实现采购信息的共享，提高信息的全面性，以降低采购成本并缩短采购周期。

从供应链整体来说，节点企业应该在利益分配和共同决策方面加强合作。三个节点企业应该建立合理的利益分配机制，按照节点企业对供应链协同的贡献程度进行划分。供应链应该加强共同决策的执行，全员参与，共同解决协商问题，建立有效的共同决策机制，如投票制、委员会制等；在建立供应链信息共享系统时，应该与节点企业自身的系统相兼容，并且外包或者由专人负责维护。

第二节　基于汽车制造业的供应链协同度分析

我国进入世界贸易组织（World Trade Organization，WTO）使我国汽车产业面临着来自全球汽车市场更严峻的挑战，"信息化带动工业化，发展具有竞争力的制造业"和"供应链合作共赢"将成为新时期下汽车产业发展的重要战略。在汽车产业链中，汽车零部件价值已占总价值链的 50%。汽车行业整体发展需要以汽车零部件制造企业与整车制造企业共同发展和进步为前提，以强大的汽车零部件供应体系为支撑。

《中国汽车产业发展政策》明确提出的汽车零部件及相关产业政策，促进汽车零部件行业的发展。推进汽车产业结构调整和产业重组，提高汽车产品的市场竞争力，必将极大地促进汽车零部件行业的健康发展。

全球化、个性化和快速多变的市场环境要求我国汽车零部件行业必须尽快建立支持供应链协作的信息共享体系，全面提高汽车零部件制造行业的信息化程度和供应链管理水平，最大限度地消除企业间合作的壁垒，为更多汽车零部件企业参与更大范围合作与全球市场竞争创造条件。

汽车产品需求的个性化会造成零部件多样化、复杂化，也给上游供应商的生产组织、准时化供应带来困难。发动机厂接到汽车厂订单需求信息，再将发动机的零部件需求信息传至上游供应商，零部件供应商从原料加工成零部件向发动机厂供货，发动机厂收到零部件后再组装成发动机，最后向汽车厂供货。整个过程涉及环节多，相互牵制，供货提前期较长，最终制约了发动机的 JIT 供货。

越来越多的企业开始意识到，单个企业之间的竞争时代已经过去，现代商业竞争已转向企业整个供应链之间的竞争。生产核心零部件的领军企业受到核心企业越来越多的关注。经济学有一个原理叫分工提升效率，核心企业在零部件不必样样自制也不可能样样自制的情况下，与零部件企业协同合作是明智之举。与国内外知名核心零部件生产企业结盟，以合理价格享受零部件优先供应权，为企业的汽车产品增加竞争筹码，更快得到市场认可，这是许多汽车制造企业追求的目标。

从本书研究的内容出发，结合汽车行业供应链的情况，选取汽车零部件制造业的供应链作为供应链协同的研究对象，具有较强的代表性。汽车制造业供应链有非常多的节点企业，为了研究的顺利进行及收集相关数据的便利，选择由三个节点企业构成的一个简单供应链，三个节点企业分别是：供应商为某汽车传感系统有限公司，提供零部件传感器；制造商即核心企业是大连某柴油机有限公司；客户为一汽集团某汽车有限公司，向大连某柴油机有限公司采购 CA6DE3 型号柴油机。该汽车柴油机供应链如图 8-4 所示。

图 8-4　某汽车柴油机制造供应链

一、研究对象介绍

1. 某汽车传感系统有限公司

该汽车传感系统有限责任公司现有资产 6000 多万元,员工 560 余人,其中高级职称 20 余人,是一家集产品研制、开发、生产和经营于一体的专业化汽车传感系统产品制造公司。

公司拥有先进数控机床(computer numerical control, CNC)中心、数控铣床、数控车床、电火花、线切割、电机自动装配线、激光打标机、塑料注射成型机、电火花快速穿孔机、气压自动调节传感器测试台等设备 600 余套。传感器系列产品年生产能力达到 1300 万只,刮水器系列产品年生产能力达到 40 万套。公司产品畅销国内外,国内主要客户包括一解放汽车有限公司大连柴油机分公司、一汽解放汽车有限公司无锡柴油机厂、江苏扬州柴油机厂、广西玉林柴油机厂、东冈朝阳柴油机有限责任公司、东风汽车公司、北汽福田汽车股份有限公司、上海德科仪表有限公司、上海航天技术研究院等全国大中型柴油机及汽车仪表专业生产厂家,国外远销美国、英国、日本、澳大利亚等国。

2. 大连某柴油机有限公司

该柴油机有限公司由世界发动机产业奠基者,于 2007 年 8 月成立。现有员工 2000 人,年生产能力 20 万台。公司主导产品有 C、E、D 三大产品平台,轻、中、重三大系列,功率覆盖 85~340 马力,各种变形和适应性产品 300 余种,产品具备先进、高效、可靠、节能、环保等显著优势,是各类中重型载货车、轻型车、客车和工程机械等产品的理想动力。

公司致力于企业的信息化建设,并以此推动企业的管理创新。建立了"标准成本"模式,实现了标准成本核算;以设备计划检修、先期诊断为主线,开始推行设备故障检修模式;开展了财物预算管理;实施第三方物流;进行了流程再造,实行了办公自动化(office automation, OA);建立了体现企业特点的 CIS(corporate identity system)体系,形成了 MI(mind identity,理念识别)、VI(visual identity,视觉识别)、BI(behavior identity,行为识别)三大识别系统;建立了完善的员工激励机制、约束机制、成长机制,最大限度地调动员工的工作热情和创新能力。企业的主要经济指标在全国同行业名列前茅,并荣获"中国机械工业企业核心竞争力百强"。

公司通过信息系统的有效实施,将现代化的信息技术运用于企业管理的各个环节和层次,改善了企业的经营环境,降低了经营生产成本,提高了企业的竞争力；在企业内部改善了商流、物流、资金流、信息流的通畅程度，使企业的运营信息更加准确、及时、全面、翔实。对各种信息的进一步挖掘与加工，使企业管理层的生产、经营决策依据充分，更具科学性，能更好地把握商机，创造更多的发展机会；有利于企业科学化、合理化、制度化、规范化管理，使企业的管理水平跨上新台阶，为企业持续、健康、稳定的发展奠定基础。

3. 一汽某汽车有限公司

该公司成立于 2003 年 1 月 18 日，是以原第一汽车制造厂主体专业厂为基础，以中国第一汽车集团公司技术中心为技术依托重新组建的中重型载重车制造企业，是中国第一汽车集团公司的全资子公司。公司有 12 个职能部，一个专业厂，8 个分公司，2 个全资子公司和 3 个参股公司，员工总数 20 998 人，总资产 220 多亿元。

该公司主导产品是某品牌的中重型系列载货汽车，包括普通载货车、自卸车、牵引车、半挂车、搅拌车、邮政车等 500 多个品种，具有年产 20 万辆的能力。十一五期间，该公司从 2005 年到 2010 的 11 月份，实现主营业务收入 1477.7 亿元，从 2010~2013 年，该公司在世界中重型载重车生产企业中，中重型卡车产销规模持续位居第一。2016 年该公司实现整车销售 20.2 万辆，其中，中重型销售 18.5 万辆、重卡销售量超越对手。2017 年前三季度该公司整车销售 23.63 万辆、中重卡 21.56 万辆。牢占行业头名位置。

二、供应链管理现状

在该汽车制造业供应链中，大连柴油机生产企业通过引入企业制造资源计划管理系统（enterprise resource planning，ERP），将供应商（某汽车传感系统有限公司）和客户（一汽某汽车公司）纳入汽车零部件制造供应链中，采取共同协调需求计划和预测、客户库存规划与部署计划、根据客户细分和战略规划、实施有针对性的差异化供应链战略等措施，使整个零部件制造供应链在整个汽车市场中实现供求同步快速反应。

根据车用柴油机生产制造的特点，大连柴油机制造商针对性地采取了信息共享这一供应链管理策略，保证产品生产的顺利进行。首先，通过现代信息手段如 PDM（product data management，产品数据管理）、OA 和 SAP（system applications and products）等软件共享企业的订单信息，以柴油机整机的形式共享信息，与此同时，传感器公司可根据柴油机公司的订单准备材料进行生产。其次，柴油机公司实行计划看板管理，一线生产线可以根据本月生产计划和库存材料情况，随时向某传感器公司发出采购订单。这样一方面减少了零部件缺货情况，另一方面也减缓了产品库存积压的问题，降低了库存成本。由于部分高端客户的个性化需求，该柴油机公司还特别与该传感器公司建立了联合技术开发小组，专门对客户个性化需求进行共同设计研发。通过与供应商（汽车传感系统有限公司）进行协同开发，大连某柴油机制造商实现了与汽车传感系统有限公司之间的知识共享。在零部件传感器等原材料体系配套上，大连柴油机制造商更倾向于与汽车传感系统有限公司建立长期合作关系，进行战略合作，建立稳定的供应链。

对于柴油机生产企业来说，产成品市场的买方市场特征比较明显。客户的订货很大程度上决定了企业的生产与产成品发展方向。该柴油机公司基本上根据一汽某汽车公司的订单来组织生产。由于一汽某汽车公司全面实施了企业资源计划 ERP 系统、产品数据管理 PDM 系统、销售 TDS（total distribution system）、电子标签系统、生产控制管理 MES（manufacturing execution system）系统、供应链管理 SCM（software configuration management）系统和办公自动化 OA 系统等信息化工程，基本形成了比较完整的企业信息系统，该柴油机公司和汽车公司可以随时交换自己的库存和生产信息，有利于双方减少原材料、零部件和产成品的库存。另外，由于一汽某公司采用 JIT 生产方式，该柴油机公司决定将产成品仓库建在一汽某公司附近，便于应对多批次小批量的产品配送需求。

发动机是汽车的核心零部件，该柴油机公司与汽车公司合作，构建汽车零部件制造行业最具竞争力的供应链体系，共同开拓汽车产销市场。在双方合作的过程中，大连某柴油机公司与汽车公司都获得了很好的发展。在降低供应链成本方面，两个公司共同加强汽车产品技术领域的成本改善，以此来不断提升一汽某汽车市场的竞争力，为提高整个供应链的竞争力和经济效益提供了极大的保障，达到互利共赢，创造出更加辉煌的业绩。

本书调查了该供应链节点企业内的 5 个管理者通过对 2006~2013 年，该供应链发展的整体评价，结果见表 8-6 和图 8-5 所示。

表 8-6　供应链协同水平评价结果

参数	2006 年	2007 年	2008 年	2009 年	2010 年	2011 年	2012 年	2013 年
管理者 1	1	4	4	2	3	4	4	5
管理者 2	3	2	2	5	5	5	5	4
管理者 3	4	3	3	3	4	4	4	5
管理者 4	3	3	4	4	4	4	5	5
管理者 5	2	4	4	5	5	5	5	4
总得分	13	16	17	19	21	22	23	23
平均分	2.6	3.2	3.4	3.8	4.2	4.4	4.6	4.6

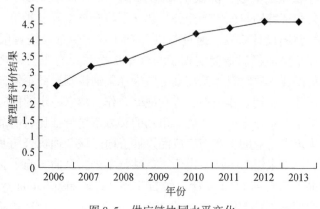

图 8-5　供应链协同水平变化

　　如图 8-5 所示，节点企业管理者认为供应链的协同水平是在不断发展提升的，但是由于外部环境及内部相关因素的影响，供应链的协同水平呈现出波动上升的趋势。但各节点企业在今后的合作中还需要进一步协调一致。

三、协同指标计算

　　模型数据获取及处理过程见第八章第一节第一部分。

表 8-7　各子系统序参量分量（指标）标准化数据

子系统	指标 （序参量分量）	单位	最差值	理想值	2006年	2007年	2008年	2009年	2010年	2011年	2012年	2013年
	信息全面性	—	0	1	1	1	1	1	1	1	1	1
	需求预测一致性	—	0	1	0..63	0.69	0.72	0.75	0.87	0.89	0.92	0.93
商流	平均采购提前期	天	30	5	20	20	20	20	20	20	20	20
	成本期望率	—	0	1	0.99	0.99	1	1	1	1	1	1
	交货准确率	—	0	1	1	1	1	1	1	1	1	1
	退货处理速度	天	10	1	7	7	5	4	3	3	2	2
	信息广度	—	0	1	0.75	0.82	0.8	1	1	1	1	1
	信息强度	—	0	1	0.7	0.8	0.76	0.9	0.96	0.97	0.98	0.98
信息流	信息流敏捷度	—	0	1	0.6	0.69	0.88	0.87	0.89	0.92	0.94	0.95
	信息准确度	—	0	1	0.7	0.75	0.91	0.91	0.92	0.92	0.93	0.93
	信息共享价值	—	0	1	0.68	0.72	0.75	0.8	0.84	0.88	0.90	0.92

子系统	指标 (序参量分量)	单位	最差值	理想值	2006年	2007年	2008年	2009年	2010年	2011年	2012年	2013年
物流	物资平均库存周转率	次	6	15	7.8	9.2	10.4	14.6	14.1	14.7	14.5	14.9
	物资平均供应时间柔性	—	0	0.15	0.08	0.09	0.09	0.11	0.13	0.15	0.16	0.16
	物资平均准时交货率	%	0	100	100	100	100	100	100	100	100	100
	物资平均破损率	%	100	0	4.8	4.3	3.7	2.8	2.1	2.0	1.8	1.6
	物资平均货差率	%	100	0	0	0	0	0	0	0	0	0
资金流	货款及时结算率	%	70	90	79.98	80.52	82.39	83.94	84.75	85.23	85.67	86.19
	流动资金周转率	次	1	3	2.03	2.18	2.39	2.55	2.59	2.61	2.64	2.66
	回款周期差值	天	40	20	29.6	28.9	26.8	25.7	24.6	24.2	23.8	23.6
	应收账款坏账损失率	%	2.5	0.5	1.43	1.37	1.25	1.16	1.09	1.05	1.02	1.01
	现金周转周期	天	120	60	87.4	83.5	79.6	76.9	74.5	74.5	74.2	73.6
知识流	知识存量水平	—	0	1	0.42	0.69	0.53	0.67	0.79	0.82	0.84	0.85
	知识共享广度	—	0	1	0.6	0.88	0.84	0.91	0.98	0.98	0.98	0.98
	共享知识丰富度	—	0	1	0.73	0.87	0.76	0.86	0.97	0.97	0.97	0.97
	知识创新水平	个	0	6	3	5	3	4	5	5	5	5
	创新收益率	—	0	1	0.39	0.64	0.51	0.59	0.68	0.68	0.68	0.68

将表8-7中的数据按照公式（7-1）分别计算各指标的功效值，得到各个子系统中各指标的功效值见表8-8。

表8-8 各子系统序参量功效值

子系统	指标功效 函数值	2006年	2007年	2008年	2009年	2010年	2011年	2012年	2013年
商流	信息全面性	1	1	1	1	1	1	1	1
	需求预测一致性	0.63	0.69	0.72	0.75	0.87	0.89	0.92	0.93
	平均采购提前期	0.4	0.4	0.4	0.4	0.4	0.4	0.4	0.4
	成本期望率	0.99	0.99	1	1	1	1	1	1
	交货准确率	1	1	1	1	1	1	1	1
	退货处理速度	0.33	0.33	0.55	0.66	0.78	0.78	0.88	0.88

子系统	指标功效 函数值	2006年	2007年	2008年	2009年	2010年	2011年	2012年	2013年
信息流	信息广度	0.75	0.82	0.8	1	1	1	1	1
	信息强度	0.7	0.8	0.76	0.9	0.96	0.97	0.98	0.98
	信息流敏捷度	0.6	0.69	0.88	0.87	0.89	0.92	0.94	0.95
	信息准确度	0.7	0.75	0.91	0.91	0.92	0.92	0.93	0.93
	信息共享价值	0.68	0.72	0.75	0.8	0.84	0.88	0.90	0.92
物流	物资平均库存周转率	0.2	0.36	0.49	0.96	0.90	0.96	0.95	0.97
	物资平均供应时间柔性	0.53	0.6	0.6	0.73	0.87	0.89	0.90	0.90
	物资平均准时交货率	1	1	1	1	1	1	1	1
	物资平均破损率	0.952	0.957	0.963	0.972	0.979	0.980	0.981	0.982
	物资平均货差率	1	1	1	1	1	1	1	1
资金流	货款及时结算率	0.499	0.526	0.620	0.697	0.738	0.742	0.744	0.745
	流动资金周转率	0.515	0.554	0.695	0.775	0.795	0.801	0.820	0.835
	回款周期差值	0.52	0.56	0.66	0.72	0.77	0.79	0.82	0.84
	应收账款坏账率	0.535	0.565	0.625	0.670	0.705	0.712	0.710	0.687
	现金周转周期	0.5433	0.6083	0.6733	0.7183	0.7583	0.7583	0.7681	0.7710
知识流	知识存量水平	0.42	0.69	0.53	0.67	0.79	0.82	0.84	0.85
	知识共享广度	0.6	0.88	0.84	0.91	0.98	0.98	0.98	0.98
	共享知识丰富度	0.73	0.87	0.76	0.86	0.97	0.97	0.97	0.97
	知识创新水平	0.5	0.83	0.5	0.66	0.83	0.83	0.83	0.83
	创新收益率	0.39	0.64	0.51	0.59	0.68	0.68	0.68	0.68

根据公式（7-2）~式（7-5）分别计算商流子系统、信息流子系统、物流子系统、资金流子系统、知识流子系统的有序度和整个系统的协同度参数，计算结果见表8-9和表8-10。各个子系统有序度变化如图8-6所示，供应链协同度变化如图8-7所示。

表 8-9　2006～2013 年供应链各子系统有序度

子系统	2006 年	2007 年	2008 年	2009 年	2010 年	2011 年	2012 年	2013 年
商流	0.65	0.67	0.73	0.76	0.83	0.85	0.88	0.88
信息流	0.684	0.755	0.818	0.894	0.920	0.935	0.95	0.98
物流	0.63	0.73	0.78	0.93	0.95	0.95	0.92	0.97
资金流	0.522	0.561	0.654	0.714	0.753	0.762	0.771	0.787
知识流	0.514	0.776	0.613	0.728	0.842	0.812	0.851	0.862

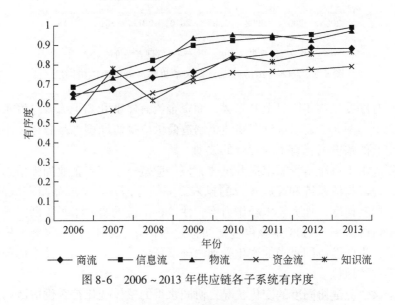

图 8-6　2006～2013 年供应链各子系统有序度

表 8-10　供应链协同度参数表

指标	2006 年	2007 年	2008 年	2009 年	2010 年	2011 年	2012 年	2013 年
协同能力	0.596	0.694	0.715	0.800	0.856	0.890	0.911	0.915
协同有序匹配度	0.870	0.875	0.880	0.875	0.909	0.919	0.923	0.924
协同度	0.518	0.607	0.629	0.700	0.778	0.851	0.862	0.878

四、协同结果分析

通过图 8-6 可以看到，该汽车柴油制造商供应链的商流有序度、信息流有序

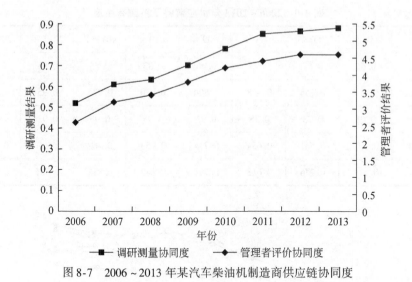

图 8-7　2006～2013 年某汽车柴油机制造商供应链协同度

度和物流有序度呈逐年明显上升趋势，而资金流有序度和知识流有序度走向趋势也大体向上，图 8-7 显示该汽车柴油机制造商供应链协同度也是总体在不断地提升，但提升的幅度变化有不同程度的波动。

近年来由于汽车市场需求提升迅速，该供应链三个节点企业加强信息共享平台建设，提高物流系统和设施建设的投入，降低零部件、半成品与产成品库存，提高资金周转速度，加大技术合作力度，使该供应链的协同水平不断提升。受国际金融危机的影响，2008 年该供应链协同水平的增长幅度有所回落。从走势中可以看出，供应链协同水平的变化受到内外部环境的综合影响，其中内部因素的影响居于主体地位。

对于该供应链协同度的变化状况，协同水平的整体变化符合供应链内外部因素的变化。由图 8-7 可以看出，两条曲线走势比较吻合。因此，对于供应链协同度的评价符合供应链管理者对于供应链协同整体变化的评价和预期，所以，本书的供应链协同度评价模型是可靠而行之有效的。

五、改进建议

从节点企业的角度来说，为了提高柴油机制造商供应链的协同水平，首先，三个节点企业应该在资金方面加强合作，及时结算货款、清收应收账款，减少产成品对资金的占用，提高资金的周转率，建立更深层次的信任机制，减少坏账损失；其次，在知识合作方面，应该加强三个节点企业间的合作与交流，提高知识共享水平，鼓励知识创新合作，提高知识创新收益；再次，在物流方面，物资供应柔性仍需要进一步提高，充分共享市场需求预测信息，缩短订单完成时间，提高供应链对市场需求的响应速度。最后，在信息流和商流方面，应完善信息共享与信息传递的水平，提高信息的全面性，从而降低采购的成本，缩短采购周期。

从供应链整体来说，应该提高供应链的共同决策水平，在讨论解决问题的决策时，三个节点企业应该全员参与，建立合理有效的共同决策机制，制定和实施共同决策应从供应链整体的利益最大化出发而不是从自身利益最大化的角度出发；供应链信息系统的建立与维护对供应链协同有着重要的作用。实施供应链信息共享系统，应该充分考虑节点企业之间的系统兼容性，实施过程中需要由专人进行负责维护，在信息共享的同时确保信息的安全性；此外，供应链协同应进行合理的利益分配，按照节点企业对供应链协同的贡献程度来进行利益的合理分配。值得注意的是，利润分配需要建立有效地绩效评价体系和监督激励机制。

第九章 | 结论与展望

随着市场竞争模式由传统的企业与企业之间的单体竞争转变为供应链与供应链之间的群体竞争，供应链协同运作已经成为提升产品市场竞争优势的重要方式。对供应链协同进行深入研究不但可以了解供应链协同运作的基本原理和一般规律，也可以借此研究成果来把握供应链协同度现状及指导供应链向更高协同度方向发展，从而进一步提高供应链的整体竞争力。

第一节 研究结论

在深入理解供应链及供应链管理内涵的基础上，以协同学理论、系统论和耗散结构论等理论为支撑点，对供应链协同机理、协同模型、状态参量识别、序参量识别、协同度评价模型和协同评价指标体系进行了研究，具体研究结论如下。

1）供应链可以从实体维和流程维两个维度建立系统结构，两个维度分别对应供应链节点企业子系统和"五流"子系统，这两类子系统相互关联，相互覆盖，具有等价关系。在此基础上，研究了供应链运作过程。其中，将商流和知识流纳入供应链结构中，与信息流、物流和资金流一起作为子系统构成供应链，突破了传统的研究范围。

2）明确了供应链"五流"的作用和相互之间的关系，即商流是其他四流运作的动因，是供应链形成的原因；信息流是核心，是供应链有效运行的纽带，并使其他各流活动的有序开展成为可能；物流是支撑，是实现供应链各个节点企业的实际对接的手段，也是其他流活动的实体体现；资金流是保障，是维系供应链运行的最基本条件，并使其他流活动有意义；知识流是灵魂，决定着供应链能否持续成长和成长方向，而其运行有自己的特点，有一定的独立性，即与其他各流为间接相关，表现在时间上具有一定的非同步性。在此基础上，并结合前人的研究成果，界定了"五流"有序的概念。

3）供应链中各节点企业间的竞争与合作通过"五流"关联并表现出来，当系统处于非平衡状态即系统出现"涨落"时，通过节点企业之间非线性相互作用使"涨落"产生放大效应，由此诱发了供应链共同决策、信息共享和利润分配等三个序参量形成，而这三个序参量又反过来支配节点企业的行为，促使之间赖以关联的"五流"向有序的方向发展，进而实现供应链协同。基于供应链协同机理，构建了供应链协同模型。

4）供应链的状态参量是系统状态大小与变化的呈现，各状态参量的权重系数体现了各状态参量对系统状态的决定程度，对供应链序参量的识别可以认为是对供应链协同发展的决定因素的识别。依据状态参量选取原则，通过文献分析，可以获取供应链协同初始状态参量，通过实际调研对状态参量进行进一步的筛选和补充，通过对状态参量体系进行检验和修正，可以达到供应链状态参量识别的目的。

5）序参量是影响状态大小与变化的决定性因素，供应链序参量识别实际上是对供应链协同决定性因素的识别。系统的主成分是系统成员中对系统具有最典型代表的集合，代表着系统发展的宏观模式，能够反映系统的个性特征，因此，供应链序参量识别首先需要对供应链的主成分进行识别，而系统中一般存在多个主成分和一种理想状态下的权重系数结构，识别出状态参量结构与理想状态下状态参量结构最相似的主成分，其状态参量结构中权重系数最大的状态参量最能够支配系统及各子系统的发展，即为供应链的序参量。通过实例分析验证了上述识别方法的可行性。

6）供应链的协同程度会影响供应链的竞争能力，协同程度越高，供应链的竞争力也越强。供应链的协同度与子系统的有序度和子系统有序度之间的匹配程度有关，因此评价供应链协同度必然考虑子系统的有序度及有序度之间的差异。运用功效函数来计算子系统的有序度，再将子系统有序度转换为供应链协同能力，采用标准离差率来表示子系统有序度之间的差异程度，再将差异程度转换匹配度，将协同能力和匹配度两者结合起来进行运算，即可测算供应链协同度。

7）基于协同机理、协同模型和协同度评价模型，对供应链"五流"有序进行了深入研究，通过分析"五流"有序的定义、特点、主要内容、影响因素和各流有序对供应链协同的作用，选择了各"流"有序的若干评价指标。再经过一系列的问卷调查等筛选办法，最终确定并建立了包括5个一级指标和26个二级指标的供应链协同度评价指标体系。最后通过实例应用证明了该评价指标体系的可靠性，为供应链如何通过提高协同度来提高竞争力提供了依据。

第二节　主要贡献

主要贡献体现在供应链结构研究、供应链协同机理研究和供应链协同度度量研究三个方面，它们之间具有层次性和一定的逻辑关系，具体阐述如下。

1）在流程维度中引入了知识流与商流，改进了二维的供应链结构。从供应链实体维和流程维两个维度建立了供应链结构，其中，实体维对应的子系统为供应链节点企业，而流程维突破了传统的研究范围，将商流和知识流纳入其中，与信息流、物流和资金流一起构成供应链子系统。在此基础上，论证了两类子系统的内在联系和等价关系，并从双重视角研究了供应链运作过程。该系统结构的建立，使供应链结构的内涵更加完整，使供应链运作过程能够得到更清晰、准确的解释和理解，为供应链协同机理研究和供应链协同度评价研究奠定了基础。

2）揭示了供应链协同机理并构建了供应链协同模型。将节点企业子系统作为自组织过程的行为主体，将"五流"子系统作为自组织的关联要素并以此描述系统自组织结果。运用协同学理论基本原理并结合实际案例，分析了供应链自组织过程，并通过理论推演和实际求证，首次明确提出将共同决策、信息共享和利益分配作为供应链的序参量，进而科学地揭示了供应链协同机理并构建了供应链协同模型。该研究结果，既符合协同学理信纸和系统论的基本原理，又能客观和直观反映供应链协同机理及其本质，为供应链协同度评价模型及指标体现研究提供了理论依据。

3）构建了供应链协同度评价模型及评价指标体系。根据供应链协同机理和协同学理论、系统论原理，在充分研究了供应链协同度内涵的基础上，论证了供应链协同度是由"五流"有序度和"五流"之间的协同匹配程度共同决定的，并将二者分别用协同能力和标准离差率进行表示，进而构建了供应链协同度评价模型。在此基础上，通过分析供应链"五流"有序的内容、特点和影响要素，选择了各"流"有序的度量指标，并借助文献、专家意见和实际调研，重新构建了协同度评价指标体系。该评价模型及其指标体系，突破了以往仅对供应链上下游两个企业协同度或者仅对物流等单一或部分功能协同度评价的局限，更能体现系统各子系统之间的关联性和对系统评价的整体性，这为度量和有针对性的提升供应链协同水平开辟了新的研究方向。

第三节 研究展望

从供应链"五流"角度探索了供应链协同机理、供应链协同模型、供应链协同度评价模型及协同评价指标体系，但对供应链协同的研究可以是多角度的，也是一个需要不断深入的过程。因此，今后将在以下三方面进行进一步的研究。

1）对供应链协同机理和协同度评价做了研究，而未进行协同度与协同绩效关系的研究，因此在后续的研究中可以在此基础上对供应链的协同度与供应链绩效之间的关系进行研究。

2）研究是在假定供应链的外部环境在一段时期内是稳定不变的基础上进行

的，因此没有考虑外部环境变化对系统涨落的影响，但是外部因素一旦产生强烈的变化（如重大自然灾害、金融市场动荡等），供应链的协同过程会受到非常大的影响，后续可以针对外部影响因素下供应链如何规避风险，保持协同等方向进行研究。

3）在不同供应链、不同环境和不同时期，"五流"对供应链协同的贡献程度是有差异的。但是本书研究假定"五流"各自的权重相同，未考虑"五流"对供应链协同贡献度的差异，后续可以对此进行深入研究。

参 考 文 献

安进，李必强．2005.供应链的演化与理论分析．物流技术，(5)：46-48.

白净．2009.我国能源企业营运资本管理绩效．北京：中国科学院研究生院．

蔡淑琴，梁静．2007.供应链协同与信息共享的关联研究．管理学报，4(2)：157-162.

曹伟．2003.EIP企业的协同应用．管理与软件，(11)：46-47.

曹永辉．2013.供应链协同对运营绩效的影响．中国流通经济，(3)：44-50.

陈国华，刘学林，贾利梅．2010.供应链协同动因研究．机械管理开发，25(2)：151-152.

陈婧，张树有．2010.基于反馈与扰动控制的协同供应链集成模型．计算机集成制造统，
16(9)：1992-1998.

陈科，邵宏宇，郭伟．2009.基于资源和能力的制造型供应链绩效模型．统计与决策，(20)：
45-47.

陈通．2014.供应链协同绩效综合评价与实证研究．北京：华北电力大学硕士学位论文．

陈其荣．2005.自然哲学．上海：复旦大学出版社．

陈树桢，熊中楷，梁喜．2009.补偿激励下双渠道供应链协调的合同设计．中国管理科学，
17(1)：64-75.

陈志祥．2004.敏捷供需协调绩效评价指标体系研究．计算机集成制造系统—CIMS，10(1)：
99-105.

程国平，汪波，程秀平．2003.供应链中信息协同评价初探．中国机械工程，(22)：
1951-1953.

程国平．2004.供应链管理中的协同问题研究．天津：天津大学博士学位论文．

迟晓英，宣国良．2000.正确理解供应链与价值链的关系．工业工程与管理，(4)：29-32.

崔吉前，白庆华．2002.网络经济新模式—协同商务．物流技术，(8)：36-38.

崔介何．1997.物流学概论．北京：中国计划出版社．

崔琳琳，柴跃挺．2007.供需链协同的定量评价．计算机集成制造系统，13(5)：990-995.

邓洁．2008.需求不确定下响应型供应链研究．武汉：中南民族大学硕士学位论文．

邓修权，吴旸．2003.核心能力构成要素的调查分析——基于中国期刊全文数据库．科研管理，
24(2)：109-115.

丁旭，黄波，孟卫东．2011.基于投资溢出的供应链研发联盟利益分配方式研究．预测，
30(5)：48-53.

董安邦，廖志英．2002.供应链管理的研究综述．工业工程，(9)：16-20.

董绍辉，张志清，西宝．2010.供应链协同需求预测机制研究．运筹与管理，19(5)：66-70.

樊磊．2012.敏捷供应链响应速度影响因素分析．北京：北京交通大学硕士学位论文．

冯长利．2011.供应链知识共享影响因素研究．大连：大连理工大学博士学位论文．

冯春花，宋学锋．2008.制造商和供应商提高运作同步性的方法．经营与管理，(8)：66-67.

付丽茹．2008.供应链合作关系及其隐性影响因素研究．北京：首都经济贸易大学博士学位论
文．

葛亮，张翠华．2005.供应链协同技术与方法的发展．科学学与科学技术管理，26(6)：

151-154.

耿雪菲 . 2009. 按单生产供应链运作关键问题研究 . 北京：北京交通大学博士学位论文 .

顾新 . 2008. 知识链管理 . 成都：四川大学出版社 .

韩伯棠，杨业功，姜莹 . 2004. 基于企业核心竞争力的资源协同分析 . 企业经济，(2)：8-10.

郝海，时洪浩 . 2009. 供应商与制造商供应链协同度分析 . 商业研究，(8)：68-70.

何勇，赵林度，何炬，等 . 2007. 供应链协同创新管理模式研究 . 管理科学，20 (5)：9-13.

赫尔曼·哈肯 . 2013. 协同学：大自然构成的奥秘 . 凌复华译 . 上海：上海译文出版社 .

胡建东，平海 . 2010. 基于自组织理论的供应链协同管理 . 物流科技，(6)：117-119.

黄晓伟 . 2010. 基于自组织理论的供应链资源协同研究 . 哈尔滨：哈尔滨工业大学博士学位论文 .

姜文 . 2006. 知识共享的障碍因素分析 . 情报杂志，(04)：38-40.

姜振华 . 2001. 电子商务下的商流探析 . 中国流通经济，(2)：18-20.

金贵林 . 2014. 基于供应链协同的钢铁物流研究 . 物流工程与管理，(9)：8.

靳伟 . 2002. 商流、物流、资金流、信息流的关系 . 中国物流与采购，(10)：42-43.

孔鹏举 . 2014. 控制方式和供应链协同关系研究 . 湖北：华中科技大学博士学位论文 .

蓝伯雄，郑小娜，徐心 . 2000. 电子商务时代的供应链管理 . 中国管理科学，(3)：1-7.

李柏洲，刘建波 . 2005. 企业进化系统的序参量探讨 . 管理世界，(9)：162-163.

李兵，张春先，佟仁城 . 2004. 协同知识创新管理的研究和探讨 . 科研管理，(02)：124-128.

李春富 . 2011. 基于自组织的供应链动态协同 . 物流技术，30 (4)：114-117.

李娟，黄培清 . 2007. 百思买的顶级供应链 . 企业管理，(3)：51-52.

李康，吴育华 . 2005. 发展供应链的协同商务研究 . 成都信息工程学院学报，(6)：358-361.

李淑玲，吕高燕 . 2011. 物流网络协同服务的影响因素及其相关性分析 . 物流技术，30 (6)：62-64.

李毅鹏，马士华 . 2011. 产能不确定环境下多供应商横向协同问题研究 . 工业工程与管理，16 (1)：37-40.

廖艳华，蔡根女 . 2004. 戴尔供应链管理的经验及启示 . 现代企业，(10)：16-17.

林琳 . 2008. 企业战略网络自组织研究 . 北京：北京工业大学硕士学位论文 .

林玲玲，刘华，吴霞，等 . 2008. 供应链管理 . 北京：清华大学出版社 .

凌鸿，袁伟，胥正川，等 . 2006. 企业供应链协同影响因素研究 . 物流科技，29 (127)：92-96.

刘北林，倪娟 . 2008. 零售商主导的效率型供应链信息共享的价值研究 . 科学技术与工程，8 (20)：5625-5629.

刘建波，李柏洲 . 2005. 企业进化系统的序参量探讨 . 中国科技论坛，(4)：85-87.

刘涛，李帮义，公彦德 . 2010. 商务信用下的供应链协调策略及其测度 . 系统工程理论与实践，30 (8)：1345-1354.

刘仙泽 . 2005. 供应链协同管理决策支持系统研究 . 武汉：武汉大学硕士学位论文 .

刘勇军 . 2006. 基于语义 Web 服务的供应链知识协同模式研究 . 武汉：武汉理工大学博士学位论文 .

娄朝晖.2008.新产业模式：效率型供应链的响应性问题解决之道.财经论丛，（6）：96-102.

娄筑琴.2009.试论快速反应型供应链的构建问题.黑龙江科技信息，（17）：86.

陆杉，高阳.2007.供应链的协同合作：基于商业生态系统的分析.管理世界，（5）：160-161.

陆杉，黄福华，赵中平.2010.供应链知识协同管理绩效评价研究.科技管理研究，（1）：193-195.

陆杉.2012.基于关系资本和知识学习的供应链协同度评价研究.科学学与科学技术管理，33（8）：152-158.

吕晖，叶飞，强瑞.2010.供应链资源依赖、信任及关系承诺对信息协同的影响.工业工程与管理，15（2）：1-7.

马士华，林勇，陈志祥.2000.供应链管理.北京：机械工业出版社.

马新安，张列平，冯芸.2000.供应链合作伙伴关系与合作伙伴选择.工业工程与管理，（4）：33-36.

毛爱英，高鹏翔.2007.电子商务下供应链物流协同的研究.物流技术，（2）：141-144.

毛雨.2007.传统装备制造业与高新技术产业协同性分析.中国科技论坛，（2）：51-55.

孟庆松，韩文秀.1999.复合系统整体协调度模型研究.河北师范大学学报（自然科学版），23（2）：177-179.

孟焰，李连清.2006.企业战略性现金流管理的探讨.财会通讯，（10）：10-13.

孟园.2008.供应链信息共享模式及其比较分析.物流科技，112-114.

乔尔威斯纳，梁源强，陈加存.2006.供应链管理.北京：机械工业出版社.

乔湫娟.2010.供应链中知识流动的模型构建.太原：山西大学硕士学位论文.

乔金杰，王维，武志勇.2011.带有风险补偿率的供应链协同模型的构建及应用.第六届（2011）中国管理学年会——运作管理分会场论文集.

乔志强.2009.从信息流与知识传递探究供应链协同运行.情报科学，27（5）：751-753，762.

秦荪涛，李承娟.2004.基于多智能体的供应链协同机制研究.科学管理研究，22（3）：1-3.

任玮，赵沛桢.2007.精益–敏捷型供应链.物流技术，26（6）：81-83.

邵晓峰，季建华，黄培清.2001.供应链中的牛鞭效应分析.东华大学学报（自然科学版），27（4）：119-124.

沈才良.2008.基于信息共享的供应链库存协调策略研究.苏州：苏州大学硕士学位论文.

沈小峰，吴彤，曾国屏.1993.自组织的哲学：一种新的自然观和科学观.北京：中共中央党校出版社.

盛方正，季建华，徐行之.2009.基于极值理论和自组织临界特性的供应链突发事件协调.系统工程理论与实践，29（4）：67-74.

舒彤，陈收，汪寿阳，等.2010.基于影响因子的供应链协同预测方法.系统工程理论与实践，30（8）：1363-1370.

宋华.2007.物流成本与绩效管理.北京：人民邮电出版社.

孙清华.2010.基于价值网的汽车供应链协同管理研究.北京：北京交通大学博士学位论文.

索永旺，倪雁冰.2007.效率型供应链中制造企业供应商选择的研究.机械制造，45（509）：61-63.

唐建生，程国平.2005.供应链协同的内在动因和规模分析.西北农林科技大学学报,5（5）：44-47.

唐晓波，黄圆圆.2005.协同学在供应链协同中的应用研究.情报方法,24（8）：23-24.

王海龙，戚飞虎.2001.一种有效的最优序参量重构方法.中国图象图形学报,1（6）：56-60.

王蔺.2009.离岸服务承包与分包协同控制研究.南京：东南大学硕士学位论文.

王华.2005.现代工程项目管理的组织创新研究.天津：天津大学博士学位论文.

王建，张文杰.2003.供应链可靠性分析.中国安全科学学报,13（11）：74-75.

王晶，李宇翔，王寻.2007.供应链需求信息的信息增量与信息价值.北京航空航天大学学报,（12）：1452-1456.

王丽杰，王雪平.2013.汽车制造业绿色供应链协同管理研究.理论探讨,（5）：91-94.

王玲.2007.供应链网络竞合机制：一个演化博弈的视角.预测,26（5）：12-17.

王能民.2005.绿色供应链管理.北京：清华大学出版社.

王清晓.2010.供应链知识协同及其保障机制研究.中国物流与采购,（15）：68-69.

王英.2009.我国FDI与服务贸易发展的协调度研究.价格月刊,（8）：62-65.

王勇，裴勇.2005.需求具有价格敏感性的供应链的利益共享合约.中国管理科学,13（6）：29-33.

王之泰.1997.现代物流学.北京：中国物资出版社.

魏恒，辛安娜.2010.供应链知识流博弈模型研究.经济问题,（9）：47-51.

魏华飞，张晓林.2006.供应链管理中默会知识共享效率问题探讨.管理科学文摘,（03）：21-22.

魏炜，申金升.2010.基于贝叶斯更新的供应链协同预测模型研究.预测,（5）：68-73.

温馨，赵希男，贾建锋.2011.基于GPEM主旋律分析的系统序参量识别方法研究.运筹与管理,（3）：168-175.

翁莉，仲伟俊，鲁芳.2009.供应链企业间知识共享的动因研究.科学学与科学技术管理,（2）：91-95.

吴成锋，张庆普.2007.敏捷供应链中的知识共享研究.情报杂志,（6）：30-32.

伍硕.1999.彭城职业大学学报.论系统自组织的条件、机制和发展方向,14（2）：87-90.

夏春玉.1996.商品流通概论.大连：东北财经大学出版社.

肖玉明.2009.考虑利润分配公平性的供应链激励模型.预测,28（1）：42-47.

谢磊，马士华，桂华明，等.2012.供应物流协同与供应链敏捷性、绩效关系研究.科研管理,（11）：96-104.

徐健.2006.供应链柔性的增强途径研究.物流技术,（2）：52-54.

闫焕利.2001.协同商务与供应链管理.兰州学刊,（4）：41-42.

颜泽贤.1993.复杂系统演化论.北京：人民出版社.

杨德礼，于江.2003.供应链管理下节点企业与第三方物流间协同合作的量化研究.中国软科学,（3）：51-55.

杨曼丽，武志刚.2004.加州能源危机的协同学思考.科技进步与对策,（7）：162-164.

杨曼丽，武志刚.2010.中国区域物流业与经济发展协调度研究——基于复合系统与30个省区面板数据．软科学，24（12）：70-74.

杨文胜，李莉．2006. 基于响应时间的供应链契约协同分析．系统工程学报，21（1）：24-32.

叶飞，李怡娜．2008. 含服务水平约束的可控提前期供应链 Stackelberg 模型与协调机制研究．
管理学报，5（1）：70-77.

叶飞，徐学军．2009. 供应链伙伴关系间信任与关系承诺对信息共享与运营绩效的影响．系统
工程理论与实践，29（8）：36-49.

叶飞，林强．2012. 风险规避型供应链的收益共享机制研究．管理工程学报，26（1）：
113-116.

叶飞帆，华尔天．1998. 精益企业理念与精益生产实现模式研究．管理工程学报，（6）：25-29.

殷茗，赵嵩正．2009. 制度信任与供应链协作信任、合作意图之间的动态差异性关系研究．预
测，28（3）：21-26.

尤维捷．2006. 上市公司现金持有量及其治理机制影响的实证．厦门：厦门大学硕士学位论
文．

游佳．2006. 网络化制造系统中的物流协同组织与管理技术研究．重庆：重庆大学博士学位论
文．

曾文杰，马士华．2010a. 供应链合作关系相关因素对协同的影响研究．工业工程与管理，
15（2）：1-7.

曾文杰，马士华．2010b. 制造行业供应链合作关系对协同及运作绩效影响的实证研究．管理学
报，7（8）：1221-1227.

曾文涛．2005. 协同理论与协同物流管理．商场现代化，（5）：86.

湛垦华，沈小峰．1982. 普利高津与耗散结构理论．西安：陕西科学技术出版社．

张翠华，任金玉．2005. 新一代的供应链战略：协同供应链．东北大学学报，（11）：406-409.

张翠华，周红，赵淼．2005. 供应链协同的因素模型及对我国的启示．现代管理科学，（6）：
31-54.

张翠华，周红，赵淼，等．2006. 供应链协同绩效评价及其应用．东北大学学报（自然科学
版），27（6）：706-708.

张令荣．2011. 供应链协同度评价模型研究．大连：大连理工大学博士学位论文．

张萍，陈幼平，袁楚明，等．2007. 供应链协同决策及分布协同机制研究．制造业自动化，
29（11）：28-31.

张全喜．2010. 流通企业商贸物流一体化运作的策略．企业研究，（4）：54-56.

张欣，马士华．2007. 信息共享与协同合作对两级供应链的收益影响．管理学报，4（1）：
32-39.

张旭梅，沈娜利，邓流生．2011. 供应链环境下考虑双边道德风险的客户知识协同获取契约设
计．预测，30（4）：20-24.

张云波．2004. 面向敏捷制造的供应链柔性管理．成都：西南交通大学博士学位论文．

赵凯荣．2001. 复杂性哲学．北京：中国社会科学出版社．

赵盼红．2012. 基于生命周期的供应链合作关系影响因素与分配方式研究．镇江：江苏科技大
学硕士学位论文．

赵伟，刘晓冰，徐登峰 . 1999. 制造生产模式的转变与敏捷制造 . 工业工程，(9)：13-17.

郑晶莹，李志刚 . 2015. 信任关系对供应链协同和竞争力的影响机理研究 . 商业经济研究，(16)：90-92.

郑凯 . 2009. 建筑循环物流系统构建与实证研究 . 北京：北京交通大学博士学位论文 .

周丹路 . 2007. 需求响应型供应链管理在体育用品行业中的应用研究 . 上海：上海交通大学硕士学位论文 .

周荣辅，赵俊仙 . 2008. 供应链协同效果评价指标体系的构建 . 统计与决策，(13)：64-66.

周勇士 . 2005. 供应链知识共享研究 . 武汉：武汉大学博士学位论文 .

朱庆 . 2006. 供应链企业间的知识共享及其知识交易研究 . 重庆：重庆大学硕士学位论文 .

朱荣艳 . 2014. 航运物流服务供应链协同优化研究 . 武汉：武汉理工大学博士学位论文 .

邹辉霞 . 2004. 企业供应商选择方法探析 . 科技进步与对策，(2)：102-104.

邹辉霞 . 2007. 供应链协同管理：理论与方法 . 北京：北京大学出版社 .

Campbell A，Luchs K S. 2003. 战略协同 . 2 版 . 任通海，龙大伟译 . 北京：机械工业出版社 .

Collier D A，Evans J R. 2010. 运营管理 . 马风才译 . 北京：机械工业出版社 .

Ai X Z，Chen J，Zhao H X，et al. 2012. Competition among supply chains：Implications of full returns policy. Production Economics，139 (1)：257-265.

Akintoye A，Mcintosh G，Fitzgerald E. 2000. A survey of supply chain collaboration and management in the UK construction industry. European Journal of Purchasing & Supply Management，(6)：159-168.

Anbanandam R，Banwet D K，Shankar R. 2011. Evaluation of supply chain collaboration：a case of apparel retail industry in India. International Journal of Productivity and Performance Management，60 (2)：82-98.

Arshinder，Kanda A，Deshmukh S G. 2007. Supply chain coordination issues：an SAP-LAP framework. Asia Pacific Journal of Marketing and Logistics，19 (3)：240-264.

Arshinder，Kanda A，Deshmukh S G. 2008. Development of a decision support tool for supply chain coordination using contracts. Journal of Advances in Management Research，5 (2)：20-41.

Attaran M，Attaran S. 2007. Collaborative supply chain management：The most promising practice for building efficient and sustainable supply chains. Business Process Management Journal，13 (3)：390-404.

Cachon G P，Gürhan A. 2010. Competing manufacturers in a retail supply chain：On contractual form and coordination. Management Science，56 (3)：571-589.

Cao E，Wan C，Lai M. 2013. Coordination of a supply chain with one manufacturer and multiple competing retailers under simultaneous demand and cost disruptions. Production Economics，141 (1)：425-443.

Cao M，Zhang Q Y. 2010. Supply chain collaborative advantage：A firm's perspective. International Journal of Production Economics，(128)：358-367.

Cao M，Zhang Q Y. 2011. Supply chain collaboration：Impact on collaborative advantage and firm performance. Journal of Operations Management，29 (3)：163-180.

Cassivi L. 2006. Collaboration planning in a supply chain. Supply Chain Management: An International Journal, 11 (3): 249-258.

Christopher M. 1998. Logistics and Supply Chain Management. London: Pitman Publish.

Chung S H, Lau H C W, Chan F T S. 2010. A central coordination system for managing a large supply base through supply chain collaboration. International Journal of Services Technology & Management, 14 (1): 92-102.

Co H C, Barro F. 2009. Stakeholder theory and dynamics in supply chain collaboration. International Journal of Operations & Production Management, 29 (6): 591-611.

Danese P. 2006. Collaboration forms, information and communication technologies, and coordination mechanisms in CPFR. International Journal of Production Research, 44 (16): 3207-3226.

David G B, Richard G. 2002. Inter- firm sharing of process knowledge: Exploring knowledge markets. Knowledge and Process Management, 9 (1): 12-22.

Davis T. 1993. Effective supply chain management. Sloan Management Review, 34 (4): 35-46.

Disney S, Farasyn I, Lambrecht M R. 2005. Taming the bullwhip effect whilst watching customer service in a single supply chain echelon. European Journal of Operational Research, (5): 1-22.

FarrisII M T, Hutchison P D. 2003. Measuring cash- to- cash performance. International Journal of Logistics Management, 14 (2): 83-91.

Gomes P J, Dahab S. 2010. Bundling resources across supply chain dyads: The role of modularity and coordination capabilities. International Journal of Operations & Production Management, 30 (1): 57-74.

Hadaya P, Cassivi L. 2007. The role of joint collaboration planning actions in a demand-driven supply chain. Industrial Management & Data Systems, 107 (7): 954-978.

Johnson B. 2010. Supply chain coordination and performance management with real options based relationships. Multinational Finance Journal, 14 (1-2): 29-64.

Kampstra R P, Ashayeri J, Gattorna J L. 2006. Realities of supply chain collaboration. International Journal of Logistics Management, 17 (3): 312-330.

Kaufman A, Wood C H, Theyel G. 2000. Collaboration and technology linkages: A strategic supplier typology. Strategic Management Journal, 21 (6): 649-663.

Kim B, Kim J. 2008. Values of the balanced decision making between supply chain partners. International Transactions in Operational Research, 18 (5): 623-649.

Kim B. 2000. Coordinating an innovation in supply chain management. European Journal of Operational Research, 123 (3): 568-584.

Kumar G, Banerjee R N. 2012. Collaboration in supply chain: An assessment of hierarchical model using partial least squares (PLS). International Journal of Productivity and Performance Management, (8): 897-918.

Kumar K. 2001. Technology for supporting supply chain management: Introduction. Communications of the ACM, 44 (6): 58-61.

Lambert D M, Cooper M C. 2000. Issues in supply chain management. Industrial marketing management, 29 (1): 65-83.

Lambert D M, Emmelhainz M A, Gardner J T. 1999. Building successful logistics partnerships. Journal of Business Logistics, (20): 165-182.

Lee H L, Billington C. 1993. Material management in decentralized supply chain. Operations Research, 41 (5): 835-847.

Leeuw S D, Fransoo J. 2009. Drivers of close supply chain collaboration: One size fits all. International Journal of Operations & Production Management, 29 (7): 720-739.

Majumder P, Srinivasan A. 2006. Leader location, cooperation, and coordination in serial supply chains. Production & Operations Management, 15 (1): 22-39.

Manthou V, Vlachopoulou M, Folinas D. 2004. Virtuale—Chain (VeC) model for supply chain collaboration. Production Economics, 87: 241- 250.

Martin C. 1999. Logistics and supply chain management: Strategies for reducing cost and improving service. Financial Times, 5-25.

Matopoulos A, Vlachopoulou M, Manthou V, et al. 2007. A conceptual framework for supply chain collaboration: Empirical evidence from the agri- food industry. Supply Chain Management: An International Journal, 12 (3): 177-186.

Min S, Roath A S, Daugherty P J, et al. 2005. Supply chain collaboration: What's happening. International Journal of Logistics Management, 16 (2): 237-256.

Nyaga G N, Whipple J M, Lynch D F. 2010. Examining supply chain relationships: Do buyer and supplier perspectives on collaborative relationships differ. Journal of Operations Management, (28): 101-114.

Pawlak M, Malyszek E. 2008. A local collaboration as the most successful coordination scenario in the supply chain. Industrial Management & Data Systems, 108 (1): 22-42.

Peck H, Jüttner U. 2000. Strategy and relationships: Defining the interface in supply chain contexts. International Journal of Logistics Management, 11 (2): 33-44.

Piplani R, Fu Y H. 2005. A coordination framework for supply chain inventory alignment. Journal of Manufacturing Technology Management, 16 (6): 598-614.

Power D J, Sohal A S, Rahman S. 2001. Critical success factors in agile supply chain management-an empirical study. International Journal of Physical Distribution & Logistics Management, 31 (4): 247-265.

Quinn F. 2001. Collaboration: More than just technology. ASCET, 6 (3).

Ramanathan U, Gunasekaran A, Subramanian N. 2011. Supply chain collaboration performance metrics: A conceptual framework. Benchmarking: An International Journal, 18 (6): 856-872.

Ramanathan U. 2014. Performance of supply chain collaboration – a simulation study. Expert Systems with Applications, 41 (1): 210-220.

Ramesh A, Banwet D K, Shankar R. 2010. Modeling the barriers of supply chain collaboration. Journal of Modelling in Management, 5 (2): 176-193.

Rose- Anderssen C, Baldwin J, Ridgway K. 2010. Communicative interaction as an instrument for integration and coordination in an aerospace supply chain. Journal of Management Development, 29 (3): 193-209.

Sheridan J H. 2000. Now it's a job for the CEO. Industry week, 249 (6): 22-26.

Sheu C, Rebecca, Hsiuju, Chae B. 2006. Determinants of supplier-retailer collaboration: Evidence from an international study. International Journal of Operations & Production Management, 26 (1): 24-29.

Silveira G J C D, Arkader R. 2007. The direct and mediated relationships between supply chain coordination investments and delivery performance. International Journal of Operations & Production Management, 27 (2): 140-158.

Simatupang T M, Sridharan R. 2005. An integrative framework for supply chain collaboration. International Journal of Logistics Management, 16 (2): 257-274.

Simatupang T M, Sridharan R. 2005. The collaboration index: A measure for supply chain collaboration. International Journal of Physical Distribution & Logistics Management, 35 (1): 44-62.

Simatupang T M, Wright A C, Sridharan R. 2004. Applying the theory of constraints to supply chain collaboration. Supply Chain Management: An International Journal, 9 (1): 57-70.

Simatupang T M, Sandroto I V, Lubis S B H. 2004. Supply chain coordination in a fashion firm. Supply Chain Management: An International Journal, 9 (3): 256-268.

Simatupang T M, Sridharan R. 2008. Design for supply chain collaboration. Business Process Management Journal, 14 (3): 401-418.

Simatupang T M, Wright A C, Sridharan R. 2002. The knowledge of coordination for supply chain integration. Business Process Management Journal, 8 (3): 289-308.

Singh P J, Power D. 2009. The nature and effectiveness of collaboration between firms, their customers and suppliers: A supply chain perspective. Supply Chain Management: An International Journal, 14 (14): 189-200.

Singh R K. 2011. Developing the framework for coordination in supply chain of SMEs. Business Process Management Journal, 17 (4): 619-638.

Soosay C A, Hyland P W, Ferrer M. 2008. Supply chain collaboration: Capabilities for continuous innovation. Supply Chain Management: An International Journal, 13 (2): 160-169.

Stewart G. 1995. Supply chain performance benchmarking study reveals keys to supply chain excellence. Logistics Information Management, 8 (2): 38-45.

Stuart F I, McCutcheon D. 1996. Sustaining strategic supplier alliances: Profiling the dynamic requirements for continued development. International Journal of Operations & Production Management, 16 (10): 5-22.

Taylor T A. 2002. Supply chain coordination under channel rebates with sales effort effects. Management Science, 48 (8): 992-1007.

Vereecke A, Muylle S. 2006. Performance improvement through supply chain collaboration in Europe. International Journal of Operations & Production Management, 26 (11): 1176-1198.

Verticalnet. 2002. Supply chain visibility and velocity through real-time collaboration. Montgomery

Research In, (5): 650-658.

Vokurka R J. 1998. Supplier partnership: A case study. Production and Inventory Management Journal, 30-36.

Whipple J M, Russell D. 2007. Building supply chain collaboration: A typology of collaborative approaches. International Journal of Logistics Management, 18 (2): 174-196.

Xiao F Y, Li P K. 2007. A hierarchical model for e-supply chain coordination and optimization. Journal of Manufacturing Technology Management, 18 (1): 7-24.

Yahya P, Armand B, Naoufel C, et al. 2013. A rewarding-punishing coordination mechanism based on trust in a divergent supply chain. European Journal of Operational Research, 230 (3): 527-538.

附录一　供应链状态参量识别调查问卷

尊敬的女士/先生：

您好！本研究目的在于识别供应链协同的状态参量。贵公司作为供应链上的重要成员，在供应链运作过程中起着非常重要的作用，因此，企业对于供应链协同状态参量的意见对我们的研究非常重要。希望您能根据企业的实际情况，对供应链协同的各个状态参量的重要性程度进行打分。本研究所获得的所有数据将仅作为学术研究使用。

衷心感谢您的合作与支持！祝工作顺利、万事如意！

大连理工大学工商管理学院研究团队

一、基本信息

1. 企业名称（可不填）：＿＿＿＿＿＿＿＿＿＿＿＿＿＿＿＿
2. 企业所有制性质：
   A. 国有/国有控股　　　　B. 民营　　　　　　C. 外商独资
   D. 中外合资　　　　　　E. 其他(请注明)
3. 企业在供应链中的角色：
   A. 供应商　　　　　　　B. 制造商　　　　　C. 分销商
   D. 零售商　　　　　　　E. 其他(请注明)
4. 企业规模：
   A. 1～50 人　　　　　　B. 51～200 人　　　C. 201～500 人
   D. 501～1000 人　　　　E. 1000 人以上
5. 您的职务级别：
   A. 企业高层　　　　　　B. 企业中层　　　　C. 企业基层
   D. 普通员工

填表说明：本问卷采用五级 Likert 量表，数字 1～5 分别表示该状态参量非常重要、较不重要、一般、比较重要以及非常重要。请您仔细阅读下文给出的供应链协同以及状态参量的定义，并根据您的理解判断各个状态参量对评价供应链协同状态的重要性程度。

概念界定：供应链协同是指具有共同目标的供应链各节点企业为了获得"1+1>2"的优势放大效应而通过密切合作建立长期合作伙伴关系的过程。供应链协同包括相互独立的供应链合作伙伴之间进行信息共享、目标一致、共同决策、资共享以及建立激励联盟等。

状态参量体系是描述系统状态和特性的一组完备而关键的变量，通过描述这组变量就能够描述出系统的状态。

二、战略层

1. 战略目标一致性
A. 非常重要　　　　　　　B. 比较重要　　　　　C. 一般
D. 比较不重要　　　　　　E. 非常不重要

2. 合作伙伴关系
A. 非常重要　　　　　　　B. 比较重要　　　　　C. 一般
D. 比较不重要　　　　　　E. 非常不重要

3. 供应链柔性
A. 非常重要　　　　　　　B. 比较重要　　　　　C. 一般
D. 比较不重要　　　　　　E. 非常不重要

4. 竞争能力
A. 非常重要　　　　　　　B. 比较重要　　　　　C. 一般
D. 比较不重要　　　　　　E. 非常不重要

5. 核心企业能力
A. 非常重要　　　　　　　B. 比较重要　　　　　C. 一般
D. 比较不重要　　　　　　E. 非常不重要

三、运作层

1. 信息共享程度
A. 非常重要　　　　　　　B. 比较重要　　　　　C. 一般
D. 比较不重要　　　　　　E. 非常不重要

2. 利益分配机制
A. 非常重要　　　　　　　B. 比较重要　　　　　C. 一般
D. 比较不重要　　　　　　E. 非常不重要

3. 信任机制

A. 非常重要　　　　　　　　B. 比较重要　　　　　　　C. 一般

D. 比较不重要　　　　　　　E. 非常不重要

4. 产品研发创新能力

A. 非常重要　　　　　　　　B. 比较重要　　　　　　　C. 一般

D. 比较不重要　　　　　　　E. 非常不重要

5. 风险管理体系

A. 非常重要　　　　　　　　B. 比较重要　　　　　　　C. 一般

D. 比较不重要　　　　　　　E. 非常不重要

6. 市场预测能力

A. 非常重要　　　　　　　　B. 比较重要　　　　　　　C. 一般

D. 比较不重要　　　　　　　E. 非常不重要

7. 共同决策

A. 非常重要　　　　　　　　B. 比较重要　　　　　　　C. 一般

D. 比较不重要　　　　　　　E. 非常不重要

8. 激励机制

A. 非常重要　　　　　　　　B. 比较重要　　　　　　　C. 一般

D. 比较不重要　　　　　　　E. 非常不重要

9. 资源共享能力

A. 非常重要　　　　　　　　B. 比较重要　　　　　　　C. 一般

D. 比较不重要　　　　　　　E. 非常不重要

10. 资源共享能力

A. 非常重要　　　　　　　　B. 比较重要　　　　　　　C. 一般

D. 比较不重要　　　　　　　E. 非常不重要

11. 技术创新能力

A. 非常重要　　　　　　　　B. 比较重要　　　　　　　C. 一般

D. 比较不重要　　　　　　　E. 非常不重要

12. 组织学习能力

A. 非常重要　　　　　　　　B. 比较重要　　　　　　　C. 一般

D. 比较不重要　　　　　　　E. 非常不重要

13. 知识共享程度

A. 非常重要　　　　　　　　B. 比较重要　　　　　　　C. 一般

D. 比较不重要　　　　　　　E. 非常不重要

四、支撑层

1. 供应链组织结构形式

A. 非常重要　　　　　　　B. 比较重要　　　　　　C. 一般

D. 比较不重要　　　　　　E. 非常不重要

2. 基础设施投资额

A. 非常重要　　　　　　　B. 比较重要　　　　　　C. 一般

D. 比较不重要　　　　　　E. 非常不重要

3. 你认为其他的对供应链协同状态评价比较重要的参量？［填空题］

附录二 供应链序参量识别调查问卷

尊敬的女士/先生：

您好！本研究的目的在于识别该公司所在供应链的序参量，以便帮助供应链各节点企业认清在供应链演化与发展过程中的起到关键作用的因素，指导供应链各节点企业为了实现供应链协同方面的投入，进而可以减少供应链各个节点企业在供应链运作过程中的不必要的成本，提高供应链运作效率。

贵公司作为一家追求卓越的企业，公司对该供应链的发展起着重要作用，因此，贵公司的意见对于该供应链的序参量的识别非常重要。另外，我们再次承诺本研究仅用于学术研究，会对您的回答严格保密。

感谢您的合作！

大连理工大学工商管理学院研究团队

第一部分 基本信息

一、企业基本信息

1. 企业名称
2. 企业所有制性质
   A. 国有/国有控股   B. 民营   C. 外商独资
   D. 中外合资   E. 其他
3. 企业在供应链联盟中的角色
   A. 供应商   B. 制造商   C. 分销商
   D. 零售商   E. 其他

二、您的个人基本信息

1. 您的工作年限

A. 1 年以下   B. 2 ~ 6 年   C. 7 ~ 11 年

D. 12 ~ 16 年   E. 16 年以上

2. 您的工作内容

A. 战略   B. 人力资源   C. 市场营销

D. 生产与运营（含采购）   E. 研发   F. 财务

G. 行政   H. 其他

3. 您的职务级别

A. 高层管理者   B. 中层管理者   C. 基层管理者

D. 普通员工

第二部分　供应链协同状态参量直接关系判断

请您根据本单位实际情况，在仔细阅读表 1 以及对供应链各协同状态参量理解的基础上，认真填写表 2，即对供应链协同状态参量之间的直接关系程度作出判断。

影响等级	对应的影响分值
没有影响	0
非常弱影响	1
弱影响	2
强影响	3
非常强的影响	4

填写示范：假如您认为 A 因素对 B 因素具有强影响，则您在影响因素 A 被影响因素为 B 的行中影响等级一栏中将数值 "3" 画 "√"。

序号	影响因素	被影响因素	影响等级				
			0 没有影响	1 非常弱影响	2 弱影响	3 强影响	4 非常强影响
1	X_1 战略目标一致性	X_2 合作伙伴关系	0	1	2	3	4
2		X_3 核心企业能力	0	1	2	3	4
3		X_4 信息共享程度	0	1	2	3	4
4		X_5 利益分配机制	0	1	2	3	4
5		X_6 信任机制	0	1	2	3	4
6		X_7 风险管理体系	0	1	2	3	4
7		X_8 共同决策	0	1	2	3	4
8		X_9 激励机制	0	1	2	3	4
9		X_{10} 知识共享程度	0	1	2	3	4
10		X_{11} 基础设施投资额	0	1	2	3	4
…	X_2	X_1、$X_3 \sim X_{11}$	0	1	2	3	4
…	X_3	X_1、X_2、$X_4 \sim X_{11}$					
…	…	…	…	…	…	…	…
110	X_{11}	$X_1 \sim X_{10}$	0	1	2	3	4

附录三　评价指标及序参量调查问卷

评价指标问卷 1

尊敬的供应链管理专家：

您好！我是大连理工大学管理与经济学部工商管理学院一名研究人员，目前正在进行供应链协同管理方面的研究。久闻您在供应链管理方面的高深造诣，所以冒昧地请您填写问卷。如给您带来不便，在此深表歉意。

本研究调查共分两部分，第一部分是选取指标；第二部分是对各指标相比较的权重进行打分。

（1）指标说明

本研究是在查阅了大量中外供应链协同管理研究文献的基础上，构建了一个供应链协同度原始评价指标集，其中包括 5 个一级指标和 40 个二级指标（表A1）。希望各专家结合自己实际的研究情况进行指标选取。

（2）填写说明

问卷中的指标主要为定量指标。希望各专家按照自己的认识指出各指标的重要程度，打分采用 5 点打分法，从 1 到 5 分别表示的重要程度见表 A2。

表 A1　指标重要性评价

一级指标	二级指标	二级指标说明	您认为的重要程度（1, 2, 3, 4, 5）
商流有序	信息全面性	考察能否收集到所有需要的相关信息	
	公司的信誉	考察履行合同的信誉度	
	需求预测一致性	考察节点企业是否出现库存过量	
	信息管理系统	考察公司的信息化水平	
	平均采购提前期	考察节点企业间的需求信息共享程度	
	成本期望率	考察需求方和供应方之间对产品价格期望的一致程度	
	交货准确率	考察供应方把货物及时准确交付的能力	
	退货处理速度	考察供应方对退货的态度	
信息流有序	信息广度	考察信息传递和分享的范围	
	信息时效性	考察信息传递是否在有效时间内完成	
	信息强度	考察信息传递和共享的层级比例	
	信息敏捷度	考察信息交换、共享和获取的及时性	

一级指标	二级指标	二级指标说明	您认为的重要程度 (1, 2, 3, 4, 5)
信息流有序	信息准确度	考察信息在传递中是否准确传递	
	信息利用度	考察节点企业对信息的利用程度	
	信息完整度	考察传递、共享信息的完整程度	
	信息共享价值	考察企业信息共享对于整个供应链的价值	
物流有序	平均库存周转率	考察企业间协调库存管理水平	
	物资平均供应时间柔性	考察企业间在协调交货时间上的应变能力	
	物资平均准时交货率	考察供应链订单的执行情况	
	物资平均破损率	考察供应商向客户配送物资的服务水平	
	物资平均货差率	考察供应商向客户配送物资的服务水平	
	仓库平均利用率	考察节点企业仓库利用水平	
	平均提前交货比率	考察供应商订单的执行情况	
资金流有序	货款及时结算率	考察资金回收是否有滞留和拖延	
	流动资金周转率	考察企业资金的周转和利用水平	
	总资产收益率	考察企业全部资产的盈利能力	
	应收账款坏账率	考察企业客户的商业信用	
	应收账款收现率	考察企业应收账款现金回收情况	
	资金成本率	考察企业因使用资金而付出的年复利率 IRR	
	流动资金占用额	评价企业流动资金占用额大小	
	回款周期差值	考察上下游企业的回款周期是否一致	
	现金周转周期	考察从应收账款发生到收回的时间	
知识流有序	知识存量水平	考察企业员工平均受教育程度	
	知识共享广度	考察企业对知识共享参与的范围	
	共享知识丰富度	考察企业间知识共享的积极性	
	知识创新水平	考察知识共享实现的创新能力水平	
	创新收益率	考察实现的知识创新价值	
	知识交流频率	考察企业间知识交流积极程度	
	技术合作参与率	考察企业间技术方面合作程度	
	知识相容度	考察成员企业间文化等的认同程度	

表 A2　量化等级表

重要程度	很不重要	不重要	一般	较重要	很重要
分值	1	2	3	4	5

评价指标问卷2

尊敬的各位领导：

您好！我是大连理工大学管理与经济学部工商管理学院一名研究人员，目前正在进行供应链协同管理方面的研究。在供应链协同度评价指标的选取方面，需要您对指标进行筛选以及相应地打分。请您根据自己企业的实际情况，对所给指标反映您企业实际情况的程度进行打分。如给您带来不便，在此深表歉意。

（1）指标说明

本指标体系是经过供应链管理专家筛选而形成的，其中包括5个一级指标和31个二级指标。希望各位领导结合自己企业的实际情况进行评价。

（2）填写说明

问卷中的指标主要为定量指标。希望各位领导按照自己认为指标能够反映企业实际情况的程度，打分采用5点打分法，从1到5分别表示的重要程度为：

表 A3 量化等级表

反映程度	不能反映	稍微反映	一般反映	较能反映	完全能反映
分值	1	2	3	4	5

表 A4 指标体系表

一级指标	二级指标	您认为能够反映的程度 （1，2，3，4，5）
商流有序	信息全面性	
	需求预测一致性	
	公司的信誉	
	平均采购提前期	
	成本（价格）期望率	
	交货准确率	
	退货处理速度	
信息流有序	信息广度	
	信息利用度	
	信息强度	
	信息敏捷度	
	信息准确度	
	信息共享价值	

一级指标	二级指标	您认为能够反映的程度 （1，2，3，4，5）
物流有序	物资平均库存周转率	
	物资平均供应时间柔性	
	物资平均准时交货率	
	物资平均破损率	
	平均提前交货比率	
	物资平均货差率	
	货款及时结算率	
资金流有序	流动资金周转率	
	回款周期	
	应收账款坏账率	
	资金成本率	
	现金周转周期	
知识流有序	知识存量水平	
	知识共享广度	
	技术合作参与率	
	共享知识丰富度	
	知识创新水平	
	创新收益率	

附录四 供应链协同研究调查问卷

我们正在调查基于某一产品由核心制造企业及其某一主要零部件供应商和某一主要客户组成的制造业供应链在 2006～2013 年 8 年间的协同水平变化情况。我们调研的重点是核心制造企业，但是为了数据能够客观、全面、有效的反映整个供应链的协同情况，对于涉及您的供应商或客户的相关问题，请他们予以配合调研。请根据贵集团（公司）的实际情况回答下列问题。调研数据只限于学术应用，绝不泄露。谢谢合作！

核心企业名称：_____   产品名称：_____
零部件企业名称：_____   供应商名称：_____
客 户 名 称：_____
注：如无特殊说明，问卷中所涉及的"产品"、"供应商"、"零部件"和"客户"均为您所给定的。

第一部分 核心制造企业

一、集团（公司）的信息状况

1. 集团（公司）在向供应商采购零部件时，
（1）需要收集以下哪些信息：（只填序号）
2006 年：_____，2007 年：_____，2008 年：_____，
2009 年：_____，2010 年：_____，2011 年：_____，
2012 年：_____，2013 年：_____
① 价格   ② 交货速度   ③ 售后服务
④ 零部件材料   ⑤ 零部件质量   ⑥ 技术参数
⑦ 规格型号   ⑧ 零部件功能   ⑨ 供应商信誉
⑩ 其他信息：2006 年：_____，2007 年：_____，2008 年：_____，
　　　　　　 2009 年：_____，2010 年：_____，2011 年：_____，

2012 年：_____, 2013 年：_____

（若有其他信息，请列出）

（2）实际能够找到下列哪些信息：（只填序号）

2006 年：_____, 2007 年：_____, 2008 年：_____,

2009 年：_____, 2010 年：_____, 2011 年：_____,

2012 年：_____, 2013 年：_____

① 价格　　　　　　② 交货速度　　　　③ 售后服务

④ 零部件材料　　　⑤ 零部件质量　　　⑥ 技术参数

⑦ 规格型号　　　　⑧ 零部件功能　　　⑨供应商信誉

⑩ 其他信息：2006 年：_____, 2007 年：_____, 2008 年：_____,

2009 年：_____, 2010 年：_____, 2011 年：_____

2012 年：_____, 2013 年：_____

（若有其他信息，请列出）

2. 集团（公司）在向客户销售产品时，

（1）分别需要收集以下哪些信息：（只填序号）

2006 年：_____, 2007 年：_____, 2008 年：_____,

2009 年：_____, 2010 年：_____, 2011 年：_____,

2012 年：_____, 2013 年：_____

①市场规模　　　　②市场需求的变化　③目标市场

④客户行业地位　　⑤客户的企业性质　⑥客户的购买周期

⑦市场价格　　　　⑧结算方式　　　　⑨客户的支付能力

⑩客户的信誉

⑪其他信息：2006 年：_____, 2007 年：_____, 2008 年：_____,

2009 年：_____, 2010 年：_____, 2011 年：_____

2012 年：_____, 2013 年：_____

（若有其他信息，请列出）

（2）分别实际收集到以下哪些信息：（只填序号）

2006 年：_____, 2007 年：_____, 2008 年：_____,

2009 年：_____, 2010 年：_____, 2011 年：_____,

2012 年：_____, 2013 年：_____

①市场规模　　　　②市场需求的变化　③目标市场

④客户行业地位　　⑤客户的企业性质　⑥客户的购买周期

⑦市场价格　　　　⑧结算方式　　　　⑨客户的支付能力

⑩客户的信誉

⑪其他信息：2006 年：＿＿＿＿＿＿，2007 年：＿＿＿＿＿＿，2008 年：＿＿＿＿＿＿，

2009 年：＿＿＿＿＿＿，2010 年：＿＿＿＿＿＿，2011 年：＿＿＿＿＿＿，

2012 年：＿＿＿＿＿＿，2013 年：＿＿＿＿＿＿

（若有其他信息，请列出）

3. 集团（公司）与上游供应商和下游客户之间存在着信息交换与共享，

（1）分别把以下哪些信息交换和共享给了供应商或客户：（只填序号）

2006 年：＿＿＿＿＿＿，2007 年：＿＿＿＿＿＿，2008 年：＿＿＿＿＿＿，

2009 年：＿＿＿＿＿＿，2010 年：＿＿＿＿＿＿，2011 年：＿＿＿＿＿＿，

2012 年：＿＿＿＿＿＿，2013 年：＿＿＿＿＿＿

①企业战略规划信息　②新产品信息　　　③合作伙伴信息

④生产规划信息　　　⑤财务状况信息　　⑥市场信息

⑦订货信息　　　　　⑧库存信息　　　　⑨需求信息

⑩运输信息　　　　　⑪生产能力信息

⑫其他信息：2006 年：＿＿＿＿＿＿，2007 年：＿＿＿＿＿＿，2008 年：＿＿＿＿＿＿，

2009 年：＿＿＿＿＿＿，2010 年：＿＿＿＿＿＿，2011 年：＿＿＿＿＿＿，

2012 年：＿＿＿＿＿＿，2013 年：＿＿＿＿＿＿

（若有其他信息，请列出）

（2）分别从供应商或客户那里获得了以下哪些信息：（只填序号）

2006 年：＿＿＿＿＿＿，2007 年：＿＿＿＿＿＿，2008 年：＿＿＿＿＿＿，

2009 年：＿＿＿＿＿＿，2010 年：＿＿＿＿＿＿，2011 年：＿＿＿＿＿＿，

2012 年：＿＿＿＿＿＿，2013 年：＿＿＿＿＿＿

①企业战略规划信息　②新产品信息　　　③合作伙伴信息

④生产规划信息　　　⑤财务状况信息　　⑥市场信息

⑦订货信息　　　　　⑧库存信息　　　　⑨需求信息

⑩运输信息　　　　　⑪生产能力信息

⑫其他信息：2006 年：＿＿＿＿＿＿，2007 年：＿＿＿＿＿＿，2008 年：＿＿＿＿＿＿，

2009 年：＿＿＿＿＿＿，2010 年：＿＿＿＿＿＿，2011 年：＿＿＿＿＿＿，

2012 年：＿＿＿＿＿＿，2013 年：＿＿＿＿＿＿

（若有其他信息，请列出）

4. 集团（公司）与供应商和客户之间存在知识共享，

（1）分别从供应商那里获得了以下哪些信息：（只填序号）

2006 年：＿＿＿＿＿＿，2007 年：＿＿＿＿＿＿，2008 年：＿＿＿＿＿＿，

2009 年：＿＿＿＿＿＿，2010 年：＿＿＿＿＿＿，2011 年：＿＿＿＿＿＿，

2012 年：＿＿＿＿＿＿，2013 年：＿＿＿＿＿＿

①部件的新引进技术知识　② 部件的工艺流程知识　③ 部件的工艺改进知识

④部件的性能知识　　　　⑤ 部件的研发与设计知识 ⑥ 部件的使用与维修知识

⑦经营管理知识　　　　　⑧ 业务流程　　　　　　⑨ 专利

⑩ 技术创新知识　　　　　⑪企业文化

⑫其他知识：2006 年：_____，2007 年：_____，2008 年：_____，

　　　　　2009 年：_____，2010 年：_____，2011 年：_____，

　　　　　2012 年：_____，2013 年：_____

（若有其他信息，请列出）

（2）分别共享给供应商以下哪些知识：（只填序号）

2006 年：_____，2007 年：_____，2008 年：_____，

2009 年：_____，2010 年：_____，2011 年：_____，

2012 年：_____，2013 年：_____

①产品制造流程知识　② 产品使用（操作）知识　③ 产品改进知识

④新引进技术知识　　⑤ 经营管理知识　　　　　⑥ 企业文化

⑦ 专利

⑧ 其他知识：2006 年：_____，2007 年：_____，2008 年：_____，

　　　　　2009 年：_____，2010 年：_____，2011 年：_____，

　　　　　2012 年：_____，2013 年：_____

（若有其他信息，请列出）

（3）分别共享给客户以下哪些知识：（只填序号）

2006 年：_____，2007 年：_____，2008 年：_____，

2009 年：_____，2010 年：_____，2011 年：_____，

2012 年：_____，2013 年：_____

① 产品的使用知识　　　　② 产品的故障防范知识　③ 产品的安全防范知识

④ 产品的新引进技术知识　⑤ 产品的改进知识　　　⑥ 产品的维修知识

⑦ 经营管理知识　　　　　⑧ 企业文化

⑨其他知识：2006 年：_____，2007 年：_____，2008 年：_____，

　　　　　2009 年：_____，2010 年：_____，2011 年：_____，

　　　　　2012 年：_____，2013 年：_____

（若有其他信息，请列出）

二、集团（公司）的经营状况

1. 集团（公司）在销售产品或采购零部件时，通常会考虑采购提前期、采

购成本、需求预测量等因素。请按照表 B1 填写 2006～2013 年 8 年间的实际情况：

表 B1　集团（公司）采购情况调查表

指标名称	单位	2006 年	2007 年	2008 年	2009 年	2010 年	2011 年	2012 年	2013 年
产品需求预测量	台								
零部件的采购提前期	天								
预期采购成本①	元								
实际采购成本	元								
产品的生产周期	天								
零部件退货次数	次								
其中：每次退货的处理时间	天								

①包括考察费用、采购单价、物流和人工费等综合的采购成本

2. 集团（公司）在与供应商或客户进行信息共享和交换时，往往注重共享或交换信息的正确性和获得的及时性。（正确性是指信息内容完整、格式标准、符合要求等；及时性是指信息的获得不影响企业的决策）请按照表 B2 填写 2006～2013 年 8 年间的实际情况：

表 B2　集团（公司）信息共享情况调查表

项目			2006 年	2007 年	2008 年	2009 年	2010 年	2011 年	2012 年	2013 年
集团（公司）传递或者共享给供应链其他成员的信息	客户和供应商	总次数								
		及时次数								
		正确次数								
	供应商	总次数								
		及时次数								
		正确次数								
	客户	总次数								
		及时次数								
		正确次数								
集团（公司）获得的信息	客户或供应商	总次数								
		及时次数								
		正确次数								

3. 企业的物流情况通常包括企业内部的库存，采购原材料产生的物流和销售产品产生的物流。请按照集团（公司）2006–2013 年 8 年间的实际情况，填写表 B3：

表 B3　集团（公司）库存情况调查表

指标名称	单位	2006 年	2007 年	2008 年	2009 年	2010 年	2011 年	2012 年	2013 年
（1）集团（公司）内部库存情况	—	—	—	—	—	—	—	—	—
产品的库存周转周期	天								
产品的平均库存量	台								
零部件的平均库存量	个								
（2）采购物流	—	—	—	—	—	—	—	—	—
供应商零部件的总交货次数	次								
其中：准时交货次数	次								
供应商零部件的总交货量	个								
其中：零部件的破损量 [只计在向集团（公司）运送过程中破损的零部件]	个								
供应商应交付的零部件总量	个								
其中：零部件的货差量（因错装、错卸、错运、交接差错等造成的货差）	个								
（3）销售物流	—	—	—	—	—	—	—	—	—
提供给客户的产品交货次数	次								
其中：准时交货次数	次								
提供给客户的产品总量	台								
其中：产品的破损数量（只计在向客户运送过程中破损的机床）	台								
应交付给客户的产品总量	台								
其中：产品的货差量（因错装、错卸、错运、交接差错等造成的货差）	台								

4. 请按照表 B4 填写集团（公司）2006～2013 年 8 年间与供应商和客户之间资金流的情况：

表 B4　集团（公司）资金流情况调查表

指标名称	单位	2006 年	2007 年	2008 年	2009 年	2010 年	2011 年	2012 年	2013 年
（1）集团（公司）生产销售产品资金周转情况	—	—	—	—	—	—	—	—	—
产品年销售收入总额	万元								
产品的年销售总成本	万元								
产品应收账款周转周期	天								
产品平均每台的总生产制造成本	万元								
该零部件的单位库存价值	万元								
（2）集团（公司）与供应商之间的资金流情况	—								
集团（公司）与供应商货款结算总金额	万元								
集团（公司）与供应商货款及时结算金额	万元								
供应商该零部件供应量占沈阳机床该零部件总需求量比率	%								
年度采购该零部件的流动资金年平均占用额	万元								
年度采购该产品所有零部件的总金额	万元								
零部件的单位采购成本	万元								
零部件的采购成本占数控机床总成本的比率	%								
年度集团（公司）对供应商的平均付款周期	天								
年度集团（公司）对供应商的期初应付账款金额	万元								
年度集团（公司）对供应商的期末应付账款金额	万元								
年度集团（公司）对供应商的平均应付账款周转周期	天								
（3）集团（公司）与客户之间的资金流情况	—	—	—	—	—	—	—	—	—
集团（公司）每年销售给该客户的该产品总金额	万元								
集团（公司）对该客户期初应收账款金额	万元								

指标名称	单位	2006 年	2007 年	2008 年	2009 年	2010 年	2011 年	2012 年	2013 年
集团（公司）对该客户期末应收账款金额	万元								
集团（公司）未按期收回该客户的应收账款总额	天								
集团（公司）对该客户平均应收账款周转周期	天								
该客户向集团（公司）支付货款的平均付款周期	天								

5. 集团（公司）在日常经营运作中，与供应商和客户之间存在着知识上的交流。请就集团（公司）2006～2013 年 8 年间分别进行知识交流的实际情况，填写表 B5：

表 B5　集团（公司）知识流情况调查表

指标名称	单位	2006 年	2007 年	2008 年	2009 年	2010 年	2011 年	2012 年	2013 年
（1）集团（公司）与供应商和客户共同知识交流情况	—	—	—	—	—	—	—	—	—
共同召开的会议次数	次								
共同进行培训的次数	次								
共同技术合作次数	次								
共同创新的技术引进次数	次								
（2）集团（公司）与供应商知识交流情况	次	—	—	—	—	—	—	—	—
召开的与零部件技术研发、改进、成本、质量、技术协调、生产计划、政策法规和市场趋势等相关的会议次数	次								
开展的涉及零部件的培训次数（包括集中培训和网络培训）	次								
技术人员为了部件业务而交流的次数	次								
关于零部件的技术合作次数	次								
（3）集团（公司）与客户知识交流情况	—	—	—	—	—	—	—	—	—

指标名称	单位	2006 年	2007 年	2008 年	2009 年	2010 年	2011 年	2012 年	2013 年
召开的与产品技术研发、改进、成本、质量、技术协调、生产计划、政策法规和市场趋势等相关的会议次数	次								
开展的涉及产品的培训次数（包括集中培训和网络培训）	次								
技术人员为了该产品业务而交流的次数	次								
关于该产品的技术合作次数	次								

6. 集团（公司）从业人员的素质会对集团（公司）的知识交流和创造产生重要影响。请就集团（公司）该方面 2006～2013 年 8 年间的实际情况，填写表 B6：

表 B6　集团（公司）从业人员素质调查表

指标名称	单位	2006 年	2007 年	2008 年	2009 年	2010 年	2011 年	2012 年	2013 年
（1）员工总数	人								
（2）按学历分：博士	人								
硕士	人								
本科	人								
大专及以下	人								
（3）按职称分：高级工程师	人								
中级工程师	人								
助理工程师	人								
无职称	人								
（4）按岗位分：管理人员（中、高层管理人员和一般管理人员）	人								
专业技术人员（高、中、初级专业技术人员）	人								
操作服务人员（工人技师、班组长、操作工）	人								

三、集团（公司）的其他情况

1. 物流相关情况

（1）订单完成情况是考察集团（公司）供货能力的一个重要指标。请就集团（公司）2006～2013年8年间分别完成客户订单的实际情况填写表B7（每年随机选取三笔订单）：

（2）对于集团（公司），产品的订单完成时间最长达到了（   ）天，还可以缩短大约_____%，理想状态下，订单完成时间最快能达到（   ）天。在合作的过程中，零部件供应商的订单完成时间最长达到了（   ）天；订单完成时间最快能达到（   ）天。

（3）集团（公司）设定的该产品的安全库存量是_____台，最低库存量是_____台，最高库存量是_____台；设定的零部件的安全库存量是_____件，最低库存量是_____件，最高库存量是_____件。

（4）集团（公司）能接受的该产品库存周转周期最长为_____天；国内同行业中，该产品库存周转周期最短约为_____天。

表 B7　集团（公司）订单情况调查表　　　　　　（单位：天）

项目		订单的计划完成时间	订单的实际完成时间
沈阳机床对客户的订单执行情况	2006 年　第一笔订单		
	第二笔订单		
	第三笔订单		
	2007 年　第一笔订单		
	第二笔订单		
	第三笔订单		
	2008 年　第一笔订单		
	第二笔订单		
	第三笔订单		
	2009 年　第一笔订单		
	第二笔订单		
	第三笔订单		
	2010 年　第一笔订单		
	第二笔订单		
	第三笔订单		

续表

项目			订单的计划完成时间	订单的实际完成时间
沈阳机床对客户的订单执行情况	2011 年	第一笔订单		
		第二笔订单		
		第三笔订单		
	2012 年	第一笔订单		
		第二笔订单		
		第三笔订单		
	2013 年	第一笔订单		
		第二笔订单		
		第三笔订单		

2. 信息流与知识流相关情况

(1) 集团（公司）会不会同时获得客户共享给供应商的信息？（请在括号里划对号）

会 （　　） 不会 （　　）

集团（公司）在共享信息时，相同的某一信息，客户和供应商是不是都有权限获得？

是 （　　） 不是 （　　）

(2) 集团（公司）与供应商两者之间是否直接进行过知识共享交流？

有 （　　） 没有 （　　）

(3) 依照目前集团（公司）发展状况，集团（公司）能接受的本科以上学历人数最低比值为 （　　）%，最理想的本科以上人员比值为 （　　）%；集团（公司）能接受的初级职称以上人员最低比值为 （　　）%，最理想的初级职称以上人员比值为 （　　）%。

(4) 集团（公司）期望的最理想的该液压站创新或改进次数为 （　　） 次/年，能够接受最低的创新或改进次数为 （　　） 次/年。

(5) 改进前后的购买零部件价格，2006 年购买的平均差价为 （　　） 元，2007 年购买的平均差价为 （　　） 元，2008 年购买的平均差价为 （　　） 元，2009 年购买的平均差价为 （　　） 元，2010 年购买的平均差价为 （　　） 元。

3. 资金流相关情况

(1) 集团（公司）对客户的应收账款信用期一般期限最长为 （　　），最短为（　　）；

供应商要求集团（公司）货款结算的期限一般最长为 （　　），最短为（   ）。

    A. 1 个月   B. 3 个月   C. 半年   D. 一年

    E. 两年   F. 其他_____ （请填数值）

（2）（可多选）集团（公司）与供应商最常采用的贸易计算方式是（   ），集团（公司）与客户最常采用的贸易计算方式是（   ）：

    A. 信用证   B. 承兑汇票   C. 银行担保结算   D. 赊销贸易

    E. 其他_____ （请填您认为的最佳答案）

（3）集团（公司）能够容忍的现金周转周期最长为（   ）天；期望的现金周转周期最短为（   ）天。

（4）集团（公司）能够容忍的应收账款收账期最长为（   ）天；期望的应收账款收账期最短为（   ）天。

（5）集团（公司）期望的应付账款付款期最长为（   ）天；能够接受的应收账款付款期最短为（   ）天。

（6）集团（公司）能够容忍的应收账款坏账损失率最高为（   ）%；期望的应收账款坏账损失率最低为（   ）%。

（7）集团（公司）可以接受的年流动资金周转率最低为（   ）次/年；期望的年流动资金周转率最高为（   ）次/年

（8）集团（公司）与零部件供应商之间可以容忍的货款结算及时率最低为（   ）%。

（9）集团（公司）可以接受该产品的年营业净利率最高为（   ）%；集团（公司）期望该产品年营业净利率最高为（   ）%。

4. 从集团（公司）的角度，对集团（公司）、供应商、客户组成的供应链进行总体评价：

（1）集团（公司）对于供应商或者客户是否存在较为严重的依赖？认为供应商对自己的重要程度为（   ）%，客户对自己的重要程度为（   ）%（两者相加为100%。）

（2）在组织文化方面，集团（公司）与供应商或者客户的兼容性如何？_____

（3）集团（公司）对于与供应商或客户的合作是否满意？_____；

集团（公司）与两者合作的稳定性（或者持久性）如何？_____；

集团（公司）与供应商在哪些方面合作较好，哪些方面需改进？_____；

集团（公司）与客户在哪些方面合作较好，哪些方面需要改进？_____

（4）集团（公司）认为供应链对市场需求变化做出的反应速度如何？_____；

供应链的哪些方面需要加强或者改善？_____。

（5）集团（公司）对供应链整体运行状况的量化评价（表 B8，表 B9）：从集团（公司）选择五位供应链管理经验丰富的高层领导或其他管理者，按照量化表进行打分，最后求得平均值。

表 B8　集团（公司）供应链协同状况总体评价量化表

层级	差	较差	一般	较好	好
得分	1	2	3	4	5

表 B9　集团（公司）供应链协同总体情况打分表

管理者	2006 年 (1~5 分)	2007 年 (1~5 分)	2008 年 (1~5 分)	2009 年 (1~5 分)	2010 年 (1~5 分)	2011 年 (1~5 分)	2012 年 (1~5 分)	2013 年 (1~5 分)
1								
2								
3								
4								
5								

（6）集团（公司）对供应链整体运行其他意见：哪些地方比较好？哪些地方需要改进？_____。

第二部分　供应商

1. 公司在与制造商（核心企业）进行业务往来时，往往要确定零部件的需求量以及本身的生产周期、库存等信息，请就公司 2006~2013 年 8 年间的实际情况填写表 B10：

表 B10　集团（公司）零部件相关情况调查表

指标名称	单位	2006 年	2007 年	2008 年	2009 年	2010 年	2011 年	2012 年	2013 年
零部件的需求预测量	件								
零部件的生产周期	天								
零部件的库存周转率	次								
零部件的平均库存量	个								

2. 公司是否与制造商（核心企业）的下游客户存在信息的交换和共享，若存在，则按照 2006 ~ 2013 年 8 年间的实际情况填下表 B11：

表 B11　集团（公司）上下游合作企业信息交换情况调查表

题项	单位	2006 年	2007 年	2008 年	2009 年	2010 年	2011 年	2012 年	2013 年
公司获得天润曲轴有限公司共享信息的次数	次								
其中：正确信息的次数	次								
及时获得的次数	次								

3. 请就公司 2006 ~ 2013 年 8 年间的知识交换和共享以及由知识创新所获得的收益情况填写表 B12。

表 B12　集团（公司）知识共享情况调查表

题项	单位	2006 年	2007 年	2008 年	2009 年	2010 年	2011 年	2012 年	2013 年
对零部件工艺改进次数	次								
管理方法改进次数	次								
由工艺改进单价成本变动额（改进前—改进后）	元								
由工艺改进单价售价变动额（改进前—改进后）	元								
由管理方法改进产生的生产效率提高额/百分比	元/%								
由新技术引进而提升的销售额	元								
共同创新的新产品次数	次								
创新产品平均收益	元								
拥有的部件专利数	个								

4. 公司的从业人员素质对知识创新有着重要的影响，请就公司 2006 ~ 2013 年 8 年间的从业人员情款填写表 B13。

5. 该企业设定的零部件的安全库存量是_____个，最低库存量是_____个，最高库存量是_____个。

6. 该企业能接受的零部件库存周转周期最长为_____天；国内同行业中，零部件库存周转周期最短约为_____天。

7. 该企业零部件的订单完成时间还可以缩短大约_____%。

表 B13 集团（公司）从业人员素质情况调查表

指标名称	单位	2006 年	2007 年	2008 年	2009 年	2010 年	2011 年	2012 年	2013 年
（1）员工总数	人								
（2）按学历分：博士	人								
硕士	人								
本科	人								
大专及以下	人								
（3）按职称分：高级工程师	人								
中级工程师	人								
助理工程师	人								
无职称	人								

第三部分 客户

1. 公司在采购产品时，需要采购成本，产品质量、产品退货处理等信息，请就公司 2006~2013 年 8 年间该方面的情况完成下列表 B14：

表 B14 集团（公司）采购相关情况调查表

指标名称	单位	2006 年	2007 年	2008 年	2009 年	2010 年	2011 年	2012 年	2013 年
产品的预期采购成本（考察费用、采购单价、物流和人工费等综合的采购成本）	元								
产品的实际采购成本	元								
产品的退货次数	次								
其中：制造商（核心企业）每次退货的处理时间	天								

2. 公司是否与制造商（核心企业）的上游供应商存在信息的交换和共享，若存在，则按照 2006~2013 年 8 年间的实际情况填表 B15：

表 B15　集团（公司）上下游合作企业信息共享情况调查表

题项	单位	2006 年	2007 年	2008 年	2009 年	2010 年	2011 年	2012 年	2013 年
公司获得制造商（核心企业）的上游供应商共享信息的次数	次								
其中：正确信息的次数	次								
及时获得的次数	次